지금도

일본은 있다

■ **(주)고려원북스** 는 우리들의 가슴속에 영원히 남을 지혜가 넘치는 좋은 책을 만들겠습니다.

지금도 **일본은 있다**

초판 1쇄 | 1994년 11월 20일
신판 1쇄 | 2004년 11월 11일

지은이 | 서현섭
펴낸이 | 박건수
펴낸곳 | (주)고려원북스
편집장 | 설웅도

판매처 | (주)북스컴, Bookscom., Inc.

출판등록 | 2004년 5월 6일(제16-3336호)
주소 | 서울 강남구 논현동 15-12, 유레카빌딩 4층
전화번호 | 02-3416-4646
팩스번호 | 02-3416-4640
e-mail | koreaonebooks@bookscom.co.kr
홈페이지 | http://bookscom.co.kr

값 12,000원

ISBN 89-91264-24-7
저자와의 협의에 의하여 인지는 붙이지 않습니다.
잘못 만들어진 책은 구입처나 본사에서 교환해 드립니다.

지금도
일본은 있다

서현섭 지음

(주)고려원북스

소중화식 일본론의 탈피를

10년 전《일본은 있다》의 원고를 탈고하여 출판사에 넘기면서도 조심스러운 마음이었다. 전여옥 씨의《일본은 없다》가 초베스트셀러로 장안의 화제가 되고 있는 판에, 현직 외무 공무원이 마치 일본을 두둔하는 듯한 제목의 일본론을 펴내도 괜찮을지 자신이 없었기 때문이었다. 섣불리 알은체하다 여론의 비난을 자초할지도 모른다는 우려를 떨칠 수 없었다.

물론 책의 내용은 친일도 반일도 아닌, 오늘의 일본이 있기까지의 과정에서 드러난 일본인의 특징을 사실에 따라 절제된 필치로 소개한 것이다. 그래도 일본에 관한 서적을 20년 넘게 뒤적거려 온 한 독서인으로서, 자기만족적 일본론의 위해(危害)를 우리의 젊은이들에게 이야기해야 할 책무를 느꼈다. 중화사상의 안경을 통해서 일본을 보았던 그 오류를 다시 되풀이해서는 안 된다고 강조하고 싶었다. 그렇지만 나의 의도가 곡해되지 않을까 불안했다.

그러나 그 같은 우려는 부질없는 기우였다. 책이 출판되자 예상 이상의 호평이라 안도의 숨을 내쉬었다. 우리 사회는 성숙단계에 와 있었다. 영자지 〈코리아 헤럴드〉와 미국 시사 주간지 〈타임〉도 과분한 평을 해주

었다. 일반 독자들에게는 그다지 익숙하지 않은 국제법과 외교사의 에피소드가 가미된 딱딱한 책이 제법 팔린 것은 전여옥 씨의 《일본은 없다》가 한몫을 단단히 했으리라고 본다.

깜짝 놀랄 만한 일본의 독자들이 있다. 책이 출판된 지 2년쯤 지난 무렵에 아라이, 도가와, 기노시타, 아베라는 각각 다른 곳에 살고 있는 일본인 독자가 《일본은 있다》의 한글본을 1~2년간의 고된 작업 끝에 일본어로 번역하여 제본한 책을 따로따로 보내온 것이 아닌가. 그들은 친절하게도 오자·탈자를 꼼꼼하게 체크하여 바로잡아 주었다. 부끄러웠다. 일본의 독자들은 무섭다는 생각을 하지 않을 수 없었다.

이번에 독자들의 요청으로 증보판을 내게 되어 기쁘다. 통계 수치와 오자를 바로잡는 등 상당 부분 내용을 수정 보완하는 한편, 관련 사진과 도판을 실어 전혀 새로운 책으로 재구성했다. 특히 2004년의 혹독한 더위에도 아랑곳하지 않고, 직접 국내외 서적과 자료를 섭렵하여 종전의 미흡한 점을 보완해 주신 (주)고려원북스 박건수 사장의 헌신적인 노력에 깊이 감사를 드린다. 아무쪼록 이 책이 일본을 제대로 이해하는 데 다소라도 도움이 되었으면, 저자로서는 더 바랄 나위가 없겠다.

2004년 가을

서 현 섭

● 차 례

지금도 일본은 있다

● 들어가는 말

일본의 역사시계는 거꾸로 도는가

일본은 왜국이고 그 땅에 숨쉬고 있는 종자들은 왜놈이다. 아마도 이 것이 소중화사상의 주술에 사로잡힌 우리의 선조들이 전수해 준 평균적 인 일본관이라고 하여도 무방할 것이다.

일본에 관한 최초의 중국 역사서 《위지왜인전》에 연유한 '왜인'이라는 어휘에 그만 함몰되고 만 눈에는, 일본과 일본인들은 언제나 한 수 아래 로 투영되게 마련이었다. 그런데 근대에 들어와 그 후예들은 '왜인'들에 의해 35년간의 치욕적인 식민지 통치를 겪지 않으면 안 되었다. 우월감 과 열등감이 복잡하게 우리의 심정에 자리 잡게 된 것이다.

중화사상의 먹물에 젖은 조선의 식자들은 보편적이고도 분석적인 시 각으로 일본을 보려는 노력을 아예 시도조차 하지 않았다. 아니 애당초 관심의 대상에서조차 제외시켜 버렸다. 때문에 우리의 고정관념 속의 일 본과 현실적인 일본 사이에는 언제나 메울 길 없는 깊은 갭이 존재하게 되었다. 있는 그대로의 일본을 보기 위해서는 선입관과 편견의 먼지가 낀 색안경을 벗고, 차근차근히 파고드는 자세를 견지하는 것이 중요하다 고 하겠다. 그런데 요즈음 우리 주변의 일본에 관한 대부분의 논의들은

피상적인 것들이 적지 않고 더러는 편견의 씨앗을 뿌리고 있는 것도 있어 유감스러운 일이다.

사물에는 겉과 속이 있듯이 일본 역시 당연히 명암의 양면을 지니고 있다. 따라서 다양한 분야에서 일본을 체험한 사람들이 그 부정적 측면을 그 나름대로 비판하는 것은 얼마든지 있을 수 있는 일이다. 하지만 개중에는 상업적 이익이나 자기만족적 수준에서 벗어나지 못하고 부분을 전체인 양 오도하거나, 지엽적인 현상을 본질적인 것으로 포장하는 부류도 눈에 띈다. 이런 식의 일본론은 결국 우리 자신의 발전은 물론 한일 양국 관계에도 도움이 되지 않는다.

'진정한 화해' 역행하는 시대착오적 역사 인식

2004년 서울의 여름은 기록적인 폭염의 계절로 기록될 듯하다. 한편 일본 열도는 한국 드라마 〈겨울 소나타〉가 몰고 온 한국 열풍으로 더욱 뜨겁게 달아 올랐다. 4세기 무렵 백제의 왕인 박사의 한자 전래 이래, 최대의 '한류'라는 우스갯소리마저 있을 정도였다. '한류'의 원인으로는 월드컵의 성공적인 개최 등 여러 가지를 들 수 있겠으나, 뭐니뭐니해도 김대중 대통령이 1998년 가을 일본 방문을 계기로 여론의 시큰둥한 반응에도 불구하고 일본의 대중문화 개방을 결단한 그 선견성을 꼽지 않을 수 없다.

한일 양국 정상은 과거사와 관련 '일본은 식민지 통치가 한국에 과대한 피해와 고통을 준 것에 대해 통절한 반성과 마음으로부터 사죄한다.'

고 명기한 〈공동선언〉을 채택하고 미래지향적 한일관계 구축을 다짐했다. 그러나 이후에도 간간히 불거져 나온 일본 정치가의 궤변과 역사 교과서 소동은 사죄의 진솔성에 대해 의문을 갖게 하고 말았다.

고이즈미 준이치로 총리는 한술 더 떠서 한국과 중국의 거센 항의를 아랑곳하지 않고 2001년 4월 취임 이후 매년 제2차 세계대전의 전범을 합사한 야스쿠니 신사 참배를 강행하고 있다. 일본 정치가들의 이 같은 행태는 시대착오적인 것으로 역사인식과 철학의 빈곤을 그대로 드러낸 소치라고 지적하지 않을 수 없다.

일본과 같은 패전국인 독일은 전쟁 책임을 분명히 인식하고 유럽의 일원으로 거듭나려는 결의를 일관된 행동으로 보여 줌으로써, 이웃 나라들과 진정한 화해의 여건을 만들어 내는 데 성공했다. 이에 반해 일본은 사죄와 번의의 행동을 되풀이하는 치졸함을 보여 주었다. 일본의 지도자들은 '과거에 대해 눈을 감는 자는 현재와 미래에 대해서도 눈먼 장님이 된다.'는 바이츠제커 독일 대통령의 충언에 귀를 기울여야 할 것이다.

다행스러운 것은 일본사회 내에서 양식 있는 시민단체들이 양적, 질적으로 크게 성장하여 이들의 목소리가 제법 커지고 있는 현상이다. 전국 중학교에서 황국사관으로 채색된 '새로운 역사 교과서'를 채택한 비율이 1% 미만으로 끝난 데는 이들의 적극적인 운동이 크게 주효했다. 뿐만 아니라 고이즈미 총리의 '야스쿠니 신사 참배는 위헌'이라는 후쿠오카 지방재판소의 판결을 이끌어 낸 것도 시민단체의 자발적인 노력의 결실이었다.

'역사의 반복' 그리고 변화와 발전을 추구할 자유

현실은 늘 나름의 원리에 따라 변화해 갈 뿐 인간의 뜻대로 움직여 주지 않는다. 특히 우리들은 그러한 진리를 이미 여러 차례의 부조리한 역사를 통해 체험한 민족이다. 그리고, 그러한 불행은 언제라도 반복될 수 있는 것이기 때문에 우리들은 늘 긴장하지 않을 수 없다.

이 시점에서 우리는 '역사는 반복한다.'라는 명언이 의미하는 바를 심각하게 반추해 볼 필요가 있을 것 같다. 이 말에서 '반복'이라는 개념이 사전적 의미와 뉘앙스 그대로 쓰이지는 않았을 것이다. 오히려 '예측 가능한 것'으로서의 역사를 암시하는 데 그 무게 중심이 있지 않을까. 그렇다면 현실을 명료하게 의식하는 개인 또는 국가라면 언제나 역사의 진정한 주체가 될 수 있을 것이라는 믿음이 성립할 수 있을 것이다. 사실 그렇기 때문에 우리는 역사를 공부한다.

따라서 우리는 두 가지 의문을 갖고 우리의 근대 역사 속에서 한일 관계의 미래를 보아야 할 것이다. 첫째, 일본을 대하는 의식적 태도에 있어서, 때로는 근거 없이 그들을 무시했던 선조들의 실수를 오늘날의 우리들이 그대로 반복하고 있지는 않은가? 둘째, 역사 속의 일본은 늘 어떤 방식으로 현실을 살았는가? 그리고 지금은 어떤가?

일본은 무시할 수 없는 힘과 개성을 지닌 나라

독일, 영국, 이탈리아, 일본 등 4개 국을 국토 면적이 큰 순서대로 열거

할 수 있는 한국인은 그리 많지 않은 듯하다. 정답은 일본, 독일, 이탈리아, 영국 순이다. 우리는 막연하게 일본을 작은 섬나라로, 창의성과 개성이 결여되어 있는, 고작해야 '모방의 천재' 정도로 성급하게 단정하려 드는 경향이 있다.

일본은 한반도의 1.7배쯤 되는 38만 km²의 면적에 1억 2천만의 인구를 가지고 있다. 일본인들 중에는 예나 지금이나 우리가 상상하기 어려울 정도로 지적 호기심이 강하고 배우는 데 목숨을 걸고 나서는, 개성파의 인간들이 상당히 많이 있다. 모방은 학습과 창의성을 계발하는 과정이다. 우리가 모방이나 하는 일본인들이라고 폄하했던 그들이 물리, 화학 등 자연과학 분야에서 9명의 노벨상 수상자를 배출한 것은 어떻게 설명해야 하는가.

2002년 고시바 마사토시 박사가 노벨 물리학상을 수상한 배후에는 히루마 테루오라는 기업인의 전폭적인 재정 지원이 있었다. 20년 이상의 오랜 기간에 걸쳐 노벨상의 상금 13억 원을 훨씬 넘는, 천문학적인 금액을 연구 시설물 설치에 쾌척한 히루마 사장이야말로 강한 개성의 인물이라고 하겠다.

우리는 이미 60년대부터 지일, 극일을 외쳐 왔다. 특히 경제분야에서 일본을 알자고 지나치다 싶을 정도로 수선을 피워 온 것이 사실이다. 그런데 현실은 어떠한가. 한일 간의 현격한 경제적 차이는 그때나 지금이나 여전하다. 국내 총생산(GDP) 규모만 보아도 2003년 말 기준으로 일

본은 약 4조 3,264억 달러로서 한국의 6,053억 달러의 7배 이상이다. 또한 우리의 대일본 무역은 만성적 적자에서 벗어나지 못하고 있다. 2001년 101억 달러, 2002년 147억 달러, 2003년 190억 달러의 무역수지 적자를 기록하고 있다. 적자의 원인은 전자부품, 기계류 등 핵심부품 소재에 대한 대일 수입 의존도가 높기 때문이다.

한국의 무역증대는 대일 무역적자 규모의 확대로 연결되고 있으며 이같은 추세는 어제오늘의 일이 아니다. 기계류, 부품 소재 등 핵심 중간재의 자립 기반이 갖추어지지 않는 한 이러한 현상은 계속될 수밖에 없으리라 본다. 우리는 이제 분명히 드러난 현실을 직시해야 할 것이다.

정치 군사 대국을 지향하는 일본

패전으로 인한 폐허의 잿더미 속에서 일본 경제는 캐치업(catch-up)을 국민 공동의 목표로 삼아 와신상담의 자세로 분발한 결과 불과 40년만에 세계 제2의 경제대국으로 도약하였다. 하버드 대학의 에즈라 보겔 교수의 〈넘버 원 일본〉은 일본의 성취감을 한껏 만족시켜 주었다.

1980년대 중반, 이들 목표를 달성한 뒤 일본인들은 캐치업에 대신할 새로운 비전을 모색하기 위한 노력을 등한시한 탓에, 90년대에 들어와 거품경제가 붕괴되어 일본경제는 '잃어버린 10년'으로 회자되는 장기 침체의 늪에 빠져들게 되었다.

'잃어버린 10년'이란 키워드가 일본사회를 유령처럼 맴돌기 시작하자

일본 안팎에서 이제 일본경제도 별볼일없게 되는 게 아닌가 하고 입방아를 찧기 시작하였다. 하지만 금융과 건설토목 분야는 침체를 면치 못한 게 사실이나 제조업 분야는 '잃어버린' 적이 한 번도 없었다. 2003년 도요타 자동차가 사상 최고치인 1조 1,620억 엔의 순이익을 달성한 것은 일본 제조업의 건실성을 단적으로 보여 준 예라고 하겠다.

일본경제는 장기적인 침체 국면이 계속되는 가운데도 최근 3년간 연평균 800억 달러 이상의 무역 흑자를 실현하고 있으며, 개인 금융자산은 불황 10년 동안에 400조 엔이나 늘어나 무려 1,400조 엔에 달하게 되었다. 2003년 1월말 외화 보유고는 4,786억 달러로서 세계 1위이며 동시에 세계 최대의 채권국이다. 또한 최근 일본경제는 제조업을 중심으로 완만한 회복세를 보이고 있다.

1990년대 중반 이후 일본경제가 장기 침체에 빠지면서 일부 일본 국민이나 정치가들은 그 원인을 내부의 구조적 한계에서 찾기보다는 일본의 정치 군사적 취약성에서 찾으려는 보수 우경화 경향이 나타나기 시작하였다.

더욱이 북한의 미사일 발사 및 핵개발, 9.11 테러 등은 우경화의 흐름을 가속화시켜 국기국가법, 통신 도청법, 테러 대책 특별조치법, 이라크 부흥 지지 조치법 등 내셔널리즘을 고양하고 국가 권력을 강화하는 일련의 법안들이 야당이나 여론의 저항 없이 속속들이 국회에서 통과되었다.

사실 일본은 경제대국에 걸맞는 정치·군사대국이 되기 위하여 보통국

가 지향이라는 명분을 내걸고 그동안 점진적이지만 끊임없이 군사력 증강을 꾀해 왔다. 방위 예산이 세계 5대국의 반열에 오른 지는 이미 오래전의 일이다. 중의원 가운데 핵무장을 검토해야 한다는 의견이 17%나 된다. 일본은 세계 유일의 피폭 국가로서 강한 반핵 정서를 갖고 있으나 마음만 먹는다면 언제든지 핵무기를 개발할 수 있는 원료와 기술력을 보유하고 있다.

일본은 전쟁과 육해공군의 전력 보유를 금지하는 헌법 제9조의 원칙에 따라 패전 후 일본의 안전보장 정책은 비핵 3원칙, 무기의 수출 금지, 군사 예산의 제한, 해외 파병 금지 등의 조치를 취해 왔다.

그러나 다른 한편으로는 미일 안보조약과 연동하여 소위 '해석개헌'에 의해 속박을 벗어나 군비를 확대하고 군사력 사용 범위를 넓혀 왔다. 고이즈미 총리도 2003년 5월 기자회견에서 자위대를 실질적인 군대로 규정하고 집단 자위권을 인정하는 문제와 관련 헌법 제9조의 개정 필요성을 제기하였다.

일본 자위대는 유엔의 결의 없이 미국과의 다국적군의 형태로 이라크에 파병되어 사실상의 점령군의 일부가 되었다. 이는 군사력의 대외적 행사를 스스로 금지해 왔던 전후 패러다임을 정면으로 부인한 것으로 헌법 제9조를 미라와 같은 존재로 전락시킨 조치이다. 자위대의 군대화와 집단 자위권 확보를 위한 헌법 개정은 이미 돌이킬 수 없는 대세가 되어가고 있다.

〈평화헌법〉을 받아 쓰게 했던 미국조차도 헌법 제9조가 미일동맹의

방해물이 되고 있다고 지적하고 일본이 향후 유엔 안보리 상임이사국 진출을 염두에 두고 있다면 개정이 선결되어야 한다고 개헌을 부추기고 있는 상황이다.

운명적 동반자, 일본

한국과 일본은 꼴보기 싫다고 이사를 갈 수도 없다. 미우나 고우나 결국은 선린 관계를 구축해 나가야 할 이웃 나라로서 생존해 가야 한다. 2005년은 일본이 조선을 보호국으로 전락시킨 을사조약 체결 100년 그리고 한일 국교 정상화 40년이 되는 해이다. 국교 정상화 이래 양국 간에 많은 문제들이 있었지만 그래도 이들을 잘 관리하고 극복하는 가운데 착실하게 한일 관계가 발전되어 왔다.

1965년 국교 정상화 당시에 연간 1만 명 정도였던 양국 간의 인적 교류는 요즘엔 하루에 1만 명으로 늘어나고 있다. 2002년부터 일본 대학 입시 센터 시험과목에 한국어가 추가되었으며 아키히토 천황과 간무 천황이 백제 무령왕의 자손임을 일본의 역사서를 인용하여 공언할 정도가 되었다.

지난해 동아일보와 아사히신문 공동 여론조사에 의하면 양국 관계가 좋은 방향으로 진행되고 있다고 응답한 비율이 한국과 일본 모두 6할을 넘었으며, 특히 젊은층에서는 8할이나 되었다. 역사인식 문제가 미래로 향한 길목을 방해하지 않도록 한다면 한일 양국은 가치관을 공유한 공동체로서 동아시아의 지도적 동반자가 될 수 있으리라 본다.

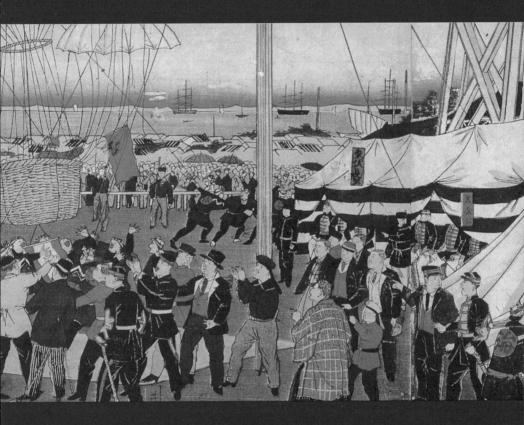

일본은 '문명개화'의 원년이라고 할 수 있는 1871년을 기점
으로 서구화의 격랑이 그야말로 도도하게 흘러 구시대의 풍
속들이 하루아침에 새로운 서양의 것으로 대치되어 갔다. 이
것은 원리원칙에 집착하지 않고 실용적 가치를 존중하는 일
본인들의 근대화를 향한 처절한 몸부림이었다.

문명개화의 열풍

로쿠메이캉, 문명의 무도회장

일본인들은 '각자가 알맞은 자기 자리에 위치한다.'는 운명론적 인생 관을 갖고 있다. 우리식으로 말하면 타고난 팔자대로 살아야 한다는 것 이다. 일본인에 대한 이해는 그 묘한 운명론에 대한 이해로부터 시작되 어야 할 것이다.

하지만 그들의 운명론이 무조건적인 현실 적용을 고집하는 것은 아니 다. 그들은 타고난 팔자대로 살아가되 한편으론 최선을 다해야 한다고 믿고 있는 것이다. 결국 그들의 인생관은 근본적으로 계층적 사고방식을 수용하고 있지만 신분 상승을 위한 혼신의 노력 역시 중요하다고 믿는 이중성을 내포하고 있다고 볼 수 있다.

일본은 국제사회에 있어서도 '자리매김'에 예민했다. 진주만 공격 당 일에도 일본 사절은 '모든 국가가 세계 속에서 각기 알맞은 자기 자리를 찾기 위해서' 운운하는 성명서를 미국 측에 전달했다. 그 이전인 1940년 일본, 독일, 이탈리아가 체결한 3국 동맹 전문에도 "세계 만방이 각기 알 맞은 자리를 갖는 것을 항구적 평화의 선결 요건으로 삼는다."라고 밝히 고 있다.

일본은 1853년 페리 제독 내항 이래 서양화를 정치, 경제, 과학, 기술 등 여러 분야에서 그야말로 눈물겨운 정성으로 추진하였다. 우선 서양이 일본을 문명국으로 인정해 주기를 간절히 원했고, 그 소원대로 인정받기 위해 착실한 모범생의 노릇을 잘도 해내었다. 때로는 문명국 대열에 끼기 위해 기상천외의 조치를 취하기도 하였다.

소위 로쿠메이캉(鹿鳴館)의 무도회로 상징되는 유럽화 정책은 그 대표적인 예이다. 1881년에 착공하여 1883년 7월에 완공된 르네상스 양식의 하얀 2층 건물이 바로 한 시대를 풍미하던 국제 사교 클럽 로쿠메이캉이다. 그 사교장은 당시 외상이었던 이노우에 카오루(井上馨, 1853~1915)의 주창으로 추진되었다.

개관 배경에는 심각한 문제의식이 있었다. 이노우에 외상은 로쿠메이

'문명개화'의 상징으로 한 시대를 풍미하던 국제 사교 클럽인 로쿠메이캉(鹿鳴館) 전경

캉을 통해 일본인이 구미 여러 나라와 같은 수
준의 생활을 하고 있음을 내외에 과시하는 한
편, 이미 근대국가로서 충분한 조건을 갖추고
있기 때문에 서구와 체결한 불평등 조약은 더
이상 참을 수 없음을 대내외에 호소하고 조약
개정을 추진할 의도를 갖고 있었던 것이다.

도쿄 도심 한가운데, 지금의 제국호텔 부근
에 세워진 이 서양식 무도회관은 건축학과 초
빙교수인 영국인 콘더가 설계한 것으로 당시
로서는 보기 드물게 이국적인 정취가 물씬 풍

로쿠메이캉의 개관을 주창한
이노우에 카오루(1853~1915)

기는 건물이었다. 그는 일본 여자와 결혼하여 1920년 67세로 사망할 때
까지 40여 년간 일본에 살면서 박물관, 학교, 관공서 등 근대 일본의 대
표적 건물 70여 동을 설계한 건축의 명인이었다.

1883년 11월 28일에 내외 인사 1,200명이 초청되어 성대한 개관식이
열렸다. 꽃 같은 일본 미인들이 미국, 영국, 독일인의 품에 안겨 이름도 몰
라요 성도 몰라요 하면서 〈아름답고 푸른 다뉴브 강〉의 왈츠 음률에 맞춰
뱅뱅 돌며, 일본에도 구미 사교계의 여성 못지않는 춤꾼이 있다는 것을
한껏 과시하였다. 로쿠메이캉 무도회, 그것은 탈아입구(脫亞入歐)를 위한
일본의 처절하고도 진지한 염원이 어린, 웃지 못할 막간극이었다.

연미복을 입은 일본 신사들, 파리풍의 양장 차림을 한 우아한 일본 여
성들의 자태를 그날 밤의 주인공 이노우에 외상은 흡족한 듯이 바라보고
있었다. 당시의 신문들도 일본의 귀부인들이 무도회를 능란하게 이끌어
간 것에 대해 아낌없는 찬사를 보냈다. 품격을 갖춘 문명국 귀부인다운

모습이라는 자화자찬과 함께.

1884년부터 연일 열리는 원유회, 가면무도회는 일반 국민과는 전혀 관계가 없는 희극적인 실험이었다. 기껏해야 고관대작 자제들의 사랑놀음터였고 구미인들의 눈요기장이었다. 그러나 그 실험은 비극이건 희극이건 간에 서구화 추진의 관점에서 볼 때는 성공적이었다.

이노우에는 로쿠메이캉 낙성식 후에 외국인과의 사교 클럽을 로쿠메이캉의 한 방으로 옮기고 도쿄 구락부라고 명명하였다. 이 구락부는 고관대작과 유력자가 외국 인사들과 영어로만 고담준론을 논하는 고급 사교 클럽이었다. 이노우에는 또한 일본을 방문하는 외국인들의 생명을 보호한다는 명목으로 로쿠메이캉 바로 이웃에 서구풍의 호텔을 건립토록 주선하였다. 그 호텔이 바로 일본 서구화의 신기루가 아롱졌던 '제국호텔'이다.

로쿠메이캉이 관 주도의 국제화 사업의 결실이었다면 제국호텔 건축은 민간에 의한 국제화 사업의 시작을 알리는 일이었다. 오늘날 도쿄를 방문한 우리나라의 내로라하는 인사들이 쉬어 가는 호텔이 바로 제국호텔이다. 그들이 명치 일본인들의 열정에 대해 얼마만큼이나 알고 있을까.

그러나 서구화 정책을 대내외에 과시하기 위하여 세워진 선남선녀들의 무도회장 로쿠메이캉은 결국 일반 국민들의 반발을 사게 되어 1887년 9월 이노우에 외상의 사직과 함께 쇠락의 길을 걷다가 1940년에는 건물 자체가 헐리고 말았다.

일본의 서구화 정책 추진과 관련된 또 하나의 에피소드는, 일본 최초의 국제인으로 알려져 있는 모리 아리노리(森有禮) 문교장관이 일본어를 아예 없애 버리고 영어를 국어로 하자는 기상천외의 주장을 내놓았던 일이다.

　모리 장관은 19세가 되던 1865년에 영국의 런던 대학에 유학하였으며 그후 초대 주미대사, 청국대사, 영국대사 등 요직을 두루 거친 인물로서 일본의 서구화 정책을 좀더 적극적으로 추진할 것을 주장한 인물이다. 그는 결국에는 서구화 정책의 최대의 장애는 언어라는 판단에 따라 아예 일본의 국어를 영어로 삼자는 주장까지 하게 된다.

　모리는 1865년 5월 런던에서 공부를 시작한 지 얼마 안 되어 가족에게 보낸 편지에서, "더러운 혼을 씻고 있다."고 밝히고 있다. 감수성 예민한 19세 청년의 눈으로 볼 때 도쿄는 런던의 모습과 비교하여 한낱 촌에 불과하다는 우울한 생각을 했던 것이다. 그는 아시아의 후진성을 벗어나기 위해서는 일본인 모두의 혀가 꼬부라지도록 영어를 국어로 사용해야 한다고 주장했다.

　그러나 이 영어 만능주의자는 결국 제대로 뜻을 펴기는커녕 1889년 2월 12일 명치 헌법 공포일에 국수주의자들에 의해 암살되고 만다. 또 백화파의 대표적 작가인 시가 나오야(志賀直哉, 1883~1971)도 프랑스어가 세계에서 제일 훌륭하고 아름다운 언어라고 하면서 프랑스어를 국어로 선택하자는 주장을 조심스럽게 내놓기도 하였다.

　관점에 따라서는 냉소적 평가도 가능한 일이겠지만, 그보다는 예나 지금이나 원리원칙에 집착하지 않고 실용적 가치를 중요시하는 일본인들의 근대화를 향한 처절한 몸부림이었다고 보는 것이 적합한 판단일 것이다. 뒤에 다시 언급하겠지만, 아무튼 남다른 발전을 이루게 되는 그들의 이면에는 서구화, 국제화에 대한 그런 열정적 집착이 있었던 것이다.

국제화의 단면들

명치 초기 일본에서 가장 유명했던 캐치프레이즈는 '문명개화'라는 4자성어였다. '문명개화'라는 기발한 문구로 일반 서민들의 가슴을 파고든 주인공은 일본의 계몽사상가로 널리 알려져 있는 후쿠자와 유키치(福澤諭吉, 1835~1901). 그가 1867년 《서양사정》이란 책에서, 역사적으로 보면 인간은 본래 몽매한 상태였으나 점차 '문명개화'의 방향으로 나아간다고 언급함으로써 그 단어는 마치 문명의 불씨라도 되는 것처럼 순식간에 확산되었다.

1871년에는 《문명개화평림(文明開化評林)》이란 책자가 나올 정도로 일본은 '문명개화'의 상태를 동경하게 되었다. 그들은 문명의 기원이 서양에 있기 때문에 일본은 비문명적인 상태에 있다는 전제하에 하루빨리 서양화하는 것이 상책이라고 생각했다. '구미를 따라잡자.'는 것이 국가적 목표였다.

변하지 않으면 살아남을 수 없다는 절박한 심정이었다. 결국 '문명개화'란 서양에 엄청난 충격을 받은 일본이, 그 충격을 일본 나름으로 흡수해 가는 과정에서 생겨나는 문화적 현상을 이르는 말이었던 것이다. 따

개화의 세상. 1871년 명치 신정부가 봉건제도의 기틀이었던 소위 '폐번치현(廢藩置縣)'을 단행하자 문명개화 운동의 속도는 더욱 빨라져 구시대의 풍속이 하루아침에 서양화되어 갔다.

라서 문명개화의 정신은 정적이라기보다는 동적인 의미를 함축하고 있는 것으로 이해되어 서양화를 일관성 있게 추진하는 데 도움이 되는 강한 에너지로 간주되었던 것이다.

명치 신정부가 1871년 봉건제도의 기틀이었던 번(藩)을 폐지하고 우리나라의 도(道)에 해당하는 현(縣)을 새롭게 설치하는 소위 '폐번치현(廢藩置縣)'을 단행하자 문명개화 운동은 더욱 빨라지기 시작했다. 이와 때를 같이하여 이와쿠라 구미순방 사절단이 2년에 걸친 장도에 올랐으며 평민들의 국내 여행도 자유롭게 되었을 뿐만 아니라 평민의 승마도 허락되었다. 이런 의미에서 1871년은 일본에 있어 문명개화 원년이라고 할 수 있을 것이다.

'문명개화'의 격랑은 그야말로 도도하게 흘러 구시대의 풍속은 하룻밤 사이에 새로운 서양의 것으로 대치되고 있었다. 천황이 일본의 전통 의상 대신 양복을 걸치자 고관대작들이 줄줄이 양복 신사로 탈바꿈하였다.

1860년까지만 해도 미일 수호조약 비준을 위해 미국을 방문했던 일본 대표들은 대통령과 장관, 심지어는 일반 서민들까지도 비슷한 양복을 입고 있는 현실을 보고 깜짝 놀랐었다. 모름지기 의관을 신분의 상징으로 생각했던 일본 대표들은 당시 상하 구별 없이 양복을 입고 있는 서양인 들을 예의범절도 제대로 모르는 서양 오랑캐로 여기기도 했었다. 그런 그들이 오랑캐의 풍습을 쫓게 된 것이다.

안경과 회중시계가 상류층에 애용되기 시작하였으며 여자 대학생들도 살팍진 엉덩이가 그대로 드러난 거구들의 일본 씨름을 구경할 수 있게 되었다. 태양력이 채용되고 기혼 여성임을 나타내기 위해 앞니를 검게 물들이던 구습도 폐지되었다.

황후가 앞니의 검은 칠을 씻어내 버리는 시범을 보이는 등 그야말로 문명개화를 위한 처절한 몸부림이 도쿄, 특히 상류사회라는 무대를 중심으로 해서 요란스럽게 연출되었다.

또한 개화의 물결을 일본 방방곡곡으로 파급시킬 수 있는 운송 수단이 필요했다. 일차적으로, 1872년 외채를 얻어 영국인 기술자에 의해 건설된 요코하마와 도쿄 간 철도 29km가 개통되었다. 개통식에는 명치 천황을 비롯한 고관들이 참석하여 문명의 기적소리에 맞춰 만세, 만만세를 외쳤다. 문명을 구가하는 장대한 의식이 치러졌다.

변화는 꼬리에 꼬리를 물고 계속되었다. 일요일은 완전 휴무, 토요일은 반나절만 근무하는 제도가 도입되었다. 1873년 3월 20일, 메이지 천황은

요코하마(横浜)역. 1872년 요코하마에서 도쿄까지의 29Km 구간에 걸친 철도가 개통되었다.

'촌마게'라는 상투를 자르고 단발을 하여 세상이 얼마나 달라지고 있는 가를 실감나게 해주었다. 상투를 틀지 않고 가지런히 산발한 머리 모양은 문명개화의 상징으로 전국적으로 크게 유행을 하게 된다. 와카마쓰 현에 서는 이 헤어스타일을 따르지 않는 사람에게 세금을 부과하기까지 하였 다. 소위 위로부터의 강제적인 개혁이었던 것이다.

비슷한 예로서, 제정 러시아의 피터 대제도 1697년 당시 해상 세력의 메카인 네덜란드와 영국에 가서 15개월 동안 견문하고 '서구화만이 살길 이다.'라는 깨달음을 안고 귀국했었다. 그는 야심적인 개혁적 시도로서 종래 귀족들이 권위의 상징으로 소중하게 여기는 콧수염을 몸소 가위로 싹둑싹둑 잘라 버리고, 이를 기피하는 귀족들에게는 콧수염세를 부과하 였다.

반세기 뒤에 섬나라 일본도 같은 길을 걷기 시작했던 것이다. 그런데 제정 러시아에서는 분명 일본보다 훨씬 앞서 과감한 개혁정치를 시도했음에도 불구하고 오늘날 러시아는 아직까지도 미흡한 사회개혁을 외치고 있다. 일본은 벌써 성공했다. 그 차이는 무엇 때문일까?

재미있는 것은 러시아는 개화의 상징으로서 콧수염을 잘랐지만 일본은 그것을 기르기 시작했다는 점이다. 우월감이나 높은 신분을 나타내고 싶어 안달이 난 일본의 고관대작들이 콧수염을 기르기 시작했다. 천황으로부터 일반 관리들에 이르기까지 콧수염 기르기가 유행하였다. 콧수염이 없으면 관리가 아니라고 할 정도였다.

러일 전쟁 이후에는 일반 서민들도 문명의 상징으로 코밑에 수염을 붙이고 다녔다. 밀밭 위로 바람이 스치면 밀들이 한편으로 일제히 쏠리듯 문명이라는 광풍이 관동평야에 불어닥치자 3,500만 일본인들은 일제히 문명의 신 앞에 엎드렸다.

상투를 자르고 양복을 입고 콧수염을 기른 얼굴에 안경을 낀 문명개화된 일본인들은 뭔가 미흡했던지 이번에는 쇠고기 먹기 운동을 벌였다. 문명개화의 선도자이며 두주불사인 후쿠자와가 쇠고기 국물을 안주 삼아 연일 술을 마시자 도쿄 시내에 샤부샤부 식당이 우후죽순격으로 늘어나 일거에 600여 개에 달했으며 연간 소 소비량이 7,000두를 상회했다. 이는 당시, '쇠고기 소비량이 그 나라 문명의 바로미터'라는 밑도 끝도 없는 말에 의한 바도 컸다. 쇠고기 국물 냄비는 '문명개화 냄비'라고 하여 장안의 인기 상품이었다.

남자들이 개화되어 가는 판에 여자들이라고 가만히 있으라는 법은 없다. 여학생들의 옷차림이 달라지는가 싶더니 황후가 양장을 입도록 칙서를 내렸다. 고관대작의 부인과 딸들은 서양춤을 배우도록 했다. 정부가 앞장서서 춤바람을 불어넣는 시대였던 것이다. 위스키, 코냑, 와인이 수입되어 선남선녀들은 이를 홀짝거리며 두 손 모아 문명개화의 축복을 감사했다.

1883년 11월, 로쿠메이칸 외교시대가 바야흐로 눈앞에 전개되자 양장 차림의 일본 요조숙녀들은 그간 닦은 춤 실력을 한껏 과시했다. 우유빛 눈망울처럼 그윽한 가스등이 이국적 정취를 한껏 자아내는 거리, 휘황찬란한 샹들리에, 너도나도 문명의 발자국을 남기며 떠나가는 기차의 기적소리에 명치 유신의 공훈자들은 문명개화의 성취감에 한껏 젖어들곤 했다.

1887년 4월 이토 히로부미(伊藤博文) 수상 관저, 초저녁부터 시작된 가면무도회는 새벽 4시를 넘기고 있었다. 베네치아 귀족으로 분장한 이토

국제 무대에 진출하려는 일본. 실크헤드에 턱시도, 높은 게다에 양산을 낀 채 뻐드렁니가 나온 기묘한 모습의 사나이가 나타나자 열강의 카드놀이 멤버들이 눈을 크게 뜨며 바라보고 있다.

는 모든 것이 흡족스러웠다. 가면무도회가 끝난 지 1주일쯤 되었을 때, 도하 신문들은 이토 수상이 이와쿠라의 딸인 토다 백작부인과 그날 밤에 뭔가 있었다는 스캔들을 대대적으로 보도했다. 장소와 시간까지 제시한 제법 소상한 보도를 보고 국수주의자들과 기독교계 여학생들은 분통을 터뜨렸다. 이토 수상은 당시 47세, 백작 부인은 농염한 자태를 자랑하는 31세였다.

여학생 잡지는 이 같은 스캔들과 관련하여 〈간음의 공기〉라는 글을 게재하여 문명개화라는 명분 아래 빚어지는 추태를 신랄하게 공격하였다. 공격에 대한 정부 측의 응수는 발행정지라는 강경 조치였다. 그리고 백작은 참사관에서 일약 특명 전권 공사로 발탁되어 오스트리아로 부임한다. 이후 토다 백작은 1887년 10월부터 오스트리아 공사 겸 스위스 공사로 3년 가까이 근무하고 다음해에는 궁내부 장관을 역임하게 된다.

수상 관저의 가면무도회는 맹목적인 서양화에 대한 반작용을 촉발시켰다는 의미에서 문명개화 시대 제1기를 마무리하는 향연이었다. 이 같은 해프닝에도 불구하고 서양화는 이미 돌이킬 수 없는 도도한 흐름으로 일본인들의 심신 깊숙이 침투되어 갔다. 그로부터 100년이 지난 오늘날, 일본은 '제2의 개국'을 외치며 국제화라는 깃발 아래 새로이 행진하고 있다.

일찍이 아놀드 토인비는 상이한 문명이 서로 접촉할 때는 으레 한 편이 피해를 입을 수밖에 없다고 말했지만, 일본이 가해자가 되더라도 욕심을 채우겠다는 생각으로 국제화를 목청껏 외치는 것은 아닐 것으로 믿는다.

인간이 만든 신(神), 일본 천황

천황은 여왕벌과 같은 존재이다. 여왕벌은 일벌들에게 있어서는 거의 맹목적인 경외의 대상이다. 마찬가지로 천황은 그야말로 통합의 상징으로서 신과 같은 대접을 받는다. 만약 일본이 패전했을 때 연합군 사령관 맥아더가 천황을 전범으로 처벌했더라면 미국에 의한 일본의 미국화는 순조롭지 않았을 것이다.

천황은 일본의 역사 속에서 늘 상징적 존재였다. 그리고 그 상징으로서의 의미를 더 극적인 것으로 만들기 위해 권력자들은 일반 서민들과 천황의 접촉을 철저히 막았다. 천황의 역할은 의례적인 것으로 쇼군(將軍)을 임명하는 데 국한되어 있었다. 천황은 어떤 정치적 권력도 갖지 못하였던 관계로 민중의 생활에 개입할 여지가 없었으며 민중의 눈에는 보이지 않는 공기와 같은 존재였다.

그러나 실질적 권한을 행사하고 있는 쇼군은 천황의 봉건적 권위를 인정하는 이중적인 구조를 유지하였다. 권력과 권위의 이중적 배분이 조화스럽게 이루어지고 있어 이 양자의 통합을 추구하려는 발상은 일본에서는 통하지 않는다.

나루히토(德仁) 황태자의 전통적인 결혼식. 황태자비로 간택된 오와다 마사코(和田雅子)는 하버드 대학을 마친 재원으로 직업 외교관 출신이기도 하다.

원래 천황은 여관(女官)들이 돌보았다. 그들이 아침에 머리를 빗겨 주고 가벼운 화장까지 해주었다. 천황은 구중심처의 꽃밭에서만 살았던 것이다. 그러다 보니 명치 유신 당시 16세 소년이었던 천황은 너무 나약해 보였다. 명치의 권력자들은 그것이 내심 불안하고 못마땅했다. 결국 신흥 일본의 위풍당당한 군주상을 기대하고 있던 원로들은, 천황의 남성화를 위해 천황 주변의 여관들을 내쫓아 버리고 말았다. 군인적 기상을 갖춘 천황 만들기를 시작했던 것이다.

천황에게 승마를 가르쳤으며 근위병을 인솔하고 비가 죽죽 내리는 야영장에서 밤샘 훈련도 시켰다. 독일어, 일본 역사, 서양 사정 등을 가르쳤다. 청년 천황은 치맛바람 드센 어머니 밑에서 닦달받는 수험생처럼 원로들의 성화에 시달려 가며 제왕학을 익혀야 했다.

천황 존중의 기치를 높이 내걸고 막부를 붕괴시킨 명치 유신의 원로들은 신국가 건설의 전략적 목적 수행을 위해서 수동적, 명목적으로나마 천황을 권력의 주체로 부상시켰다. 공기와 같은 천황의 존재를 백성들에게 인식시키는 것이 급선무였다. 명치 정부의 대내외적 정책 추진을 위해서. 이 같은 필요에 따라서 천황을 외부에 드러내는 일이 체계적으로 이루어졌다.

신문과 잡지가 없던 시대 일본에서는 서민의 풍속 판화였던 우키요에(浮世繪)와 풍속화를 색도 인쇄한 목판화, 즉 니시키에(錦繪)가 중요한 통신 수단 노릇을 하였다. 1853년 페리 제독 내항 이래 막부 말의 소식이 요원의 불길처럼 항간에 유포되었던 것도 니시키에의 저널리즘 기능 때문에 가능한 일이었다.

명치 지도자들은 교토의 천황을 에도(도쿄의 옛 이름)로 이주시키면서 천황의 존재를 일반인에게 한껏 노출시켰다. 그 이전까지만 해도 천황의 실체는 베일에 가려져 있었다. 천황의 시각화, 권력의 시각화가 시작된 것이다. 3,000여 명에 달하는 장엄한 천황의 행렬에 관한 소문은 니시키에를 통해서 방방곡곡으로 퍼져 나갔다. 이에 앞서 천황은 교토에서 외교관을 접견함으로써 명치 정부의 주권을 내외에 과시하였다.

천황의 상징적 신격화에 열심이던 집권층은 천황으로 하여금 전국 주요 지방을 순시토록 하여 일본은 하나이고 일본인은 천황의 신민이라는 국가 신토(神道)를 서서히 서민들에게 주입시켜 나갔다. 문명개화와 부국강병의 슬로건을 내걸고 있던 명치의 주역들은 1870년 군복을 입은 천황이 2만 명의 부대를 사열하는 모습을 백성들과 외국인에게 공개토록 하였다. 천황의 모습이 일반에게 공개된 최초의 행사였다. 군통수권자로서의 천황의 이미지를 심어 주자는 계산이었다.

지방 순시와 공개적 행사 참가를 통한 천황의 시각화에는 시간적, 물리적인 제약이 따르게 마련이었다. 이 같은 한계를 극복하기 위하여 정부에서는 1872년 처음으로 청년 군주의 사진을 찍어 특정인에게 배부하였다. 하지만 구미 여러 나라를 견문한 원로들이 보기에는 일본옷을 입은 20세 천황의 모습이 왠지 촌스럽고 당당하지 못한 것 같아 불만이었다.

1873년 일본에 파도처럼 밀려오던 서양풍을 따라 하이칼라로 머리를 손질하고 사관 생도복을 입은 천황의 모습을 다시 사진에 담았다. 그러나 가부장적 천황 연출에 미련을 갖고 있는 원로들의 눈에는 차지 않았다. 하지만 그런대로 이를 중앙 부처와 군부대에 배포하여 극진히 모시도록 하였다. 천황의 대리물로서 마치 천황이 직접 방문한 양 섬기도록 하였다.

명치 정부는 국가 간의 우호와 독립을 확인하는 의미에서 일본과 조약을 맺고 있는 국가 원수들과 사진을 교환하고 그들의 사진을 궁성 낭하에 가지런히 걸어 놓았다. 세련되고 위엄이 넘치는 서양 군주들의 모습을 비록 사진을 통해서이지만 처음 본 명치 천황은 완전히 주눅이 들고 말았을 것이다. 1873년 사진을 찍은 이래 천황이 한사코 사진 찍기를 거부한 것은 이 같은 천황의 심정을 반증하는 것이 아닐까.

천황 사진에는 점점 신성이 가미되어 가기 시작하였고 경배하는 숫자도 나날이 늘어만 가는데 약관의 천황 사진은 뭔가 아쉬운 감이 있었다. 천황의 사진을 요망하는 개인과 단체는 아우성이었다. 일본의 주권을 상징하고 민중의 경배 대상으로 걸맞는 천황의 사진이 절실했다. 그런데도

천황은 사진기 앞에 서기
를 한사코 거부하고 있으
니 그야말로 답답한 노릇
이었다.

당시 일본에는 지폐 원
판 디자인을 위해 이탈리
아의 에도라르도 키오소
네(Edorardo Chiossone,
1832~98)라는 기술자가
고용되어 있었다. 원로들
은 이 판화 기술자에게 연
륜이 자연스럽게 드러나
는 가부장적 군주의 모습
을 화폭에 옮겨 줄 것을 요

고메이 천황(1831~66)

메이지 천황(1852~1912)

다이쇼 천황(1879~1926)

쇼와 천황(1901~89)

청하였다. 그리고 꾀 많은 일본인들은 그림을 사진기를 통해 재생산하였
다. 이 같은 우여곡절을 거쳐 1888년 어느 날 이윽고 일본 천황을 담은
걸작품이 세상에 태어났다. 천황도 원로들도 모두 만족해 했다. 천황은
에도라르도를 만찬에 초청하여 그의 수고를 치하했다.

에도라르도는 석판, 동판 초상화 제작에 뛰어난 기사로서 19세기 유럽
에서 일반적이었던 초상화를 모방하여 천황을 그려 냈던 것이다. 훈장을
달고 한 손을 탁자에 가볍게 올리고 다른 손으로 일본도를 쥐고 있는 천
황의 초상화는 사진으로 재생산돼 재외 공관, 지방 관서, 각급 학교, 주
요 군부대에 배포되어 가장 눈에 잘 띄는 자리에 걸리게 되었다.

천황제 국가 요람기에 배포된 이 천황 사진은 그야말로 신주 단지 대우를 받았다. 학교에 걸어 놓은 사진이 화재로 소실되자 그 학교 교장이 불충의 괴로움을 못 이겨 자살하고 만 사건도 일어났다. 목조로 되어 있는 관공서 건물에 화재가 일어났을 때는 천황 사진을 구출(?)하기 위해 불속으로 뛰어드는 충군애국의 천황 신민이 부지기수였다.

그러나 결국 역사는 인간이 신의 자리에 그렇게 오래 군림하도록 내버려 두지를 않았다. 1946년 정월 새 아침, 마침내 쇼와 천황(昭和天皇)은 방송을 통해 "나는 인간일 뿐 신이 아니다."라는 인간선언을 하게 된다. 일본 국민은 천황은 곧 신이라는 오랜 미망에서 깨어나야만 했다. 물론 이 같은 선언은 자의적 선택이 아니라 맥아더 연합군 사령관의 주문에 따른 것이었다.

그 사건은 일본이 다시 한번 외압에 의해서 새로운 역사의 노정에 들어섰음을 의미하는 것이었다. 연미복 차림의 천황이 군복 상의 윗단추를 풀어 젖힌 맥아더 원수와 나란히 서 있는 사진이 신문에 게재된 것을 본 일본인들은 경악할 수밖에 없었다.

맥아더 원수가 1951년 4월 트루먼 대통령에게 해임당할 때까지 천황은 그를 11번이나 만났지만 언제나 천황이 맥아더를 찾아가야 했다. 점령군 사령관이긴 하지만 맥아더의 천황 무시 태도는 참기 어려운 것이었을 것이다. 맥아더가 5년 7개월간의 일본 체류를 끝내고 귀국하게 되었을 때, 일본은 맥아더의 답방을 전제로 하는 천황의 방문을 제의한다.

그에 대해 맥아더는 천황이 올 필요도 없고 자신도 시간이 없어서 답방할 수가 없다고 하면서 총총히 귀국해 버렸다. 일본 사람들은 맥아더의 답방을 실현시키지 못한 것이 못내 아쉬웠을 것이다. 맥아더 원수는 미국 의회 증언에서 "과학, 미술, 종교, 문화 등의 발전이라는 관점에서 보면, 앵글로색슨은 45세의 장년이나 일본은 12세의 소년이다."라고 언급하여 일본인의 자존심에 큰 상처를 입히고 말았다.

일본 속담에 "에도의 적을 나가사키에서 친다."는 말이 있다. 지금의 도쿄인 에도의 적을 천 킬로미터 이상 떨어진 큐슈의 나가사키에서 해치운다는 것으로, 즉 엉뚱한 곳에서 엉뚱한 일로 보복한다는 일본인의 한 속성을 드러내는 속담이다. 대체로 일본 사람들은 꽁한 데가 있어 마음의 응어리를 면전에서는 내색을 안하지만 기회가 주어지면 기어이 풀고야 만다.

1975년 가을 쇼와 천황 부처는 미국을 보름 동안 느긋하게 둘러 보았다. 맥아더 기념관에서 자동차로 두 시간 남짓 떨어진 호텔에 천황 일행이 묵게 되었을 때, 기념관 측에서는 천황의 내방을 정중하게 희망하였지만 바쁜 일정 때문에 곤란하다는 반응이었다. 맥아더가 누구인가. 천황을 전범재판에 회부하지 않았을 뿐 아니라 천황제의 유지에 결정적인 역할을 한 일등공신이 아닌가. 맥아더 묘소 참배를 거부함으로써 그에 대한 서운한 감정이 얼마나 씻어졌는지 모르겠다.

오늘날엔 천황의 지위도 간단히 설명하기 어렵다. 천황은 호적도 없다. 성도 없이 이름뿐이다. 선거권도 없다. 그들은 천황이라는 존재에 대해 정말 무엇을 기대하는 것일까? 아무튼 이 또한 왕의 후예에 대한 아무런 배려도 생각하지 않고 있는 우리들과는 너무나 다른 모습이다.

아시아를 버리려 한 이유

우리는 흔히 일본인들은 째째하고 속 좁은 좁쌀영감 같을 것이라는 선입견을 갖고 있다. 그러나 그들이 어떤 국가적 차원의 목표를 설정해 놓고 이를 추진해 나가는 과정을 보면 당차고 겁 없는 구석도 있다.

지금부터 120여 년 전인 1871년 11월, 미국 기선 차이나 호가 배웅객들의 환호성과 지축을 울리는 19발의 축포 속에 서서히 요코하마 부두를 빠져나가고 있었다. 이와쿠라 토모미(岩倉具視, 1825~83) 특명 전권 대사를 단장으로 하는 구미 사절단이 장장 22개월의 해외 순방길에 나서는 순간이었다.

이 사절단에는 명치 신정부의 책사 기도 타카요시(木戸孝允, 1833~77)가 전권 부단장 자격으로 포진해 있고 오쿠보 재무장관, 이토 공업장관 등 정부 고관 및 실무자 50여 명이 포함되었다. 정부 관리 이외에 유학생 50여 명도 동행하고 있어 사절단 규모는 총 100여 명에 달했다. 수백만 달러가 쓰일 장기 외국시찰을 추진한 명치 지도자들의 배포는 알아줄 만하다. 유학생 중에는 국민학교 1학년인 여자 아이도 끼여 있어 사람들의 시선을 끌었다.

명치 신정부 지도자들은 "아는 것이 힘이다.", "배워야 산다."라는 캐치프레이즈를 내걸고 우선은 정책 결정자가 서구 문화를 제대로 이해하는 것이 필요하다고 생각하였다. 수십 권의 책을 읽느니 두 눈으로 직접 보고 피부로 느끼는 것이 첩경이라고 믿고 10개월 정도의 구미 시찰을 기획했던 것이다. 그러나 실제 일정은 대폭 연장되어 결국 2년에서 2개월 모자라는 장기 순방이 된다.

　당시는 서구와 체결한 불평등 조약 개정 교섭을 불과 1년 앞둔 시점이어서 조약 개정이 명치 정부의 최대 외교 현안이었다. 조약 개정을 위해서는 적어도 서구 문명 국가와 비등한 수준의 국내법 개정이 선행되어야 하는 상황이었다.

　사절단은 미국, 영국, 프랑스 등 구미 12개 국을 순방하면서 선진 문화를 조사, 시찰함과 동시에 방문국 수뇌들의 국제정치에 대한 충고도 많이 청해 들었다. 사절단은 미국에 205일, 영국 122일, 프랑스 70일, 독일 33일, 스위스 27일, 스웨덴 8일, 벨기에 8일, 덴마크에 5일 등을 체류했다. 이 같은 일정으로도 알 수 있듯이 명치 정부의 서양에 대한 관심은 미·영·프·독 순서였던 것이다.

　사절단은 순방 중에 미국의 그란트 대통령, 영국의 빅토리아 여왕, 프랑스의 치르 대통령, 프러시아의 빌헬름 1세, 러시아의 알렉산더 2세를 각각 면담하고, 서구 문화의 이론과 현실을 파악했다. 사절단은 문명개화라는 신앙으로 성지를 순례했던 것이다.

　사절단은 시찰반을 3개 조로 편성하여 정부 기구와 제도는 물론 재정, 경제, 산업, 군사, 사법, 사회, 교육 등 광범위한 분야에 걸쳐 탐욕스러운 견문 활동을 벌였다. 이들이 방문한 곳은 학교, 우체국, 조폐공사, 제철

소, 조선소, 천문대, 형무소, 지하철, 광산, 무기공장, 박물관, 병원, 공원, 서커스 등 일일이 열거할 수 없을 정도로 많고 다양했다. 본전을 빼겠다는 심정이었던 것 같다.

미국 방문에서는 피쉬 국무장관과 대망의 조약 개정 예비교섭에 임하게 된다. 그러나 이때 미국 측에서 국제법에 따른 전권 위임장 제시를 요구하고 나서 이와쿠라 대사를 난처하게 만들었다. 일본 측은 자신들이 천황의 신임을 받고 있기 때문에 여기까지 온 것이니 구태여 전권 위임장이 무슨 필요가 있느냐는 반론을 제기했으나 미국 측은 국제 관례를 길게 늘어놓았다. 하는 수 없이 오쿠보와 이토는 일시 귀국하여 정부로부터 위임장을 받아 다시 미국으로 건너가 교섭했으나 결과는 신통치 못했다.

이토 장관이 연회 석상에서 일본의 서구 문화 학습에 대한 뜨거운 의욕을 영어로 연설하여 미국 언론의 호평을 받은 것이 소득이라면 소득이었다. 서툴긴 했지만 분명한 어조로 일본의 의지를 설명하는 일본 측 대표에게 미국인들은 놀라움 섞인 갈채를 아낌없이 보냈다.

사절단은 당시 미국이 부강한 것은 부지런하고 검소한 기풍 때문이라는 기록을 남기고 있다. 또 그란트 대통령이 자유무역과 인권 존중을 기본으로 하는 자본주의 철학을 설교해 주었다고 밝히고 있다. 영국에서는 같은 섬나라로서 그렇게 발전할 수 있었던 근본적 원인을 찾는 데 부심했다. 그들은 무역과 공업 때문이라고 결론 내렸다. 프랑스에서도 사절단은 경탄을 금하지 못하였지만, 빈민굴과 창녀들을 보고서는 문명의 뒤안길에는 역시 어두운 면도 있다는 현실을 인식하게 되었다고 한다.

사절단은 러시아에서는 알렉산더 2세의 농노해방, 이탈리아에서는 문

이와쿠라 사절단. 1871년 11월 이와쿠라 특명 전권 대사를 단장으로 하는 구미사절단이 장장 22개월 간의 해외 순방길에 나섰다. 사진 왼쪽부터 기도 타가요시, 야마구치 나오요시, 이와쿠라 토모미, 이토 히로부미, 오쿠보 토시미치.

명의 영고성쇠를 직접 목격할 수 있었다. 그런데 막상 이들의 마음을 결정적으로 사로잡은 방문지는 영국도, 미국도 아닌 프러시아였다. 영미의 현실은 일본인들이 볼 때 구름 위에 떠 있는 그야말로 아득한 느낌을 주었지만 프러시아의 상황에는 친근감을 느낄 수 있었다.

1873년 3월 15일 저녁, 철혈 재상 비스마르크는 이와쿠라, 오쿠보, 기도, 이토 등 명치 정부를 이끌고 갈 지도자들을 위해 베푼 연회 석상에서, 자신의 성장 배경과 함께 소국에 태어난 서러움을 극복하고 신흥 강국으로 발돋움하게 된 내력을 감동적인 목소리로 밝혔다. '아, 바로 이것이다.' 그 자리에 있던 명치의 군상들은 무릎을 쳤다.

이와쿠라 사절단이 본 '개화'의 모습들. 위로부터 파리 최대의 감옥 건물, 베를린 대학 건물, 로마 군병원 목욕탕.

비스마르크는 결론적으로 국제법과 정의는 국가관계에 있어서 힘의 논리보다 우선할 수 없는 것이라는 결론을 내렸다. 비스마르크의 웅변에 일본 사절은 깊은 감명을 받고 명치 정부가 지향해야 할 바를 계시받은 심경이 되었다.

그들은 구미 순방길에 일본은 고대문명의 발상지도 아니고 이렇다 할 발명품도 내놓지 못했음을 절실히 깨달았다. 그러나 일본이 아시아의 선각자로 부상할 수 있는 비법은 있을 것이었다. 결국 사절단은 순방을 통해 일본은 창조보다는 모방과 개선을 추구해야 함을 자각하게 되었다.

그렇다면 이질적인 서양문화에 대한 대응 방안도 결국 동서양 문화의 접점에 서서 양 문화의 장점을 취하고 단점을 보완하는 길밖에 없다는 것을 깨달았다. 일본의 특질에 철저해지는 것이 곧 문명개화의 첩경이라는 것이었다.

이 같은 깨달음 때문이었는지 명치 일본은 급속히 서구 문명을 수용해 나갔다. 그러한 예는 다른 나라에서는 찾아보기 힘든 것이다.

사절단의 수뇌들은 귀향 후 헤게모니를 장악하여 힘이 법보다 우선한다는 비스마르크의 가르침을 아시아에 그대로 적용하여 '프러시아의 길'을 걷는다. 1876년 강화도 사건 발발시 청국 주재 모리 일본 공사는 이홍장과 회담하는 자리에서 이홍장이 제기한 동아시아 연합에 의한 구미 대항론을 간단히 묵살하고 말았다.

즉 "수호조약을 아무리 많이 맺어도 도움이 안 된다, 누가 보다 강한 힘을 갖고 있느냐가 관건이다."라고 하면서 국제법이란 쓸데없는 것이라고 단정했다. 이는 이후 일본의 아시아 정책의 본질을 극명하게 보여 준 일례이다.

이와쿠라 구미 사절단원들은 19세기 후반 약육강식의 국제정치 현실을 똑똑히 보았다. 또 일본은 새로운 문화를 배워야 하는 학생이고 유럽은 바로 문명 그 자체라는 인식의 저변에는 아시아는 야만일 뿐이라는 인식이 깔려 있었다. 따라서 프러시아의 경우와 같이, 소국 일본이 문명 대국으로 발전하기 위해서는 아시아로부터 벗어나 유럽으로 들어가야 한다. 소위 탈아입구(脫亞入歐)의 길을 가야만 한다고 생각했다.

이와쿠라 사절단은 스리랑카, 싱가포르, 사이공, 홍콩, 상해를 거쳐 귀국하는 동안 내내 후진성만 눈에 뛰는 그들의 현실을 냉소하며 자신들이 속한 불행한 아시아로부터 벗어날 궁리를 했을 것이다.

이야기가 다소 빗나가지만 일본에는 1870년대 후반에 허버트 스펜서의 적자생존, 우승열패의 사회 진화론이 풍미했는데, 일본은 이를 국제 관계에도 적용시키려고 하였다.

초대 문교장관을 지낸 모리는 영국 근무 기간 중 조야의 유식자 특히, 스펜서와 친하게 사귀었으며 그의 영향을 상당히 많이 받은 것으로 생각된다. 그리고 적자생존의 사회 진화론을 일본의 탈아론에 접목시킨 자는 김옥균의 정신적 스승이었던 후쿠자와였다. 후쿠자와가 1885년 3월 16일, 자신이 경영한 〈시사신보〉에 '탈아론'을 기고한 이후 일본 조야는 그야말로 탈아의 깃발을 높이 들고 그 뒤를 따르게 되었던 것이다. 탈아론은 말하자면 아시아적 후진성이라는 늪에서 헤어나지 못하고 있는 중국, 조선과의 인연을 과감히 끊어 버리고 일본은 동양에 있어서 서구적 신국가로 출발하여 아시아를 서구 열강이 취급하고 있는 방식대로 대하자는 주장이다. 그 이후 동아시아의 역사적 전개는 여기서 새삼 재론할 필요가 없을 것이다.

일본의 탈아입구를 위한 노력의 결과일까, 최근 하버드 대학의 사무엘 헌팅톤 교수는 《문명의 충돌》이라는 논문에서 세계 8대 문명권을 열거하면서 유럽권, 유교권, 그리고 일본권을 들었다. 유교 문명과는 다른 일본 문명의 존재를 인정한 셈이다.

사실 오늘날의 일본 문화는 중국적 문명의 성격으로는 설명하기 어렵다. 그들은 오히려 근대 유럽 과학기술 문명의 영향 하에 성장한 것처럼 보인다. 헌팅톤 교수는 일본은 서구라는 서클의 준회원국과 같은 특수한 존재라고 지적했다. 동서양 문화의 채장보단(採長補短)의 오랜 꿈을 이룬 일본의 향방에 관심이 쏠리는 것은 어쩔 수 없는 일이다.

호기심과 현실 적응력

　일본인은 호기심이 대단히 강하다. 물론 호기심이라는 것은 일종의 에너지로서 인간의 보편적인 특질이지만, 일본인의 호기심은 유별나다. 일본 역사를 그들의 강한 호기심과 연관시켜 생각하면, 그 호기심이 결국 근대화를 촉진케 한 것이 아닌가 싶다. 새로운 문물은 무엇이나 배운다는 학습 전통은 결국 강한 호기심에서 연유된 것일 것이다.

　일본의 역사도 역시 쇄국과 개국의 순환으로 점철되어 있다. 그런데 쇄국에서 개국으로 전환되었을 때 쇄국 때문에 억제되었던 호기심이 폭발적으로 발산되곤 했던 것이다. 대개 지적 호기심이란 일정한 방향으로 발동되기보다는 산만해지기 쉬운데 일본인들은 한 우물을 판다. 평가할 만한 점이다.

　서기 630~894년 기간 중에 일본은 당나라에 18척의 사절선을 파견하였으나 쇄국기로 접어든 895년부터 450년 동안에는 단 한 척만을 공식적으로 파견한다. 한편 1401~1547년간에는 무려 80척의 배가 당국의 허가를 받아 중국을 드나들었다. 이 사실은 개국과 쇄국이 일정 주기로 반복되었음을 뒷받침하고 있다.

1543년에 일본 다네가 섬(種子島)에 포르투갈인이 표류해 온 적이 있다. 당시 16세의 소년 영주 도키타카는 포르투갈인이 휴대하고 있는 화승총에 강한 관심을 보였다. 그의 일기를 보면, 화승총을 길이 2~3척의 쇠막대에 '묘약'을 넣고 불을 붙이면 폭음과 함께 탄환이 나가는 희한한 물건이라고 적고 있다. 화약을 묘약(妙藥)이라고 한 점이라든지 희한한 물건이라는 표현이 소년답다.

그는 거금을 주고 화승총 두 자루를 사서 가신들로 하여금 사격법과 총기 제조술을 배우도록 명하였다. 소년 영주의 호기심과 과단성에 힘입어 2년 후에는 규슈 지방에서 철포가 대량 제작되었으며, 행세깨나 하는 사람들은 너도나도 화승총을 사들였다. 화승총은 일본인을 열광시켰으며 서양 기술에 대한 호기심을 더욱 부채질하였다.

일본인들이 임진왜란을 도발한 것은 포르투갈인과의 만남이 있은 지 50년이 경과한 1592년이었다. 그 50년 동안 그들은 조총을 대량 생산하며 전쟁 의지를 키웠던 것이다.

그 탄환이 수십 마리의 새떼처럼 발사된다고 해서 조선에서는 조총이라고 했는지 모르겠으나, 아무튼 그 화승총은 당시로서는 위력이 대단했다. 유성룡은 조총이 사정거리와 명중도에 있어 활과 비할 바 아니고, 우박처럼 쏟아지는 탄환 세례를 피하기 어려웠다고 《징비록》에 적고 있다. 황윤길 일행이 임란 발발 직전인 1591년 일본을 방문하고 귀로에 대마도 도주 소오 요시토모(宗義智)로부터 서너 자루 선물로 받아 온 무기가 바로 조총이었다. 그러나 당시 조선의 상황은 정사 황윤길이 "가까운 시일 내에 반드시 병화가 닥칠 것이다."라고 선조에게 복명한 데 반하여 부사 김성일은 "일본에 그런 징후는 없다."라고 정세 보고를 하는 등 조총의

나가사키(長崎) 항에 정박한 네덜란드 선박들. 소형선을 이용하여 데지마 무역관으로 수입 화물을 운송하고 있다.

심각한 의미를 이해할 수 있는 분위기가 아니었다.

일본은 1639년부터 1850년에 이르는 200여 년 동안 다시 쇄국의 빗장을 단단히 걸었다. 조선과 마찬가지로 일본은 외부 세력에 의해 강제로 개국될 때까지 존황양이의 사상으로 배타적인 정책을 견지하게 된다.

쇄국은 뭇 사람의 호기심을 자극하였다. 호기심의 보편적인 발현 형태는 조그마한 틈새만 있으면 거기에다 눈을 박고 엿보고자 하는 것이다. 일본의 쇄국정책이 조선의 쇄국과 근본적으로 다른 면은, 인간의 원초적 심성인 호기심의 갈증을 조금이나마 해소시켜 주는 틈새, 즉 서양에의 숨구멍을 마련했다는 점이다.

그들은 나가사키의 데지마라는 작은 섬에 서양인들의 체류를 허가했다. 데지마 섬은 쇄국이라는 거대한 장벽에 뚫어 놓은 지극히 작은 숨구멍이었다. 일본인들은 이 구멍을 통해 서양 지식과 정보를 접했다. 반면 우리에겐 그러한 작은 교통로조차 존재하지 않았다. 서양의 정보는 그들의 것이었을 뿐 우리에게 전달될 수는 없었다.

일본인은 개방성과 폐쇄성을 아울러 지니고 있다. 의식주와 지식, 종교에 대해서는 개방적인 태도를 보이는 데 반하여 인간관계에 있어서는 대단히 폐쇄적인 경향이 있다. 일본의 유통구조가 복잡하여 구미 여러 나라가 일본 시장 진출을 제대로 못하고 있는 것도, 따지고 보면 인간관계의 폐쇄성에 기인한다 하겠다. 일본인들은 외국의 물건이라면 일단 새롭고 신기한 것으로 치부하고 관심을 나타낸다. 그리고 외래의 문물을 자기 나름대로 소화하여 보다 실용적인 것으로 발전시키는 재주가 있다.

외국어를 흡수하는 태도도 특이하다. 우리는 가급적 원음에 가깝게 음역(音譯)하는 경우가 많은데 비해 일본인들은 음역과 의역을 혼용하기도 하고 더러는 아예 일본식 영어를 만들어 낸다. 외래어를 의역하여 서구 사상을 받아들인 예는 일일이 열거할 수 없을 정도이다.

예컨대 권리, 의무, 사상, 주의, 철학, 정치, 계급, 사회, 국제법 등등 우리가 일상적으로 쓰고 있는 이 어휘들은 일본 사람들이 의역하여 한자의 종주국인 중국에 역수출한 대표적인 예이며 우리나라에도 근대화와 더불어 수입된 일본식 조어이다. 요즈음 언론에서도 사용하고 있는 전향적(前向的)이란 단어는 80년대 초까지만 해도 우리에게 생소했던 일본식 한자였다.

일본의 조어 능력은 알아줘야 한다. '가라오케'는 다 아는 대로 가짜 오케스트라라는 일본식 조어이다. 일본어와 영어가 적절히 조합된 것이다. '올드미스'도 일본식 영어인데, 이 경우 일본어는 전혀 사용치 않았다. 이런 조어 과정에서도 어떤 원칙에 집착하지 않고 실용성을 중시하는 일본인들의 성격의 일단을 느낄 수 있다.

일본 사람들은 한자를 읽을 때도 우리와는 다르게 음독과 훈독을 병용한다. 예컨대 하늘 천(天)을 우리는 어떤 경우에나 '천'이라고 읽는 데 비해 일본인들은 '텐' 또는 '아마' '아메'라고 읽는다. 일본인들은 한자를 읽는 데도 신축성을 발휘하는 셈이다.

일본인의 강한 지적 호기심과 상대적 가치관을 추구하는 유연한 사고방식 또한 외래 문화 유입을 쉽게 한 하나의 요인이었을 것이다. 오늘날에도 일본인들의 호기심, 경탄할 만한 학습욕은 어떤 특정 계층에 국한되어 있는 것이 아니라 지식과 교양의 정도를 떠나서 거의 모든 일본인에게 발견된다.

1782년 다이코쿠야 코다유(大黑屋光太夫)라는 선원 일행 17명이 쌀과 목면을 에도로 싣고 오던 중 풍랑에 휩싸여 제정 러시아에 표류한 사건이 있었다. 17명의 선원 중 12명은 사망하고 2명은 이루크츠크에서 러시아인과 결혼하여 일본어를 가르치기 위해 현지에 남고 다이코쿠야 등 3명이 10년 만에 귀환했다.

다이코쿠야 선장은 러시아에 머물던 중 에릭 라크스만이라는 박물학자를 알게 되어 그의 주선으로 당시 제정 러시아의 여제 에카테리나 2세를 알현하여 본

수입 상품 입찰도. 아시아와 유럽산 수입품이 인기가 높았다.

국 귀환을 읍소하였다. 이같은 읍소에 대해 일본과 통상을 바라고 있던 에카테리나 2세는 라크스만의 아들 아담을 사절로 임명하여 일본에 파견키로 하였다. 아담은 최초의 러시아 사절로서 일본을 방문하여 다이코쿠야를 막부에 인도하면서 통상 가능성을 타진하였다. 일본은 선원 3명의 신병을 인수받긴 했으나 통상 요구에는 응하지 않고 다만 나가사키항 입항권을 부여하는 데 그쳤다.

불가항력으로 어쩔 수 없이 러시아에서 살았다고 하지만, 이들은 엄중한 쇄국의 국법을 어겼다. 때문에 이들은 10년 만에 귀환했으나 가족의 품으로 돌아가지 못하고 죽을 때까지 연금상태에서 생활해야 했다. 다이코쿠야는 여러 차례 심문을 받기도 하였으며 당시의 실권자 이에나리 장군에게 불려 가 러시아의 사정을 설명하기도 하였다.

이에나리 장군의 주치의이며 당대 일류 난학자가 다이코쿠야의 구술 내용을 《북사문략》이라는 책으로 정리하였다. 《북사문략》은 부록 1권을 포함 총 12권으로 구성되어 있는 방대한 자료집으로서, 제정 러시아의 민속, 습관, 사회제도, 풍물 등에 대한 예리한 관찰과 생동감 있는 묘사로 가득 차 있다.

이 책은 일본인 표류기 중 최우수 기록으로 평가받고 있으며 오늘날의 인류학자나 사회학자의 연구에 견주어 보아도 전혀 손색이 없다. 일본어와 러시아어의 일상 표현 대비표에 나타난 그의 출중한 어학적 재능과 이질 문화의 탁월한 비교는 그가 일개 선원이었다는 사실이 믿어지지 않을 정도이다. 일본인들은 판도라 상자를 건드려 재앙을 자초한다고 하더라도 그것을 열어 보지 않으면 직성이 풀리지 않는 사람들인지도 모르겠다.

네덜란드라는 프리즘

일본도 조선과 마찬가지로 오랫동안 쇄국을 국가정책으로 삼았지만 그 양상은 조선과는 사뭇 달랐다. 일본은 같은 동양 문화권인 중국, 조선과 관계를 유지하는 한편 다른 문명권에 속해 있는 네덜란드와도 통상관계를 맺었던 것이다.

쇄국 일본은 나가사키 부근의 총 5,000평 정도 되는 데지마(出島)라는 섬에 서양을 향한 콧구멍만 한 작은 바람통을 열어 두었다. 그리고 이 섬에 네덜란드 상선의 입항과 네덜란드인들이 머무는 것을 허용했다.

도쿠가와 요시무네(德川吉宗, 1684~1751)는 제8대 장군이 되면서부터 기독교와 무관한 서양 서적의 수입을 허용하였고 1740년경에는 당시 내로라하는 유학자들에게 네덜란드어를 배우도록 명령하였다. '고구마 선생'으로 널리 알려진 아오키 콘요(靑木昆陽, 1698~1769)는 고구마의 재배와 보급에 많은 노력을 기울이는 한편 네덜란드어를 공부하여 네덜란드어 회화집과 네덜란드어 문법을 저술했다.

1774년에는 네덜란드어로 쓰여진 해부학서가 《해체신서》라는 제목으로 번역되어 종래의 한방 치료와는 또 다른 의술의 세계가 존재함을 보여 주었다. 《해체신서》는 다시 난학자들의 20년간에 걸친 각고의 노력 끝에 《개정 해체신서》 14권으로 증보 간행되었다. 18세기에 이미 서양어로 쓰여진 의학 서적이 일본어로 번역되었다는 것은 참으로 경이에 가까운 일이라고 아니할 수 없다. 18세기 일본에는 난학자로 불릴 수 있는 학자가 100여 명을 상회했다고 한다.

조선과 일본은 쇄국이라는 같은 간판을 내걸고 있었지만 일본은 절대적 쇄국이 아니라 서양의 신선한 바람이 스며들어 올 수 있는 데지마라는 틈바구니를 마련했고 조선은 일편단심 중화사상에 철저했다.

우리 속담에 "고기는 씹어야 맛이요, 말은 해야 맛이다."라는 말이 있듯이 우리는 할 말은 다 해야 직성이 풀린다. 이에 비해 일본인은 하고 싶은 말도 다 내뱉기보다는 70% 정도만 하고, 음식을 먹을 때도 포만감을 느끼기 전 다소 아쉬울 때 수저를 놓는다. 이런 심리로 쇄국을 하면서도 약간의 예외를 두었을 것이다.

나폴레옹 전쟁 이후 국제적 역학 관계의 변화와 더불어 학문의 발상지이자 문화의 원류라고 흠모해 마지않던 중국이 아편전쟁에서 서양 세력 앞에 무력하게 무릎을 꿇었다는 충격적인 정보도 이 작은 섬을 통해 들어왔다.

중국 자신은 물론 조선은 오랫동안 중화 문명의 절대적 가치 내지 우월 의식에 젖어 있으나 일본은 네덜란드인과의 접촉을 통하여 형성된 소위 난학 (蘭學)이라는 프리즘을 통해 중국 문명에 대한 상대적 평가가 가능했다 하겠다. 중국 문명의 상대적 인식의 정도가 동양 3국의 근대화 속도를 결정하는 한 요인이 되었음은 두말하면 잔소리다.

한편 아편전쟁을 계기로 일본에서는 종래의 유학자들이 속속 난학자

1820년대의 나가사키항. 쇄국 일본은 항구 앞에 있는 부채 모양의 작은 섬 데지마(出島)를 설치, 서양을 향한 작은 바람통을 열어 처음으로 네덜란드 상선의 입항과 외국인의 체류를 허용했다.

로 돌아서기 시작하였다. 그 단적인 예로 막부 말기의 주자학자로 이름을 떨치던 사쿠마 쇼잔(佐久間象山)은 1844년, 그의 나이 33세가 되던 해에 네덜란드어를 배워 서양 군사학 전문가로 재빨리 변신하였다. 서양 오랑캐의 상대적 우월을 인정하고 '동양의 도덕, 서양의 과학기술'을 주창한 사쿠마의 슬로건은 막후 말기와 명치 시대의 일본인에게 큰 영향을 끼쳤으며 근대 일본의 캐치프레이즈가 되었다.

1853년 페리 제독이 일본의 개국을 강제하기 위하여 내항했을 때 일본에는 네덜란드어를 자유자재로 구사할 수 있는 난학자들이 수백 명에 달했다. 미일 간의 조약 교섭이 양측의 네덜란드어 통역을 통해 행하여졌고 미일 수교 조약 부본이 네덜란드어로 작성되었을 정도였다. 1850년대 초에 이미 서양어로 교섭하고 교섭 결과를 서양어로 문서화할 수 있었던 일본과 조선의 격차는 지금은 좁혀져 있는 것일까? 서양이라는 충격에 대해 한일은 전혀 다른 반응과 대응 자세를 보였으며 결국 이와 같은 차이가 한일 근대사의 분수령이 된 것이 아닌가 한다.

일본의 변신은 변화무쌍하다. 중화 문화의 취약성이 드러나자 하룻밤 사이에 난학자로 돌아섰던 이들은 네덜란드가 세계의 중심이 아니고 더욱이 네덜란드어를 배워도 영어를 읽을 수 없다는 것을 알게 되자 다시 네덜란드어를 헌신짝 버리듯이 내동댕이치고 영어 열풍에 휘말려들었다. 당시 데지마에 살고 있던 네덜란드인들은 이와 같은 일본인의 안면몰수 태도에 몹시 섭섭했지만 시세 파악에 능수능란한 일본인을 어쩔 수는 없었다.

일본 근대화의 스승으로 숭상받고 있는 후쿠자와(福澤諭吉)가 천하의 난학자가 되어 요코하마 항구에 구경갔으나 외국어로 쓰여진 간판을 읽을 수 있기는커녕 그 간판이 영어로 쓰여진 줄도 몰라 충격을 받았다는 유명한 일화가 있다.

1969년 가을, 난학자들의 후예인 일본 의사 몇 사람이 네덜란드를 방문하여 네덜란드 의학계 사람들에게 네덜란드의 의학이 끼친 영향과 난학의 은혜에 사의를 표했지만 정작 그들은 이런 사실을 잘 모르고 있었다고 한다.

일본 근대화에 엄청난 공헌을 한 네덜란드인들이 전혀 생색을 내려 하지 않은 데 대해 네덜란드는 역시 대국이라고 감탄하는 일본인들의 이야기를 들은 적이 있다. 그들은 툭하면 일본에 한자와 불교를 전해 주었고 조선통신사들의 일본 방문시에는 글씨를 받기 위해 일본 유생들이 줄을 섰다는 이야기를 즐겨 꺼내곤 하는 우리들의 모습을 떠올리고 네덜란드인의 담담함에 더 깊은 감명을 받았는지도 모르겠다. 그러나 한편으로 생각해 보면 네덜란드가 대국이라서 일본에 대한 네덜란드의 기여를 잊어 버린 것이 아니라 이미 셈은 끝났다고 생각한 것은 아닐까.

이야기가 옆길로 새지만 나와 네덜란드와의 인연을 소개하고자 한다. 국제법에 관심이 없는 사람이더라도 '국제법의 아버지' 하면 그로티우

17세기 네덜란드의 도시를 재현한 나가사키의 테마파크는 네덜란드 교류 기념으로 조성되었다.

스(Hugo Grotius, 1583~1645)의 이름 정도는 알고 있을 것이다. 8세 때 라틴어로 시를 쓰고 16세에 명문 라이든 대학을 졸업하여 변호사가 된 천재이다. 그가 라틴어로 저술한 《전쟁과 평화의 법》은 근대 자연법과 국제법의 기초를 확립한 노작으로 초판 이래 영어, 불어 등 각국어로 번역되어 널리 읽히게 되었다.

네덜란드인들은 결코 셈에 둔하지 않다. 오히려 너무 밝은 것이 탈이다. 80년대 초 네덜란드 암스텔담 대학원에서 유학하던 때 그로티우스의 생가를 찾아 헤맨 적이 있다. 시청의 한 직원이 '그 곳을 찾아 뭘 하겠다는 것인가?'라고 한심하다는 투로 묻더니 그 자리는 재개발되어 아파트가 들어섰다고 일러 주었다. 지나치게 현실적인 후손을 둔 탓으로 그로티우스는 생가를 잃었고 세계는 역사적 명소를 상실하고 말았구나 하는 안타까운 생각을 하며 그의 묘를 참배하였다.

그로부터 20년이 지난 2002년 2월 교황청 대사 부임 인사를 위해 도쿄로 팔십 줄에 들어선 은사 미야자키 시게키(宮崎繁樹) 박사를 찾아 뵈었을 때의 일이다. 그는 어쩌면 이승에서의 마지막이 될지도 모르겠다고 하면서 준비한 선물을 건네주었다. 보자기를 조심스럽게 풀었더니 양피지로 표지를 한 그로티우스의 《전쟁과 평화의 법》이 아닌가. 희귀본 중의 희귀본이다.

우리 돈으로 2천만 원 이상 호가하는 진본으로 돈만 있다고 쉽게 구할 수 있는 게 아니다. 선생님께서 70년대 초에 힘들게 구한 것이라며 세미나 시간에 우리들에게 어린아이처럼 자랑하던 그 책을 받은 것이다. 앞으로 이 보물을 어떻게 간수해야 하며 나는 누구에게 넘겨줘야 하는지 고민이 아닐 수 없다.

쇄국의 숨구멍, 데지마 섬

난학(蘭學)이란 일본 쇄국 시대에 있어 네덜란드어로 쓰여진 서양 문물의 연구를 총칭하는 것이다. 난학은 포르투갈어로 쓴 남만학(南蠻學)에 대하여 제8대 장군 도쿠가와 요시무네(德川吉宗, 1684~1751)가 기독교와 무관한 서양 서적의 수입을 허용한 것을 계기로 서양 의학, 천문학으로부터 발전하게 되었다. 이는 다시 지리, 박물, 화학 등 자연과학 전반을 망라하게 되었으며 합리적 사고 형성의 기초가 되었다.

난학은 나가사키(長崎)에 설치된 네덜란드 무역관을 통해서 비롯되었다. 나가사키의 데지마 네덜란드 무역관은 쇄국 200여 년 동안 서양을 향해 열려진 유일한 창구였다. 일본은 이를 통하여 해외의 지식과 문물을 걸신이라도 들린 것처럼 흡수하였다.

네덜란드 무역관은 원래 나가사키에 내왕하는 스페인이나 포르투갈 사람들을 일정 장소에 머물게 할 목적으로 만들어진 것으로 처음에는 '남만 타운'이라고 불렸다. 조선 시대에 동래에 설치된 왜관과 같은 성격의 외국인 거주지역이었다. 데지마(出島)에 네덜란드인이 거주하게 된 것은 기독교 선교 금지 정책에 따라 스페인, 포르투갈인과 같은 남만인의 추방으로 당시 히라도(平戸)에 있던 네덜란드인이 이곳으로 옮겨 왔기 때문이었다. 히라도는 남북 16km, 동서 10km의 섬으로 왜구 활동의 본거지였으며 1550년 포르투갈인들이 와서 무역을 개시한 곳이었다.

16세기 중엽까지만 해도 반농반어의 한촌에 불과했던 나가사키는 포르투갈인의 도래와 더불어 일본 유일의 해외 무역항으로서 각광받게 되었다. 쇄국정책을 견지하고 있던 도쿠가와 막부는 1634년 데지마라는 인공섬을 만들어 포르투갈, 스페인 상인을 이곳에 머물게 함으로써 일본인과의 개인적 접촉을 엄중히 통제하였다.

데지마는 부채 모양으로, 총면적이 4,650평에 불과한 작은 섬이다. 전술한 대로 기독교 선교 금지 정책에 따라 포르투갈 상인들이 쫓겨가고 탈종교적인 네덜란드인만이 데지마에 집단 거주하게 되었다. 네덜란드인들이 일본무역을 독점하기 위해 포르투갈은 선교를 빙자한 침략국이라는 인상을 막부 지도자에게 심어 주었던 책략도 주효했다.

나가사키의 네덜란드 무역관은 네덜란드 동인도 회사의 일본 지사인 셈이었다. 네덜란드 동인도 회사는 영국 동인도 회사와 함께 세계 최초의 주식회사로 유명하다. 네덜란드 동인도 회사는 1602년에 설립되어 본부를 자바 섬의 바타비아(Batavia)에 두고 아시아 전체 무역관을 총괄하였으며 일본 지사는 1611년 나가사키의 히라도에 개설되었다. 영국도 히라도에 무역관을 열었으나 교역이 제대로 안 되자 이를 폐쇄하고 말았다. 이런 경위를 거쳐 네덜란드는 서양 국가로서 대일 무역을 독점하게 되었고 일본의 근대화를 촉진시킨 난학의 모태가 될 수 있었다.

데지마 무역관은 1859년 폐관할 때까지 200여 년 동안에 걸쳐 유형 무형의 서양 문물과 지식을 쇄국기의 일본 정부와 지식인들에게 전해 주었

다. 데지마를 통해 은
과 같은 일본 제품이
제법 수출되었다. 당
시 일본은 멕시코에
이어 세계에서 두 번
째의 은 생산국이었
다. 1637년의 은 수
출은 자그마치 14만
kg이나 되었다. 유명

1820년 나가사키항 네덜란드 무역관의 모습을 축소한 모형.

한 아담 스미스의《국부론》11장에 일본의 은 시세는 유럽 구리 시세에
어떤 형태로든지 영향을 미친다고 적혀 있는 것만 보더라도 일본의 은 수
출이 국제적으로 꽤나 알려졌었다는 것을 알 수 있다.

　일찍이 서양인들이 일본을 금과 은이 넘치는 황금의 섬으로 기술했던
것도 이 때문이었다. 일본은 이미 일찍부터 네덜란드 무역관을 통해 해외
지식을 습득했을 뿐만 아니라 일본 문화를 서양에 소개하는 일석이조의
효과를 거두었다고 하겠다.

　일본은 은뿐만 아니라 도자기도 상당히 수출하였으며 1659년 수출량
은 3만 점이나 되었다 한다. 수입품으로서는 세계지리, 의학, 천문학, 자
연과학에 관한 각종 서적 1만여 권, 피스톨, 수류탄, 대포, 망원경 등 무
기류가 주종을 이루었다. 특기할 것은 후추를 30만 근 이상 수입하여 대
마도를 경유하여 다시 조선에 수출한 점이다.

　중국이 아편전쟁에서 패배하였다는 정보를 입수한 일본 막부는 국가
적 위기감을 느끼고 국방, 특히 바다를 지키는 데 각별한 신경을 썼다. 막

독일인 의사 필립 F. 시볼트

부는 1811년 해방(海防) 강화를 지원하기 위하여 네덜란드 서적의 번역을 전담하는 번역국(蕃書和解御用掛)을 설치하였다. 1811년은 특수한 의미를 갖는 해이다. 일본에서 최초의 일영사전이 편찬된 해이기도 하지만 조선에서 일본에 보내진 열두 번째이자 마지막인 조선통신사가 파견된 해이기도 하다. 이는 일본의 변화를 관찰할 수 있는 공식 루트의 단절을 의미하며, 난학의 공식적인 용인, 즉 일본의 서양문명 흡수 의지를 분명히 한 것이다.

아편전쟁 후 1844년에 수입한 서적 중에는 《근대전을 위한 보병, 기병, 포병술》, 《로켓제조 편람》, 《대포학 개론》, 《포병술》, 《야포 조작술》, 《축성학 입문》 등이 포함되어 있다. 이는 일본 조야의 국방에 대한 관심이 어느 정도였는가를 말해 주는 단적인 예이다.

무역관장은 한 해에 한 번씩 에도의 막부를 방문하여 국제 정세 추이를 설명하고 피스톨, 망원경, 사진기와 같은 신기하게 여겨지는 서양 물건을 헌상하여 일본으로 하여금 국제 정치와 무역에 대해 계속 관심을 갖도록 하였다. 그러나 네덜란드는 흔히 미국 사람들이 하는 식으로 일본을 계몽시키려는 고매한 이상 같은 것은 품고 있지는 않았고 기본적으로 무역에만 관심이 있었다. 교역 계속 유지라는 차원에서 일본에 필요한 국제 정보를 귀띔해 주었다. 일본 측으로서도 예수 믿으라는 설교 없이 현실적인 과학기술과 서양 문물만 거래하는 네덜란드인이 오히려 믿음직스러웠다.

　평균 10명 정도가 상주했던 데지마의 무역관원들은 가족과의 동거가 허용되지 않았으며 외부 출입은 엄격히 제한되어 있었다. 한편 통역을 제외한 일반인들의 출입도 금지되어 있어서 무역관은 일종의 창살 없는 감옥이었다. 관대하게도 일본 당국은 창부의 출입은 묵인하여 일본 처녀들을 보호했다. 당시 나가사키의 인구가 12만 정도였으며 창부가 적어도 7,000명 이상이었던 것으로 기록되어 있다. 네덜란드와 일본 간에는 글자 그대로 인적, 물적 교류가 일찍부터 이루어진 셈이었다.

　게이샤로 불리운 육체 위안자들은 신고를 하고 무역관 내에 들어가 상대가 원하면 며칠씩 머물 수도 있었으며 네덜란드인과 동거 생활을 하는 경우도 있었다. 그러나 매일 아침 출입구에 설치되어 있는 검문소에 출두하여 건재(?)함을 보여 주어야 했다.

　무역관장은 3년에서 14년까지 대체로 장기간 근무했다. 따라서 이들은 일본 내부 사정에 훤하게 되었으며 일본인 네덜란드 통역자들에게 영어나 프랑스어를 가르쳐 주기도 하였다. 특히 이 중에서 유명한 무역관장은 얀 블롬호프(Jan Blomhof)로서 그는 1811년 일본 최초의 영일 사전 편찬에 큰 기여를 했던 인물이다. 쇄국시대에 영어사전이 편찬되었다는 것은 주목할 가치가 있다.

　무역관에는 의사 한 명이 파견되어 있었다. 의사라고 하지만 이들은 이발도 해주고 간단한 외과 수술이나 응급처치를 하는 수준에 불과했다. 의사들 중에서도 일본 연구에 두각을 나타낸 독일인 시볼트(Siebold, Philipp Franz Balthasar von, 1796~1866)를 단연 제일의 권위자로 친다. 체류하는 동안 광범위한 분야에 걸쳐 정력적인 연구를 한 것으로 유명하다. 〈일본어 개략〉, 〈일본 식물분포〉, 〈일본 지리〉, 〈일본 역사〉, 〈일본 차〉, 〈일본 어류도〉, 〈일본 예술과 학문〉, 〈일본인의 기원〉 등이 시볼트가 조사 보고한 연구 논문 제목이다. 그는 일본뿐만 아니라 〈조선 반도의 특징〉, 〈조선 어휘〉에 관해서도 논문을 작성했다.

단기간 내에 수십 편의 논문이 어떻게 가능했을까. 시볼트는 일본 의사 지망생들에게 의술을 가르쳐 준다는 명목으로 외부 출입을 허가받아 기초적인 의학을 교수하면서 학생들에게 네덜란드어로 일본에 관한 논문을 제출케 하거나 일본 역사와 풍속을 네덜란드어로 번역토록 했던 것이다. 학생들의 논문에다 자신의 관찰을 종합하여 보고서를 작성하였다. 논문에 대한 반대급부로서는 의사 면허증을 발급해 주었다. 교묘한 정보 수집 방법이었다.

시볼트는 일본 차의 재배방법과 가공법을 철저히 연구하는 한편, 차의 묘목과 종자를 자바 섬에 보내 일본 차의 이식에 큰 공로를 세웠다. 중국 차를 대신하여 일본 차를 재배 육성하여 수출하려는 장삿속이었다. 시볼트는 데지마에 1,500평 규모의 식물원을 건립하여 일본 식물학 발전에도 큰 발자취를 남긴 것으로 평가받고 있다.

데지마 무역관은 일본 쇄국의 성격이 대원군식의 철저한 배외정책과 얼마나 다른가를 보여 준 좋은 예이며 일본인들의 융통성 있는 사고방식을 그대로 나타내 준 것이다. 일본의 쇄국을 꽁꽁 얼어붙은 개울 밑에도 물이 흐르고 있는 것에 비유할 수 있을지 모르겠다. 그것은 매우 건강한 것이다.

난학의 선구자들

1771년 봄, 일본 에도의 한 한의사 진료실, 50을 바라보는 초로의 늙은 이를 가운데 두고 삼십대 중반으로 보이는 한의들이 생전 처음 보는 가로쓰기 문자로 쓰여진 책자를 숨소리도 죽여 가며 한 장 한 장 넘기고 있었다. 상기된 표정의 이들이 뒤적거리고 있는 책은 네덜란드어로 쓰여진 해부학 원서였다. 이 책 한 권이 일본 근대화의 비옥한 토양이 될 난학(蘭學)의 훌륭한 길잡이가 될 줄은 이들 자신도 짐작조차 못하고 있었다.

이들을 완전히 매료시킨 이 책자는 독일 단치히 의과대학 아담 쿨무즈 교수가 1722년에 출판한 해부학 원서였다. 쿨무즈 박사의 해부학에 대해서는 18세기 의학계의 최고봉으로 알려진 알브레흐트 할러 교수가 칭찬을 아끼지 않았다. 쿨무즈의 해부학서 제3판이 1732년 암스테르담에서 《해부학표 (Tabulae Anatonicae)》로 번역 출판되어 네덜란드 동인도 회사를 경유하여 일본 나가사키의 네덜란드 무역관을 통해 마침내 일본 한방 의사들에게까지 전래되었던 것이다.

마에노 료타쿠(前野良澤, 1723~1803)와 스기타 겐파쿠(杉田玄白, 1733~1817), 나카가와 준안(中川淳庵, 1739~1786)이 그들이다. 이 세

사람은 일본 난학의 선구자들이다. 이들 한방의사들은 정교한 인체 해부도에 압도당하였다.

특히, 스기타는 일찍이 한방 의학을 연마하여 중국 한의학서까지 간행한 명의로서, 의술로 장군에게 봉사하는 의관이었지만 이와 같은 의학서는 생전 처음 대했다. 한편 마에노는 스기타보다 10년이나 연장자로 당시 47세의 늦은 나이에도 불구하고 네덜란드어의 필요성을 절감하여 나가사키까지 내려가 네덜란드 상인에게 네덜란드어를 직접 배운 기인으로 알려졌다.

인간의 평균 수명이 대폭 늘어난 지금에도 쉰 살 가까이 되어 듣도 보지도 못한 외국어 공부를 시작한다는 것은 결코 쉬운 일이 아닐 것이다. 그런데도 그는, 네덜란드어 공부는 늦게 시작하였지만, 《난학계제(蘭學階梯)》, 《화란수필》, 《화란어 독해》 등을 저술한 난학의 대부가 되었다. 마에노는 난학의 도사가 되겠다는 오기로 자신의 호를 '화란 귀신'이라고 지을 정도로 네덜란드 기술에 심취했다. 나카가와 역시 한방의로서 네덜란드인에게 식물학과 의학의 기초를 배워 《화란약방》을 저술하였으며 그의 학식에 대한 평가는 네덜란드 무역관장의 《일본기행》에 나올 정도였다.

이 세 사람의 한의사 중 스기타는 네덜란드어를 공부하지 않았지만 네덜란드어 해부학서에 대한 관심은 나머지 두 사람보다 훨씬 뜨거워 당장 해부학서의 번역에 착수하자고 두 동료에게 제의했다. 가장 연장자이며 네덜란드어를 어느 정도 접해 본 마에노를 대표로 하여 번역에 손을 대었다.

스기타는 말년에 번역에 착수했던 당시를 나침반도 없이 망망대해에 뛰어든 기분이었다고 회고했다. 변변한 사전 한 권도 없이, 더욱이 당시에도 중기의 네덜란드통들은 네덜란드어를 체계적으로 공부했던 것이 아니라 의례적인 몇마디를 주고받아 그것을 연습한 수준 정도였다. 따라서 난학의 장로라는 마에노도 번역은 엄두도 못 낼 처지였지만 스기타의 열성에 따라가는 형편이었다. 스기타는 알파벳

한의사 스기타 겐파쿠(杉田玄白,1733~1817)

부터 네덜란드어를 시작함과 동시에 무모하다고 할 수밖에 없는 번역에 매달렸다.

이들은 이른 아침부터 해질 녘까지 자리를 함께하여 해부학 원서를 윤독하고 단어 하나하나에 대해 그 의미를 곱씹어 가며 서로 의견을 나누었다. 어떤 때에는 한 줄의 문장을 번역하기 위해서 사흘 동안이나 씨름을 하기도 했다고 한다. 스기타는 그날의 윤독과 숙의 결과를 토대로 하여 밤 늦게까지 번역 초고를 작성하여 이튿날 동료들과 다시 이를 검토하는 열정과 집념을 보였다.

이와 같은 4년간의 각고의 노력 끝에 그가 42세 되던 1774년에 《해체신서(解體新書)》라는 제목으로 일본 최초의 서양 의학서가 출판되었다. 지금부터 220년 전 물 건너 섬나라에서 있었던 일이다. 이 무렵에 일본을 방문하였던 조선의 식자들은 주자학이라는 경직된 잣대를 가지고 일본

은 별볼일없는 '왜국'이라고 깎아내리며 으스대고 있었다.

스기타는 《해체신서》가 몰고 올 파문을 염두에 두고 그 책자를 발간하기 2년 전에 《해체약도》라는 간략한 소개 책자를 발간하여 유식자들에게 배포하였다. 그는 《해체신서》의 출판과 동시에 집권자인 도쿠가와 장군과 천황 주변의 말 많은 원로들에게 한 권씩 증정하여 사전에 입막음도 할 줄 아는 정치적 센스도 있었다.

일부 한의들이 그와 동료들을 지칭하여 "신기함을 좋아하는 무리들이 있어 성현의 가르침은 의심하면서 서양 오랑캐 서적만 맹신한다."고 맹렬히 비난했지만 집권층에서는 오히려 이들의 수고를 가상히 여겨 상을 내렸다. 이로써 《해체신서》에 대한 공식 인가가 떨어진 셈으로 그 책은 일본의 서양 학문에의 열정에 불을 붙이는 불씨가 되었다. 일본이라는 우물 안에 떨어진 한 방울의 기름처럼 《해체신서》는 한방 의학서가 1,500년 동안 판을 쳐오던 의학계에 급속히 퍼져 나갔다.

스기타 자신은 네덜란드어를 직접 공부하지 않았지만 《해체신서》 간행으로 벌어들인 막대한 돈으로 네덜란드어 서적을 대량 구입하여 후진들로 하여금 연구토록 하였다. 뿐만 아니라 일종의 네덜란드학 서당이라고 할 수 있는 난학숙(蘭學塾)을 열어 제자들 양성에도 각별한 정열을 쏟았다.

그의 대표적인 문하생으로는 에도 후기 최대의 난학자이며 난학 의사로서 이름을 떨친 오쯔키 겐타쿠(大槻玄澤, 1757~1827)를 들 수 있다. 오쯔키는 스기타 밑에서 공부하여 네덜란드 관계 연구서를 포함하여 300여 권의 저서를 남겼다. 특기할 만한 업적은 스승이 출판한 《해체신서》를 20년간에 걸쳐 교정하고 증보하여 《중정 해체신서(重訂解體新書)》 14

권을 간행한 점이다.

스기타는 85세까지 천수를 누렸으며 죽음을 2년 앞두고는 《난학사시(蘭學事始)》라는 일종의 네덜란드 학문에 대한 회고록을 집필하였다. 난학과 네덜란드 의학을 평생의 업으로 삼고 살아온 자신의 인생에 대한 자족감을, 특히 서너 명으로 시작된 난학이 불과 반세기 동안에 급성장한 데 대해 행복감을 표명하였다.

그는 당대 최고 수준의 해부학 원서를 입수하게 된 것은 그야말로 자신의 행운이자 일본이 운수 대통할 징조로 보았던 것이다. 살아 생전에도 존경을 받았지만 지금도 일본 국민학생들에게조차 고마운 할아버지로 널리 추앙되고 있는 것을 보면, 스기타는 확실히 행복한 삶을 누렸다고 말할 수 있겠다.

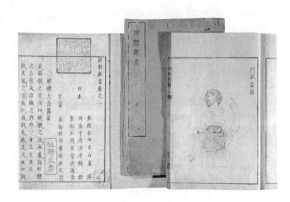

1774년에 번역 출판된 일본 최초의 서양의학서인 《해체신서》

일본 난학자를 거론할 때 빼놓을 수 없는 인물은 아오키(靑木昆陽)이다. 그는 유학자에서 난학자로 변신한 학자로서 흔히들 '고구마 선생'이라고 부른다. 서민들의 식량난 해결을 위해 고구마 재배법을 연구하여 이를 널리 보급한 데서 연유한 별명이다.

그는 네덜란드어를 공부하여 《화란화폐 연구》, 《화란어 회화》, 《화란어 독해》 등을 저술하였다. 아오키의 가장 큰 업적은 《해체신서》 번역 시

대표를 맡았던 마에노라는 훌륭한 제자를 키워 낸 것이다. 아오키, 마에노, 스기타, 오쯔키. 이들은 일본 난학의 창시자로서 서양의 충격을 발전으로 이어지도록 한 숨은 일꾼들이었다.

이들이 자유스러운 분위기 속에서 한껏 서양 오랑캐의 학문에 정진할 수 있었던 것은 집권층의 이해와 지원이 있었던 때문이었다. 흔히들 근대 일본의 갑작스런 도약 운운하지만 사실은 도약이 아니라 일본이 개국하기 이전 80~100년 전부터 착실하게 준비해 온 결과일 뿐이다. 또한 명치 유신이 성공할 수 있었던 토양은 바로 이들 난학자들의 헌신적인 삶에서 비롯된 것이라 말할 수 있을 것이다.

변신의 귀재, 그러나 가볍지는 않다

일본의 문명개화, 시쳇말로 국제화의 과정은 우리와는 확연히 다른 길을 걸어왔다. 중화 문명이든 서구 문명이든 일본이 외래 문명을 흡수하는 태도는 요란스러울 정도였다.

일본은 중국 문명을 조선 반도를 통해서, 또 더러는 그들 자신이 직접 중국에 유학생을 파견하여 학습하였다. 일본인들은 16세기까지는 중국의 기술이나 학문에 일본 정신을 접목시킨다는 의미에서 '화혼한재(和魂漢才)'라는 슬로건을 내걸고 중국의 학예를 배우는 데 여념이 없었다.

16세기 중엽 이래 17세기에 걸쳐서는 포르투갈이나 스페인으로부터 서양 문물을 수입하는 소위 남만학(南蠻學) 시대를 구가했고 남만학은 다시 네덜란드를 중심으로 하는 난학(蘭學)과 연결되었다. 200여 년 동안 네덜란드가 최고인 줄 알고 그들의 기술이나 또는 네덜란드어로 쓰여진 서양 서적 수입에 열을 올렸다. 이 당시에는 '화혼난재(和魂蘭才)'의 시대였고 난학은 한일 양국의 근대화의 분기점을 마련해 주었다.

난학 만능시대는 1853년 미국 페리 제독의 일본 개국으로 끝장이 났다. 변신의 천재인 일본은 난학에서 영학(英學)으로 돌아섰다. 난학을 모태로 하여 발전한 영학은 명치 문화의 배경을 형성한 것으로 영어 학습과 동시에 영미의 학문 연구를 총칭한 것이었다. 페리 제독 내항 시 일본 측의 한 관리가 "I talk Dutch."라고 해서 미국 측을 놀라게 했다. 네덜란드어를 할 수 있다는 이 표현은 사무라이 영어의 제일성을 기록한 것으로 유명하다.

일본인들은 위기를 기회로 활용할 줄 아는 것 같다. 페리 제독의 강압에 의해 개국된 일본은 미국 배척 일변도로 나간 것이 아니라 영어 붐을 일으켰다. 일본 근대사를 보면 일본은 서양과의 대결 끝에는 으레 서양 문물 흡수에 더욱 더 박차를 가했던 것이다.

반면에 강화도 조약으로 개국을 하게 된 우리 땅에서는 일본에 관한 어떠한 연구 분위기도 조성되지 않았다. 또 한미 수호조약 체결 이후에도 마찬가지였다. 한국과 일본의 다른 면이다.

영학의 대표적 선구자로 후쿠자와를 들지 않을 수 없다. 그는 막부 말에 세 번에 걸쳐 해외여행을 하면서 영어사전을 비롯하여 엄청난 분량의 서적을 구입하여 귀국한 후 이들을 정력적으로 번역하였다. 후쿠자와가 신일본의 나아갈 방향을 제시할 목적으로 1872년에 초판을 찍은 《학문의 권장》은 일본인들에게 엄청난 감화를 줘 물경 340만 부나 팔렸다. 이때 모은 돈으로 그는 경응의숙을 개설하고 1873년에는 미국인 교수를 초빙하여 경응대학 황금기를 열었던 것이다. 당시 일본은 '마을마다 배우지 않는 집이 없고, 집마다 배우지 않는 사람이 없도록 한다.' 는 생각으로 일본 전체가 교육열로 뜨겁게 달아올라 있었다.

영학의 발전과 관련하여 기억해야 할 것은 1856년에 설립된 번역국과 양학 연구기관의 성격을 띤 〈반쇼시라베쇼(蕃書調所)〉이다. 당초에는 네

페리 제독의 요코하마 상륙도. 미국에 의해 개국된 일본은 영어 붐을 일으켜 서양문물 흡수에 진력했다.

덜란드어를 주로 연구하고 영어를 부차적으로 다루었으나 1860년에는 네덜란드 연구는 아예 그만둬 버리고 영학 연구에만 전념하도록 하고 명칭도 양학소로 개칭하였다.

영학에는 기존의 영어 외에 프랑스어, 독일어, 천문, 지리, 물리, 화학, 기계공학 등과 같은 부국 강병술과 식산흥업의 과학기술을 포함시켰다. 이 연구소는 단순히 언어 연구에 그치는 것이 아니라 서양 사정의 조사, 연구와 전문서적의 번역과 출판을 겸한 종합연구소였다. 이 연구소는 후에 개성소로 개칭되었는데, 유신 후에는 동경 제국대학으로 발전하였으니 동경대학은 결국 네덜란드어 연구에서 비롯된 것이다.

1862년 일본에서 영일 대역사전이 출간됨으로써 본격적인 영학이 시작되었다고 할 수 있으며 1877년 북해도 농업학교를 설립한 클라크 선생이 일본을 떠나면서 남긴 "소년들이여! 야망을 가져라."는 송별사에 감명을 받은 일본 청년들은 '화혼양재(和魂洋才)'의 길로 매진하였다.

명치 초기에 일본에 초청된 외국인 교사는 200명을 훨씬 상회하였으며 문교부 예산의 대부분은 이들의 인건비에 충당되었다. 일본은 외국인 교사 초빙을 통해서 서양에 대해서 배울 수 있었으며 한편 서양 교사들 대부분은 일본인의 진지한 학습 태도에 호감을 갖고 본국에 돌아가 영, 독, 프랑스어로 일본에 대해 좋은 인상기를 남겼다. 결국 서양 교사들이 일본을 서양에 선전하는 훌륭한 홍보 활동을 한 셈이다. 일본에 대한 좋은 이미지 형성에 이들 일본 견문기가 한몫 단단히 한 것은 물론이다.

영학 숭배론은 진보적 개혁주의자이며 이상주의자인 모리 아리노리(森有禮, 1847~89)에 의해 절정에 달한다. 1885년 초대 문교부장관에 취임한 모리는 주장하기를, 일본 문화란 어차피 변방 문화이고 일본어는 한자투성이이므로 차라리 일본어를 없애 버리고 영어를 국어로 삼자는 제안을 했다. 일본어는 일본 이외의 어떤 국가에서도 통용되지 않는 죽은 언어와 매일반이라는 것이었다.

하지만 일본이 서양 대열에 끼기 위해서는 최소한 일본어를 로마자화하지 않으면 안 된다는 주장까지 했을 때 국수주의자들은 분노하지 않을 수 없었다. 한술 더 떠서 그는 사무라이들이 칼을 옆에 차고 거들먹거리는 것을 돈키호테와 같다고 깎아내리고 축첩을 야만적인 행위라고 비난하였다. 모리 문교장관은 분명히 시대를 앞서가는 선각자였으나 너무 과격한 생각으로 인하여 서양 심취자라는 낙인이 찍혔던 것이다. 결국 그는 1889년 국수주의자의 손에 암살되고 만다.

일본의 영학은 1920년대에 이르러서는 급격히 퇴조한다. 교육의 독립을 내세워 영어를 필수 과목에서 제외하자는 주장과 함께 중 ·고등학교에서 영어 수업을 폐지하자는 극단론도 있었다. 동경대학 일본 문학과의 후지무라 교수가 그 대표적인 예인데, 그는 영어 교육으로 인해 사상 혼란을 초래하고 10개 과목 중에서 영어 수업시간이 전체의 5분의 1을 차지한다고 하면서 영어 폐지론의 선봉장이 되었다.

개혁주의자이자 이상주의자였던
모리 아리노리(1847~89)

그러나 일본에서는 전쟁 중에도 영어 교육이 전폐된 적은 없었다. 태평양 전쟁에서 패한 일본은 과거에도 그랬듯이 반미에서 친미로 급선회하였다. 기묘한 현상이었다. 일본인은 대체로 중용적 입장을 선호한다. 그러나 문화 수용에 있어서는 과격한 측면이 엿보인다. 일본 사람은 보통 자기 생각을 명확히 주장하기 전에는 대단히 유연한 태도를 보이지만 일단 자기 주장이 외부로 표출된 다음에는 그 유연함을 잃어버린다. 하나의 방향이 정해지면 리더의 깃발을 따라 끝까지 가보자는 식이다. 때로 그것은 위험해 보이기도 한다.

사실 일본인의 속성에 대한 외국인, 특히 우리들의 비판은 그 점에 관한 것이 꽤 많다. 하지만 실제로 그들의 그런 단순성은 단결과 협동이라는 긍정적 가치를 생산해 내는 경우가 훨씬 많다는 것을 우리는 간과하지 말아야 할 것이다.

한학, 남만학, 난학, 영학의 과정을 통하여 이제 일본학의 단계에 도달해 있는 일본, 그들이 이루어 낼 학문적 결과가 기다려진다.

웹스터를 찾는 일본 소년

1841년 1월, 지금의 일본 시코쿠 앞바다에 다섯 명의 어부가 탄 어선 한 척이 풍랑 속에 낙엽처럼 떠내려가고 있었다. 그 배에는 중학교 2학년쯤 되는 14세의 소년 나카하마 만지로(中浜萬次郎, 1827~98)가 새파랗게 질려 오들오들 떨고 있었다. 그들은 사흘 후에 절해고도의 무인도에 표착하여 143일 동안이나 로빈슨 크루소와 같은 심정으로 구조를 기다려야 했다. 하지만 그들은 운좋게도 미국 고래잡이 배 〈존 하우랜드〉 호에 의해 극적으로 구출된다.

1840~50년대에는 포경업이 대성황이었다. 존 하우랜드호도 400톤 정도의 작은 범선에 불과했지만 태평양을 건너 일본 근해까지 고래잡이를 하러 나갔다가 뜻밖에도 만지로 일행을 구출하게 되었던 것이다. 선장 화이트필드는 민첩하고 눈치 빠른 소년을 귀엽게 보고 선원 모자를 선물하면서 그가 던지는 항해에 대한 질문들에 손짓 발짓으로 열심히 설명해 주었다.

6개월 후 포경선은 하와이에 기착하여 한 달 정도 머물게 되었다. 구출된 일본 어부들은 다른 포경선을 얻어 타고 일본에 갈 요량이었다.

만지로를 제외한 다른 어부들은 쇄국이라는
국법을 어긴 걱정으로 제대로 자지도 못하고
지루한 귀국의 날을 기다리고 있었다.

그러나 만지로에게는 모든 게 신기하고 재
미있어 즐거웠다. 쾌활한 만지로에게 반한 화
이트필드 선장은 소년을 미국에서 교육시키
고 싶다는 의향을 조난 어부 책임자에게 넌지
시 전했다.

이에 당황한 어부들은 만지로를 제쳐 놓고
갑론을박했지만 별다른 해결책이 없어 결국

영어 붐을 일으킨 만년의
나카하마 만지로(1827~98)

에는 만지로의 선택에 맡기기로 했다. 만지로는 선장의 뜻을 따르겠다고
했다. 나머지 어부들은 일본으로 돌아가게 되었다. 맹랑한 소년이었다.
만지로의 모험담은 훗날 《일본의 로빈슨 크루소》로 일본 소년들의 애독
서가 되었다. 뿐만 아니라 소년소녀들에게는 위인으로 손꼽힐 정도였다.

미국에 남은 만지로는 일본 최초의 유학생으로서 인구 1,000명 정도
되는 시골 중학교에서 영어, 수학, 라틴어를 조금씩 익혀 나갔다. 호기심
으로 가득 찬 만지로는 미국 생활이 즐겁기만 했지만 해외도항 금지를
어긴 자식 때문에 어머니가 국가로부터 벌을 받고 있지나 않을까 하는
걱정조차 안 하는 것은 아니었다.

1846년 5월, 19세가 된 만지로는 여전히 바다에의 유혹을 뿌리치지 못
하고 〈프랭클린〉 포경선에 승선하여 고래잡이에 나섰다. 항해 중에 만지
로는 미국에서 자신을 양육해 준 화이트 필드 선장에게 간곡한 편지를
띄웠다. 영문으로 쓴 편지로 누가 보아도 정감이 넘치는 표현으로 감사

한 마음을 전하고 있다. 다음은 그 일부이다.

존경하는 친구에게
잘 있다는 것을 알릴 겸해서 펜을 들었습니다.
당신이 저를 잊지 말기를 진정으로 바랍니다.
당신은 이 세상에서 가장 좋은 친구입니다.

(Respected Friend ; I take the pen to write you
a few lines and let you know I am well.
I hope you will never forget me.
You are my best friend on the earth.)

1840년대에 일본에 이미 이 정도 영어를 구사한 청년이 있었던 점에 주목해 주기 바란다. 여담이 되겠지만 1933년 6월 어느 날, 프랭클린 루즈벨트 대통령으로부터 만지로의 장남에게 한 통의 편지가 날아들어 주위 사람들을 놀라게 한 적이 있다.

루즈벨트 대통령은 미국에서 만지로가 지내던 곳에서 멀지 않은 마을에 살았으며, 또 만지로 일행을 구출했던 포경선 선주의 손자로서 만지로에 대해 많은 이야기를 들었다고 했다. 미국에 오거든 꼭 연락을 바란다는 내용이었다.

우여곡절 끝에 만지로는 1851년 1월, 일본을 떠난 지 10년 만에 25세의 건장한 청년으로 성장하여 고향에 돌아왔다. 만지로는 지방 영주들에게 불려 가 그간의 외국 생활 체험을 이야기하기도 하였으며 젊은이들에게는 영어를 가르치며 연금 상태에서 지내야 했다.

이러한 만지로의 소문은 꼬리에 꼬리를 물고 마침내 에도의 막부에까지 알려지게 되었다. 막부는 만지로를 심문한 결과, 해외도항 금지라는 국법을 어겼지만 당시 상황이 고의가 아니었고, 또 미국 생활을 하는 동안 기독교에 입문한 것도 아니어서 차라리 그의 지식을 국가에서 활용키로 결정했다.

　에도로 불려 간 만지로는 그야말로 장안의 화제였다. 난학자, 관리, 상인들이 다투어 만지로를 만나 보기를 원했다. 정부가 나서서 이들의 면담 요청을 금지시켜야 할 정도였다.

　막부에서는 1853년 11월 만지로를 정식 관리에 임명하고 무사의 특권인 칼을 휴대케 하고 나카하마(中浜)라는 성을 내려 주었다. 막부에서 국법을 어긴 만지로를 처벌하기는커녕 이 같이 파격적으로 발탁한 것은 당시의 국제정세 때문이기도 했다. 당시 집권층은 미국 페리 제독의 개국 요구에 골치를 앓고 있었던 것이다.

　한편 만지로가 정식 관리로 임명되자 만지로의 구술담이 20여 종의 책으로 발간되어 에도의 종이값을 올려놓았고, 만지로의 영향으로 밀항을 시도하는 젊은이가 나오기도 했다.

　1854년 미일 수호조약 교섭 시, 막부에서는 만지로에게 조약 문안의 검토와 번역을 맡겼으나 교섭 전면에 내세우지는 않았다. 그 까닭은 그동안 만지로를 키워 주고 교육시킨 미국의 저의가 있을 것이라는 의심과 의리와 인정에 잘 이끌리는 일본인의 특질상 만지로가 미국 측에 유리한 교섭을 할 수도 있을 것이라고 생각하였기 때문이다.

　이미 언급했지만 일본은 미국과 개국 조약을 체결할 당시 주로 네덜란드어로 교섭했으며 미국 측 영문 조약 초안을 만지로로 하여금 일어로 번역하게 하여 나름대로 정밀한 검토를 하고 있었다. 28년 후 1882년에 조선도 미국과 조약을 체결하였지만, 조선은 뒷전에서 구경이나 하다가 중국 측의 설명을 듣고 고개를 끄덕거릴 수밖에 없었고 그 조약을 동맹 조약으로 과신했었다.

그후 만지로는 1855년부터 1년 반에 걸쳐 미국 항해 서적을 번역하기 도 하였으며 해군학교에서 영어와 항해술을 가르쳤다. 또한 그는 포경사

네덜란드에서 주문 제작한 일본 군함 칸린호(成臨丸). 일본 해군의 원양 항해 훈련을 위해 최초로 시도된 태평양 횡단 항해에 만지로가 통역으로 승선했다.

업이 경제적 이익을 가져옴과 동시에 선원 양성과 해양 측량에 도움이 될 것임을 막부에 설명하고 적극적인 포경사업 진출을 건의했다. 만지로 는 관리 생활 중에도 80페이지 정도의 영어 회화집을 발간하여 영어를 통한 영학(英學)으로 불려지는 서구 지식에 대한 관심을 일반인에게 불 러일으켰다.

1858년 미일 수호통상 조약 비준서 교환은 미국 현지에서 갖도록 되어

있었다. 미국 측은 일본이 미국의 발전상을 직접 목격하도록 하겠다는 계산을 하고 있었다. 1860년 2월, 막부가 파견한 사절단원들은 미국 측이 제공한 〈포화탄(Powhatan)〉 기선을 타고 미국 방문길에 나섰다.

이때 막부에서는 사절 호위라는 명목과 함께 일본 해군들의 원양 항해 훈련을 목적으로 일본 최초의 군함 칸린호(咸臨丸)를 파견했다. 칸린호는 막부가 화란에 10만 달러를 지불하고 주문한 300톤 급의 군함이었다. 일본인 수병에 의해서 최초로 시도되는 태평양 횡단 항해에는 만지로가 통역으로 승선하였으며 일본의 계몽사상가인 26세의 후쿠자와(福澤諭吉)도 동행하였다.

칸린호는 37일간의 항해 끝에 마침내 태평양 횡단에 성공하였다. 미국 해군 사관의 도움을 받기는 했지만 태평양 횡단은 높이 평가할 만한 일이었다. 일본의 항해기술에 대한 자신과 아시아 최초의 태평양 횡단을 성공시킨 자긍심은 대단했다. 원양 항해는 종합기술의 결과이기 때문이다.

만지로는 칸린호가 샌프란시스코에 입항하자 후쿠자와를 안내하여 시내 구경에 나섰다. 만지로와 후쿠자와가 시내 서점에서 웹스터 영어 사전을 구입하자 서점 주인은 물론 취재기자들도 깜짝 놀랐다. '유창한 영어로 웹스터 사전을 찾는 일본인'이라는 기사가 그날 저녁 신문에 크게 실렸다.

만지로는 만년에 동경제국 대학의 전신인 개성학교에서 영어와 항해술을 강의하였으며 1898년 71세로 타계했다. 14세 소년의 왕성한 호기심과 모험심으로 일본은 개국을 전후로 한 어려운 파도를 한결 쉽게 헤쳐 갈 수 있었던 것이다.

일본식 기독교

일본에는 기독교보다 화승총이 먼저 수입되었다. 1543년 포르투갈 상인들이 화승총을 일본에 판 6년 후에야 예수회 소속 프란시스코 사비예르(1506~52) 신부가 선교를 위해 가고시마에 첫발을 디뎠던 것이다.

예수회의 선교 방법은 독특했다. 이들은 일반 서민층에 파고드는 것이 아니라 우선 군주나 귀족에 접근하여 이들을 개종시키고 이들의 정치적 영향력을 이용하여 일반인들을 전도했던 것이다. 또한 이들은 단순히 선교만을 목표로 삼지 않았다. 이들은 원활한 무역을 원하는 국왕의 대표 격이었다. 포르투갈인이 서양인 가운데 가장 먼저 나가사키의 히라도(平戸)에 무역관을 설치했던 것을 보면 종교와 무역은 결국 동전의 앞뒤와 같음을 느끼게 된다.

사비예르는 처음에 인도 고아에 파견되어 포교 활동에 종사했으나 이슬람 교도들의 강한 저항에 부딪혀 선교는 답보 상태였다. 그러던 차에 사비예르는 일본을 왕래하던 상인들로부터 일본에는 이슬람 교도도, 유대인도 없는 선교의 천국이라는 이야기를 듣고 귀가 솔깃해졌다. 그는 43세 되던 1549년에 일본에 도착하여 선교활동을 시작했다. 그러나 이번에는 승려들의 방해로 많은 심적 고통을 겪어야 했다. 2년 동안 일본에 머무는 동안 그의 갈색머리는 하얗게 세고 말았다고 하니 그의 고생이 어떠했는지를 가히 짐작할 만하다.

사비예르는 불교계의 저항에도 불구하고 1,000명의 일본 신자들에게 세례를 줄 수 있었다. 그는 본국에 보내는 보고서 가운데 일본은 선교 가능성이 대단히 높은 곳이라고 평가하였는데, 오늘날 일본의 종교적 현실을 보면 그의 예상은 빗나간 것 같다.

왜 사비예르 신부는 그와 같은 오판을 하게 되었을까? 일본인들은 당시의 기독교를 서역에서 온 불교의 새로운 종파 정도로 받아들였으며 기독교 교리 자체보다는 선교사를 통해 들어올 것으로 기대되는 새로운 문명에 보다 큰 관심이 있었던 것이다. 서양의 선교사들은 처음에 기독교의 교리를 설명함에 있어 천도(天道), 천제(天帝)라는 식의 유교적 개념으로 포장하였던 것이다.

사비예르가 8세기에 편찬된 『고사기』를 조금만 해독할 수 있었더라면 일본의 개종에 그렇게 낙관적인 결론을 성급하게 내리지는 않았을 것이다. 왜냐하면 일본에서 가장 오래된 이 역사서의 내용은 시종일관 천황을 신으로 우러러보고 천황에 대한 절대적인 충성을 굳게 다짐하고 있기 때문이다. 일본의 천황은 다른 민족에 있어서의 신과 같은 존재이다.

사비예르는 2년간의 일본 체류를 통해 일본에 대한 중국 문화의 영향력을 직접 확인했다. 일본인의 정신적 스승은 중국이라는 인식 하에 일본을 개종시키기 위해서는 중국을 먼저 개종시키는 것이 첩경이라고 결론을 내리고 그는 중국으로 발길을 돌렸다. 일본 여러 종교의 발원지는 사실 중국이었다. 그러나 그는 광동 만에서 중국의 입국을 기다리다가

1553년 12월 사망하고 말았다. 사비예르의 유지를 받든 포르투갈 선교사들이 마카오를 동양의 기지로 확보했던 것을 보면 그의 노력이 헛된 것만은 아니었다고 하겠다.

사비예르가 일본에 처음 왔을 때 일본은 전국시대였다. 각 영주들은 경쟁적으로 서양식 무기 확보에 혈안이 되어 있었다. 사비예르는 일본 영주들에게 세계는 둥글다는 진리를 깨우쳐 주었으며 세계지도와 지구의를 선물하여 그들의 국제적 인식 능력 제고에 크게 기여하였다.

사비예르의 뒤를 이은 포르투갈 선교사들은 '예수를 믿는 영주' 만들기에 심혈을 기울여 마침내 1563년에 가고시마 한 지방의 오무라 스미타다(大村純忠, 1533~87) 영주를 기독교 영주 제1호로 개종시키는 데 성공했다. 영주의 개종에 따라 삽시간에 5~6,000명의 새로운 신도가 생겼으며 10년 후에는 5만 명으로 늘어났다고 기록은 전하고 있다. 1641년에는 규슈 지방의 기독교 신자수가 30만 명에 달했다고 한다. 당시 일본 기독교는 불교적 염세관으로 채색된 것이었으며 영주의 명령에 따른 반강제적인 것이었다. 또 알아 두어서 나쁠 게 없다는 식의 일본적 속성에 의한 것이었다.

사비예르 신부가 일본에 왔을 때 16세 소년 영주였던 오다 노부나가(織田信長)도 역시 철포와 화약 확보에 비상한 호기심과 관심을 보였다. 그는 1569년에 기독교 포교를 공인하고 가끔 선교사들을 집무실로 불러 유럽과 인도에 대한 질문을 끊임없이 던지곤 하였다. 세계지도와 지구의를 앞에 두고 선교사들의 항로를 따져 묻기도 하였다. 일본인 특유의 호기심과 학습욕의 발로였다. 오다가 기독교 포교를 공인한 속셈은 불교 사원을 견제하고 대포와 화약 구입에 필요한 재원을 포르투갈과의 무역을 통해 확보하려는 것이었다.

1549년 일본에 상륙하여 최초로 기독교 선교활동을 시작한 스페인 태생의 프란시스코 사비에르 신부.

선교사들은 일본인에게 세계가 넓다는 것을 인식시켰으며 교회 부속 교육기관을 설치하여 서양 지식 보급에 앞장섰다. 이들은 신학 이외에 철학, 법학, 정치학 등을 소개하여 남만문화(南蠻文化)의 중심적 역할을 수행하였다. 1595년에 간행된 《나전어, 포르투갈어, 일본어 사전》은 기념비적 작품이다.

포르투갈은 중국과 일본 간에 1547년 이래 공식적인 무역이 중단된 상황을 이용하여 일본 무역을 독점하였으며 일·중 간의 중계무역을 통하여 톡톡히 재미를 보았다. 포르투갈 선박은 인도 고아를 기점으로 하여 마카오를 경유, 일본에 도착했다. 인도산 후추, 면포를 중국 측에 넘기고 중국의 생사를 일본의 은과 바꾸는 식이었다. 일본에 대한 무역과 선교를 둘러싸고 스페인이 포르투갈의 독점적 지위에 도전했지만 교황 그레고리우스 13세가 일본, 중국에 대한 포교권은 포르투갈에 있다고 함으로써 포르투갈이 판정승을 거두었다.

1603년 도쿠가와 막부가 천하를 통일하자 집권층에게 신 앞의 평등을 주장하는 기독교의 교리는 거추장스러운 존재로 여겨졌으며 전국시대(戰國時代)에 어쩔 수 없이 어느 정도 정치에 말려들 수밖에 없었던 포르투갈 선교사들은 쇄국이라는 된서리를 맞고 일본에서 손을 떼야 했다. 도쿠가와는 종교와 무역을 분리시키는 정책을 취했다. 포르투갈의 바통을 이어받은 것은 종교의 깃발을 아예 앞세우지 않은 네덜란드 상인들이었다.

약 350년 전, 30만 명으로 추산되던 일본 기독교 신자들의 후예들은 지금 어디에 있는 것일까. 일본의 선교 역사는 키는 자라지 않고 옆으로만 퍼지는 난쟁이 같았다. 세계에서 가장 포교하기 좋은 나라라고 진단했던 사비예르 신부의 생각은 결국 오판인가.

일본인은 살아 있는 신, 천황을 믿거나 자기네들의 조상을 믿는다. 일본인은 종교도 자기들의 토양에 맞도록 취사선택하여 별종의 종교 '일본교'를 만들어 내는 사람들이다. 천황이라는 존재가 바로 그것이다. 그러나 그들의 종교적 상상력이 다른 나라 사람들에 비하여 별나거나 유난히 열등하기 때문은 아니다. 그저 일본적 특질일 뿐이다. 사비예르 성인이여, 절망하지 말고 천국에서 계속 기도하기를!

히로히토 천황의 인간 선언

정초에 도쿄 시내에 있는 명치신궁을 관광하는 외국인들은 대개 그 엄청난 인파에 입을 다물지 못할 정도로 놀란다. 일본인 모두가 '신토(神道)'의 신자라고 생각될 정도인 것이다.

신토에는 유교와 불교를 배척하고 존왕 복고를 내세우는 종파가 있는가 하면, 한때는 천황을 신으로 받들고 국가적인 제례를 지내기도 했다. 명치 시대에 관변 학자들이 신토를 여러 가지 이론으로 사상화하기도 하고 체계를 세우려고 하였지만 그런 것은 신토 본래의 모습이 아니라고 한다.

신토라는 것은 특별한 교리가 있는 종교가 아니다. 그것은 그저 신이 있다고 생각되는 곳을 깨끗하게 해두고 외경심을 표하는 정도에 지나지 않는다. 이를 신토적 공간이라고 부른다. 일본어로 '호토케'라는 말은 부처, 불타를 의미하지만 죽은 사람을 지칭하기도 한다. 사람은 죽으면 누구나 부처가 된다는 것인가. 절대자인 하나님과 종이(紙)를 지칭하는 일본어는 다 같이 '가미'라는 것도 생각해 볼 만하다.

결혼식은 신토 의식에 따르고 일상적인 생활은 유교적 규범에 따르며 장례식은 절에서 불교식으로 치르는 나라가 일본이다. 엄밀한 의미에서 유교는 종교가 아니긴 하지만, 신토에는 유교와 불교가 이런들 어떠리 저런들 어떠리 하는 식으로 얽혀 있다 하겠다.

천황궁은 일 년에 한 번 1월 3일인가 4일에 일반인에게 개방되며 천황 일가는 발코니에 나와서 방탄 유리벽을 앞에 하고 참배(?)객들을 향해 손을 흔든다. 그날 하루 서너 번 같은 행동을 되풀이한다. 머리에 수건을 질끈 동여맨 사람들, 화사한 무늬를 수놓은 기모노 차림의 아가씨들이 경건한 자세로 천황에게 경의를 표한다.

제3자의 눈으로 보기에 그들의 행위는 그야말로 살아 있는 신에 대한 경배였다. 70년대 중반 돌이 갓 지난 아들 녀석을 무동태우고 갔던 한복 차림의 나는 주위의 험상궂은 시선에 기가 질릴 정도였다. 그들의 얼굴에는 천황을 참견하는 자리에 '웬 조선인이?' 하는 못마땅함이 역력했다.

천황은 이들에게, 적어도 당시 천황궁 근처에 있는 사람들에겐 신이었다. 한때 천황은 이들에게 '모든 것'이었다. 가미카제 특공대! 젊은이들이 지는 벚꽃처럼 생목숨을 미련도 없이 버리면서 '천황 폐하'를 외쳤다. 한편 전쟁에 지친 자들은 '천황은 전쟁에 반대하셨던 분'이라고 했다. 전쟁은 천황이 모르는 사이에 주변의 권력자들이 일으킨 사변이라고 믿고 싶어했다.

이 같은 정념은 러시아인들의 황제에 대한 것과 아주 유사하다. '황제는 백성들이 이렇게 고통을 받고 있는 것을 모르고 있다, 만약 알게 되면 혹독한 대우는 당장 고쳐질 것이다.'라고 러시아의 농노들은 믿었다. 이런 점에서 일본인이 러시아인과 닮았다고 한다면 그들의 반응은 어떨지.

2차 대전에서 승리한 연합군의 맥아더 사령관은 일본을 점령한 후, 천

황궁이 내려다보
이는 건물 맨 꼭
대기의 한 방을
차지하고는 천황
의 방문을 은근
히 강요했다. 뿐
만 아니라 천황
으로 하여금 "나
는 신이 아니다."
라는 선언을 하
게 했다. 천황의
인간화를 통해
인간적인 얼굴을
한 천황을 선보
임으로써 적어도
신앙 대상으로서

패전 후 연합군 사령관 맥아더 장군은 자신의 집무실로 쇼와 천황의 방문을 은근히 강요, 천황으로 하여금 '나는 신이 아니다.' 라는 선언을 하게 했다.

의 천황을 일본인의 마음에서 지우려 했다.

　일본인들은 하나의 이념, 절대적 가치를 내세우기보다는 모나지 않은 것을 선호한다. 일본에는 누구나가 첫손가락에 꼽는 영웅이 없다. 역사상 가장 위대한 영웅이 누구냐고 물으면 각인각색이다. 영웅이 없는 나라가 일본이다. 사실 영웅이 흔한 나라는 별볼일이 없다. 소련, 북한을 비롯한 사회주의 국가에는 노동 영웅, 스포츠 영웅, 우주 영웅 등 영웅이 그토록 흔하지만 영웅적인 국가가 못되고 있는 것은 천하가 다 아는 사실이다.

일본인들은 해외에 진출하면 우선적으로 식당을 개점하고 한국인들은 교회를 세운다는 말이 있다. 일본인들의 교회, 즉 종교에 관한 관심은 대단치 않다. 2003년 1월 〈아사히신문〉 조사에 의하면 일본인의 77%가 종교나 신앙에 관심이 없다고 답했다.

일본 어느 도시에서도 교회를 쉽게 찾을 수 없다. 유일신을 주장하는 기독교의 교리 때문인지 일본에서는 기독교가 활발하지 못하다. 16세기 중엽, 한때 가톨릭 신자가 50만을 넘었다는 기록이 있는 것을 보면 100만 안팎에 불과한 크리스천은 일본 기독교의 침체 정도를 단적으로 보여 준 예라 하겠다.

일본판 '교주 문선명'이나 '순복음 교회'를 기대할 수는 없다. 그에 비하면 한국인들의 종교나 사상, 이념에 대한 관심은 정말 대단한 것이다. 조선 시대의 주자학이나 북한의 '주체사상'이 보여 주는 바와 같이 이념에 집착하는 태도는, 일본인으로서는 아마 이해하기 힘들 것이다.

일본에 살 때 집 근처 교회에 예배를 드리러 간 적이 있다. 처음 갔는데도 누구 하나 특별한 관심을 보이지 않고 다시 나오라고 채근하는 사람도 없었다. 전도에는 아예 뜻이 없어 보였다. 한국 교회와는 너무나 달랐다. 그런데도 일본 신학은 대단히 정치(精緻)하다. 신앙을 믿음의 문제로 보기보다는 연구의 대상쯤으로 보는 사람들 같다.

무교회주의, 즉 교회 없는 기독교가 유행한 곳도 일본이다. 대표적인 무교회주의자로는 우치무라 칸조(內村鑑三, 1861~1930)라는 사람이 있다. 그는 두 개의 'J', 즉 Japan과 Jesus Christ를 섬긴다고 하면서 청일전쟁을 의로운 전쟁이라고 한 적이 있다. 의전, 성전이라고 할 만한 전쟁

2차 세계대전 종전 42돌 기념식에 참석한 히로히토 천황.

이 있을 수 있는 것인지 의심스럽다.

유교도 조선과는 달리 정통 유교보다는 양명학이 발달했다. 공자나 맹자가 일본에 쳐들어오면 서슴없이 대항해야 한다고 하는 것이 일본식 유교다. 불교도 6세기경 고구려와 백제의 승려들이 일본에 전해 주었지만, 그들은 그것마저도 그들 식으로 만들어 버렸다.

조선 시대에 일본에서 온 사절들은 한결같이 불사리(佛舍利)를 청해서 얻어 갔다. 불교가 전래된 지 700~800년이 경과했는데도 불사리를 얻어 갔다는 기록은 무엇을 의미하는 것일까? 대처승 제도가 일본에서 발생한 것이라는 점도 역시 시사하는 바가 크다.

요즈음 일본의 불교인들은 장의사, 묘지 관리인을 겸하고 있는 듯하다. 승려들은 연일 치러야 하는 장례식으로 경전을 제대로 읽을 시간적, 정신적 여유가 없어 보인다. 내가 살았던 도쿄 아자부에는 크고 작은 절이 서울의 어느 구역에 있는 교회 수만큼 많았다. 피둥피둥한 몸집에 혈색 좋은 주지 스님의 색시는 도인의 반려자와는 거리가 멀어도 한참이나 멀어 보였다.

1억 2,000만 명의 인구를 가진 일본에는 불교도가 1억 2,000만 명이고 신토 신자 수도 또한 1억 2,000만 명이라는 우스갯소리가 있다. 이는 일본인이 본질적으로 다른 두 개의 종교를 아무런 저항감 없이 가질 수 있다는 것을 보여 준다. 일본에는 유일 절대의 신은 존재하지 않는다. 일본에는 800만의 신이 존재한다는 다신의 세계이다. 따라서 일본인의 사고와 행동을 규정하는 도덕원리는 '신 앞의 양심'이 아니라 '타인 앞에서 부끄러운 짓을 하지 않으려는 자세'라고 한다.

이 같은 종교관이 일본인의 정신에 끼친 영향은 실로 엄청나다. 무엇보다 종교적 계율에 사로잡히지 않고 서구 문명을 쉽게 받아들일 수 있게 하였다. 반면에 제3자의 눈에는 무원칙적이고 시세에 능한 흉내내기 명수로 보인 것도 사실이다.

그러나 나는 이 같은 일본인의 사고방식을 돼먹지 못한 것으로 애써 격하시킬 생각은 없다. 그것은 그들이 선택한 나름의 행동원리일 뿐이다. 어떤 원칙이나 주의에 얽매이지 않고 상대적 가치를 추구하면서 최선을 선택하는 것이 일본인이라는 생각을 그들을 대할 때마다 늘 갖게 된다.

일본에 뼈를 묻은 러시아 신부

1860년 늦여름, 4륜마차 한 대가 초겨울의 한기가 느껴지는 광막한 시베리아를 횡단하고 있었다. 러시아 신학대학의 명문인 페테르부르그 신학대학을 갓 졸업한 청년 니콜라이 사제가 눈을 지그시 감고 흔들거리는 마차에 몸을 맡기고 있다. 미지의 나라 일본을 향해 동으로 동으로 달리고 있는 것이다.

도서관에서 우연히 러시아 군인이 쓴 《일본유수기(日本幽囚記)》를 발견하고 읽게 된 것이 일본행으로 이어지는 계기가 되었다. 골로브닌 (1776~1831) 장군이 19세기 초엽, 일본에서 2년 3개월간 억류되어 있으면서 보고 느낀 것을 정리한 억류기는 1816년에 러시아에서 발간되어 큰 파문을 일으켰었다. 초판 발행과 거의 동시에 각국어로 번역되어 유럽으로 퍼져 나갔던 일본 입문서 격의 책자가 바로 《일본 유수기》다.

니콜라이가 신학대학 졸업논문을 준비하면서 실로 우연하게 이 책과 접하게 된 것은 신의 섭리였다. 적어도 니콜라이 자신은 그렇게 믿고 일본 선교를 자청했다. 시베리아 광야 저편에 있는 일본이 그의 전도의 손길을 기다리고 있다고 생각하니 한시도 더 지체할 수 없는 조급한 심정이 되었다. 땅끝까지 가서 하나님의 나라를 전파하라는 가르침에 인생을 걸기로 작정했다.

러시아 신부는 백색 신부와 흑색 신부로 구분된다. 백색 신부는 결혼하여 하나의 교구를 맡아 사제직을 수행하는데 비해, 흑색 신부는 독신으로 지내면서 신에게 모든 것을 다 헌신해야 한다. 수도원장, 주교, 대주교 등의 고위 성직은 물론 흑색 신부들의 차지이다. 니콜라이는 흑색 신부의 길을 택해, 일본에 러시아 정교를 전파할 사명을 스스로 걸머지고 1861년 6월 일본 북해도의 하코다테에 도착했다.

당시 일본은 수년 전에 개국을 하긴 했지만 아직 선교의 자유를 인정하지 않고 있던 터라, 그는 영사관 소속 사제로 일본에 발을 디뎠다. 러시아 정교는 국교로서 공사관이나 영사관이 있는 곳에는 성당을 건축하고 사제를 파견하는 것이 일반적인 관례였다.

헬라어, 라틴어, 영어, 독어, 프랑스어를 공부한 25세의 니콜라이는 조만간 포교의 자유가 부여될 것을 믿고 일본 연구에 정진하였다. 가톨릭 성직자들은 일본어의 난해함에 혀를 내두르고, 일본어는 악마가 발명한 언어라고 핑계 대면서 아예 배울 엄두를 못 내고 있었다. 그러나 니콜라이는 러시아인다운 지구력과 끈기로 차근차근 일본어와 일본 역사를 공부해 나갔다.

니콜라이 눈에는 일본인들은 신앙심이 없는 것이 아니라 신심이 너무 넘쳐서 아무 신이나 숭앙하는 것으로 보였다. 일본 전래의 신토(神道)라는 것은 소박한 조상 숭배에 불과하고 유교는 공자의 저술을 익히는 일종의 도덕률에 불과하다고 본국에 보고했다. 불교는 전래된 지 오래 되고 방대한 경전과 장엄한 의식을 자랑하고 있지만 범신론적인 경향이 강

니콜라이 신부가 일본 체류 50년 동안 혼신의 힘을 쏟아 건립한 도쿄 러시아 정교회 니콜라이 대성당.

하다고 하면서 아직 종교다운 종교가 없어 러시아 정교를 전파하기에 좋은 조건이라 했다. 특히 러시아 정교는 가톨릭과 같이 서양 침략의 악잡이 노릇을 한 적이 없어 더욱 유리하다고 했다.

니콜라이는 일본 관찰기를 〈기독교 선교단의 관점에서 본 일본〉이라는 소논문으로 정리하여 1869년 9월 초 월간지 〈러시아 소식〉에 게재하였다. 이 소논문은 러시아에 있어 최초의 본격적인 일본론으로 많은 사람의 관심을 끌었으며 일본 선교에 대한 관심을 불러일으켰다.

〈러시아 소식〉은 1866년에 러시아의 문호 도스토예프스키가 《죄와 벌》을 발표했던 시사지로서 좋은 평판을 받는 잡지였다. 도스토예프스키는 정교의 선교야말로 러시아의 사명이라고 믿고 니콜라이의 활동에 꾸준한 관심을 갖고 있었다.

1880년 3월, 니콜라이가 주교 서품식에 참석키 위해 일시 귀국하였을 때 《카라마조프의 형제들》을 집필 중이던 도스토예프스키는 니콜라이를 찾아와서 일본에 대해 이것저것 물었다. 예컨대 황색 인종인 일본인들이 정교를 수용하는 데 별다른 저항은 없는지, 일본 신도들의 삶의 모습 등에 관심을 표명했던 것이다.

니콜라이는 러시아 정교 전도의 중요 수단의 하나인 성상화(icon)를 그릴 수 있는 일본인 화가를 양성하고 싶었다. 일본인 성상화 화가가 제작한 작품을 성당에 거는 것이야말로 자신의 일본 전도의 구체적인 열매를 보여 주는 것이라는 생각에서였다.

성도 중 야마시타라는 16세 소녀가 미술에 소질이 있는 것을 발견한 그는 야마시타를 5년 계획으로 페테르부르그의 수도원으로 유학을 보냈다. 20대의 처녀가 단 한 사람의 일본인도 없는 더욱이 말도 제대로 통하지 않는 이국으로 서양화를 배우기 위해 유학을 떠난 것은 일본인의 강한 모험심을 보여 준 좋은 예이다.

그러나 그녀는 1881년 11월부터 페테르부르그에 머물며 러시아의 전통적인 성상화를 배우기 시작한 지 2년쯤 지나서 간장병 발병으로 중도에 귀국하지 않을 수 없게 된다. 아무튼 그녀가 일본 최초의 러시아 유학생이었던 것은 분명하다.

니콜라이는 1912년 일본에서 죽을 때까지 50년간 머물면서 신약성서와 교리문답을 번역하고 도쿄에 부활성당을 건립하는 데 혼신의 힘을 쏟았다. 성당 건축 기금은 니콜라이가 러시아에서 모금한 30만 루블이 기초가 되었다. 30만 루블은 지금 돈으로는 기백만 불에 달하는 거금이다. 100년 전에는 러시아의 신앙심 있는 신자들이 일본에 성당을 건축하도록 자비를 베풀었다. 지금의 러일 관계를 생각하면 격세지감을 느끼지 않을 수 없다.

니콜라이는 일본인은 논리적 사고에는 약하나 미(美) 의식은 어느 민족보다 뛰어나다고 평했다. 그는 1905년 러일전쟁 발발로 귀국할 것인지, 러시아의 밀정이라는 따가운 시선을 받으면서도 일본에 잔류할 것인지를 두고 밤을 새워 고민했다. 결국 그는 3만 명의 신자와 100여 개의 교회가 있는 일본에 뼈를 묻기로 작심했다. 순교자적 결심을 했던 것이다.

일본인 성도들 모두가 정교에 대해 신심이 높은 것은 아니라는 사실을 니콜라이 주교도 잘 알고 있었다. 성도들의 상당수는 러시아어를 배우려고, 또 성서 공부를 통해 서양 문명의 향기에 접해 보려는 지적 욕구 때문에 성당에 나온다는 것을 알고 있었지만 니콜라이 신부는 그것을 힐난하지 않고 기도만 계속했다.

1891년 제정 러시아 최후의 황제 니콜라이 2세가 황태자 시절에 일본을 방문하던 중 자신을 경호하던 순사 쓰다가 휘두르는 칼에 후두부에 찰과상을 입은 사건이 발생한 적이 있다. 이때 니콜라이 주교는 황태자가 가료를 받고 있던 교토로 달려가 황태자에게 이 사고로 인해 러일 간에 전쟁이 발생해서는 안 될 것임을 역설했다.

30년 넘게 일본에서 생활하면서 접해 본 일본인들은 예의 바르고 러시아에 대해 호의를 갖고 있다고 호소하면서 쓰다 순사와 같은 한 사람의 흉도를 일본인 전체로 받아들이지 말도록 머리를 조아리며 설득했다. 이에 황태자는 고개를 끄덕거리며 어느 나라에나 폭도는 있는 법이라고 이해함으로써 일본에 대해 나쁜 감정이 없음을 보여 주었다. 일본 개벽 이래 유럽 황태자로서 처음 일본을 방문한 러시아 황태자에 대한 폭행으로 혼비백산한 일본 조야의 지도자들은 니콜라이 주교의 성의에 감동했다.

그러나 이 사건 후 10년도 못 되어서 러일 양국은 전쟁에 돌입하게 된다. 니콜라이의 기도에 대한 응답치고는 너무 잔인한 결과가 아닐까? 니콜라이는 1884년 이래 7년간 도쿄 간다 부근에 니콜라이 대성당을 건립했으며, 1906년에는 대주교로 서품되어 러시아 정교 전도에 진력하다가 1912년 조용히 눈을 감았다.

일본에 대한 기독교 선교의 역사는 한국보다 자그마치 200년이나 앞선다. 그러나 오늘날 한국의 기독교 신자는 구교와 신교를 합쳐 약 1,000만을 상회하는데 일본은 100만 안팎에 불과하다. 맥아더 원수도 일본어판 성경 1,200만 권을 일본 전국에 뿌렸지만 일본인을 감화시키지는 못했다. 니콜라이 신부는 아마 일본인을 위해 지금도 기도하고 있을 것이다.

쌍날의 검을 지닌 민족

1872년 9월, 프랑스어 공부를 위해 제네바에 체류하고 있던 오야마 이와오(大山巖, 1842~1916) 육군 중령을 찾아온 삼십대 중반의 러시아인이 있었다. 프랑스 사람보다 더 우아하게 프랑스어를 구사하는 데다 일본어, 중국어, 한글까지 구사하는 이 러시아인은 망명 혁명가 레프 메치니코프(1838~88)였다. 메치니코프는 세균학자로서 노벨 의학상을 받은 이리야 메치니코프의 형으로 러시아 민속학자로도 널리 알려진 동양통이었다.

오야마는 독불 전쟁을 견학하고 프랑스에서 3년간 유학하였으며 러일 전쟁 시에는 만주국 육군 총사령관, 후에는 육군 원수를 지낸 원로였다. 당시 오야마는 본격적인 프랑스 유학에 앞서 프랑스어를 배우고 있었는데 파리에는 일본인들이 너무 몰려 있어 이를 피해 제네바에 와 있었다. 이제 막 삼십 줄에 들어선 오야마는 낯선 이국에서 적적하게 지내고 있던 터라 프랑스어와 일본어에 능하고 게다가 당시 유럽의 정치 정세에 훤한 메치니코프와의 해후를 큰 행운으로 생각했다. 오야마는 고향에 보내는 서신에서 '진짜 스승'을 만나 기쁘다고 쓰고 있는데 바로 이 스승은 메치니코프를 지칭한 것이었다.

메치니코프는 1874년 도쿄 외국어학교 설립과 더불어 오야마의 소개로 초대 러시아 교사로 일본에 도착하였다. 1873년 현재, 일본이 구미 각국에 파견한 유학생은 총 373명에 달했으며 이에 소요된 경비는 문교부 연간 예산의 18%나 되었다. 또한 연간 150만 달러를 지불하면서 300여 명의 외국인 고문을 초청하여 서구 문명의 흡수에 박차를 가하고 있던 시기였다. 외국인 고문에 대한 월급은 최고 800엔이었는데, 1엔은 쌀 40kg의 구매력이 있었으니 800엔의 급료는 엄청난 것이었다.

메치니코프가 부임하였을 당시, 일본에는 이미 관비 유학생으로 러시아에 파견되어 8년간의 유학을 마치고 귀국한 교수도 있었다. 저명한 민속학자이자 지리학자인 메치니코프는 노어과 학생들에게 노어로 수학, 역사, 지리를 강의하였다.

그는 훗날 당시 일본이 아시아에 속해 있으면서도 사실 아시아보다는 유럽에 가까운 생활을 하고 있었다고 밝히며, 그 때문에 몹시 놀랐었노라고 말했다. 그에 따르면 중국이라는 프리즘을 통해서 본 일본과 실제 일본은 많은 차이가 있었으며 중국 측의 일본 인식이 너무 안이했다는 것이다. 다음은 메치니코프가 본 당시의 일본.

"지리상으로는 영국과 유사한 위치에 있으며 3,500만의 인구를 지니고 있다. 놀랍게도 인구밀도가 벨기에에 이어 세계 두 번째. 일본인은 다혈질에다가 감수성이 예민하며 지적 호기심도 아주 강하다. 또 사람들은 청결하다. '극동의 프랑스인'이라고나 할까. 국민 대부분이 읽고 쓸 줄 알며 서양에 의해 강제로 개국된 지 20년도 채 안 되었는데 몽골적 인습

과 전통적인 중화주의 사슬에서 완전히 벗어
나 새로운 일본으로의 변신을 꾀하고 있는 이
들의 모습에 경탄을 금할 수 없다.

  일본의 교양인들은 전통적으로 종교에 무
관심하다. 그런데 이 같은 종교적 무관심이
직선적 역사 발전에 긍정적 요소로 작용하고
있다. 일본의 불교는 천덕꾸러기 신세를 면치
못하고 있다. 신토(神道)는 종교라고 부를 만
한 것이 못된다. 고작해야 종교의 대용품쯤으
로 보인다. 명치 유신 이후의 일본은 신분제

레프 메치니코프를 일본에 소개한
오야마 이와오(1846~1916)

까지 완전히 타파하고 민주적 정치의 토양을 마련한 상태. 농민들은 러
시아 농민에 비해 자유스럽고 독립적으로 생활하는 것 같다."

  전체적으로 긍정적인 평가이다. 메치니코프는 민속학 문헌과 일본의
고대 역사 자료를 섭렵하여 700페이지에 달하는 프랑스어판 《일본 제국
기》를 저술하였으며 《고사기》를 프랑스어로 번역, 출판하기도 하였다.

  한편 일본 측 자료만을 본 결과 그는 조선에 대해서는 왜곡된 견해를
갖고 있었다. 서양 학자들이 일본어를 어느 정도 습득한 다음에는 대개
조선을 식민지로 여기고 있는 《고사기》와 《일본서기》를 배우는 관계로
조선에 대한 인식에 있어서 객관적이지 못한 경우가 많았다. 조선을 조
공국으로 다루고 있는 일본 역사책을 금과옥조로 다루고 있는 소위 '일
본통 서양학자들'이 알게 모르게 우리에게 끼친 폐해는 일일이 열거할
수 없을 정도이다.

메치니코프는 임진왜란과 관련, 도요토미가 중국의 비호로 일본에 조공을 태만히 하고 있는 조선 공략에 나선 저의는 영주들의 군사력을 약화시키는 한편 영주들의 불만을 외부로 돌리기 위한 고도의 정치적 술수였다고 지적했다.

그는 강화도 사건을 통하여 구미 제국들도 실패한 조선의 개국을 큰 유혈 사태 없이 해결한 일본의 외교력에 후한 점수를 주기도 했다. 그는 이같은 견해를 러시아 잡지에 기고했으니 러시아에 투영된 조선의 이미지는 부정적일 수밖에 없었을 것이다.

그는 일본인이 교육을 위해서 삶의 근거지며 생계 수단인 집과 전답을 아무렇지도 않게 팔고 조상 전래의 가보나 골동품도 내놓는 교육열에 혀를 내둘렀다. 뿐만 아니라 국가 지도자들의 유럽 체험은 높이 평가할 만하다고 했다. 즉, 이와쿠라(岩倉具視)를 특명 전권 대사로 하여 1년 10개월에 걸쳐 영 · 독 · 불 · 러 등 구미 12개 국을 100여 명이 역방한 사실은 서구화를 위한 일본의 처절한 노력이라는 것이다. 피상적인 관찰이 될 우려도 없지 않으나 국가를 움직여 나가는 지도자들이 피부로 직접 구미 문명을 경험하고, 그 '약탈자' 적 성격을 느껴 본 것은 일본의 근대화에 엄청난 영향을 끼칠 것이라고 단언했다.

존 스튜어트 밀의 《자유론》, 스마일즈의 《성격론》, 《서양 품행론》 등이 일어로 번역되어 널리 익히는 것을 본 메치니코프는 일본의 서양 문명에의 참여는 우연한 것이 아니라 일본인의 지식 생활 자체에서 조성된 필연이라고 갈파했다. 그의 일본과 일본인에 대한 관찰의 압권은 명치 일본의 두 개 얼굴, 즉 서양 콤플렉스와 아시아에 대한 우월 의식을 꿰뚫어 보고 일본의 문명화는 아시아에 대해 두 개의 날을 가진 칼이 될 것이라고 예언한 점이다. 명치 유신의 침략성과 그 근저에 흐르고 있는 일본의 기타 아시아에 대한 우월 의식의 냄새를 그 큰 코로 일찌감치 맡았던 것이다.

이토(伊藤博文)는 정책을 입안하고자 할 때에는 서양인의 전기를 읽었다. 경찰국가의 힌트는 비스마르크에게서, 조선 지배와 통치 구상은 피터 대제로부터 얻었다고 한다. 근대 일본의 아시아에 대한 정책은 구미의 복사판이었다.

메치니코프는 일찌감치 일본이 대외정책을 추구하는 과정에 있어서 서구를 답습해 나갈 것을 눈치챘다. 메치니코프는 일본인은 초자연적인 것이나 공상적인 것에는 별로 관심이 없고 실용적인 경제성에 관심을 보이며 서구 문화 중에서 좋은 점만 선택한다고 덧붙였다.

메치니코프는 빈혈 때문에 일본을 떠날 때까지 1년 반 동안 일본에 머물면서, 그 길지 않은 기간에 많은 독서와 연구를 하였다. 《명치유신론》, 《아이누족의 언어 구조》 등 일본에 관한 18편의 저술, 논문을 남긴 것을 보면 그의 정력적인 연구활동을 짐작할 수 있다.

100년 전 러시아 출신의 망명 혁명가 레프 메치니코프, 일본의 문명화는 쌍날의 검이 되어 아시아의 심장을 찌를 것이라는 그의 예언은 적중했다. 그러나 정작 러일 전쟁이 발발하고, 또 고국 러시아가 패할 것이라고는 상상조차 못했으니 그 역시 일본의 실체를 파악하는 데는 실패한 지식인이 아닐까?

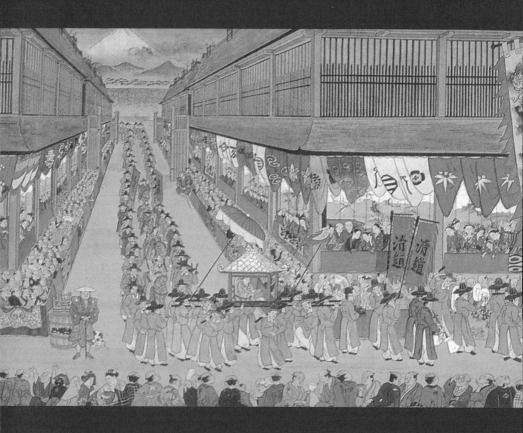

임진왜란을 통해 조선 선진문화의 실상을 직접 목격한 도쿠가
와 막부가 12차례의 조선통신사 파견을 요청한 것은 권력의
전통성을 대내외에 과시할 목적 외에도 조선의 선진문화에 대
한 경의와 문화흡수의 한 방편으로 이용하려는 속셈이었다.

제 **2** 장

일본, 일본인의 초상

아메노모리 정신

　부산의 초량, 왜관에 근무하였던 일본 외교 실무자들은 대부분 열정적으로 조선어와 조선 사정을 연구하였다. 그중에서 1인자라고 할 수 있는 인물은 유학자 아메노모리 호슈(雨森芳洲, 1668~1755)였다.

　아메노모리는 임진왜란 후 조선과의 국교 수복에 힘쓴 외교관이다. 국교 수복과 더불어 왜관에 근무하는 3년 동안 경상도 사투리까지 구사할 정도로 조선어와 조선 사정에 능통하게 되었다. 왜관 근무를 마치고 귀국한 후에도 조선에 관한 폭넓은 지식을 바탕으로 35년간이나 조선외교의 실무를 담당하였다. 그는 외교 실무 경험을 정리하여 대조선 외교 지침서인 《교린제성》과 조선어 회화 입문서인 《교린수지》, 《조선풍속고》 등을 저술하기도 한 외교 사상가이다.

　아메노모리는 한일 관계에 있어 가장 중요한 것은 먼저 조선의 법제와 풍속을 집대성한 《경국대전》을 숙독하고 조선 측의 사정을 충분히 연구하여 이를 바탕으로 한 성신(誠信) 외교를 펼치는 것이라고 강조했다. 그것은 다년간의 조선과의 교섭 경험에 의한 것이었다. 그는 임진왜란으로 일본을 철천지 원수로 여기는 조선인의 마음을 꿰뚫어 보았던 것이다.

또한 임란 이후 대마도 번주의 국서 위조 사건으로 실추된 일본의 대외적 불신도 의식했기 때문이었다.

도요토미 히데요시(豊臣秀吉)의 조선 침략으로 양국 통교는 단절되고 말았으나 도요토미에 이어 권력을 장악한 도쿠가와 이에야스(德川家康)는 개방적 국제 관계를 모색하는 한편 조선과의 국교 수복을 적극적으로 추진하였다.

도쿠가와는 조선의 사절과 회담하는 자리에서 임진왜란과 자신의 무관함을 설명하고 국교 재개를 요청하였다. 즉, 자신은 임란 때 관동지방에 있었기 때문에 전란에 직접 관여치 않았다는 해명을 늘어놓았으며, 조선과 더불어 실로 원한이 없으니 국교 수복을 원한다고 조선 측을 설득하였다.

조선 측으로서는 비록 일본이 영원히 잊을 수 없는 불구대천의 원수이긴 하지만 이웃으로서 영원히 관계를 끊을 수도 없다는 생각이었다. 따라서 재수교의 조건으로 임진왜란 중에 조선 국왕의 능을 파헤친 범인을 인도할 것과 막부 측에서 먼저 국서를 보내라고 제안했다.

그러나 먼저 일본 측이 국서를 보낸다는 전제는 굴복을 의미하는 것이고, 전쟁 중에 저질러진 왕릉 훼손의 범인을 색출한다는 것은 현실적으로 쉬운 일이 아니었다. 이와 같은 어려움으로 국교 수복이 암초에 부딪치자 조선과의 무역에 목을 매달고 있는 대마도 측에서는 고육지책으로 국서를 위조하고 이 사건과 관계가 없는 죄수 두 명을 도굴범으로 위장하여 조선으로 보내왔다.

결국 우여곡절 끝에 양국 간에는 표면적으로 관계가 회복되었지만 대마도 측은 거짓말이 탄로날 것을 우려하여 그 후에도 수차례나 국서를 위조하게 된다. 참으로 괴이하고 얄팍한 속임수였다.

이와 같은 전후 사정을 모를 리 없는 아메노모리였기 때문에 대조선 외교의 으뜸이 되는 원칙으로 조선의 일본에 대한 불신 해소를 위하여 성신지교린(誠信之交隣)을 내세운 것이라고 생각된다.

여담이지만, 필자는 아메노모리를 한일 선린 외교와 연관시켜 최초로 부

한일 간의 선린외교를 주창한 유학자
아메노모리 호슈(1668~1755)

각시킨 영광스런 독서인이라는 자부심을 갖고 있다. 1990년 5월 노태우 대통령이 일본을 방문했을 때 천황 주최 만찬에서 행한 연설의 결론 부분은 "270년 전 조선과의 외교를 담당했던 아메노모리 호슈는 성의와 신의의 교제를 신조로 삼았다."라고 되어 있다. 당시 주일 대사관에 근무하고 있던 필자가 아메노모리를 연설문 초안에 포함시켰던 것이다.

노 대통령의 아메노모리에 대한 언급은 일본 외교관들을 놀라게 했고 식자들로부터 많은 공감을 불러일으켰다. 노 대통령의 일본 방문이 끝나고 얼마 되지 않아 일본에서는 아메노모리에 관한 평전이 발간되기까지 했다. 일본 외무성의 어느 친구는 '한국 대통령이 언급한 아메노모리'라는 신문 광고문과 함께 그 책을 필자의 근무지인 모스크바에까지 보내주기도 했다.

아메노모리에 대한 새로운 주목은 그 일로 끝나지 않았다. 조선통신사가 묵었던 지역의 지자체에서는 전국 연합회를 결성하여 해마다 통신사

행렬을 재현하는 축제를 열고 한일 양국의 젊은이들이 함께 참석하는 〈아메노모리 심포지엄〉을 개최하여 그의 정신을 새로운 한일 교류에 접목시키고 있다. 개인적으로는 후쿠오카 총영사로 근무하던 때 아메노모리의 향리와 쓰시마에서 열린 심포지엄에서 기조 강연을 하였던 좋은 추억이 있다.

한편 아메노모리가 근무했던 대마도에서는 노대통령의 연설을 계기로 아메노모리의 정신을 오늘에 되살리자는 시민운동으로 〈아메노모리를 생각하는 모임〉이 결성되었다. 이들은 부산이 멀리 바라다보이는 대마도 북쪽 끝에 조선 역관 조난비를 건립하기도 했다. 조난비 건립 예산 2억 원은 시민들과 지방자치 단체가 공동 부담했다고 한다. 아메노모리도 가고 세상은 엄청나게 변하고 있지만 한일 간의 진정한 선린 관계의 출발은 역시 상호간에 믿음이 전제될 때 가능할 것이다.

한편 일본에는 경상도 사투리까지 구사할 수 있는 외교관이 있는데, 조선은 중국의 완전 무결한 복사판인 소중화(小中華)를 내세우면서 여전히 일본을 야만시하고 일본으로부터 배우기를 거부했다. 임진왜란 이후 국교가 회복되어 조선의 내로라하는 학자들이 통신사로 12회나 일본을 방문하여 장기간 여행을 하였지만 일본의 어느 것 한 가지도 배우려 하지 않았다. 한국이 조선 시대를 통틀어 일본으로부터 도입한 것이라고는 고추, 담배, 고구마, 화투 네 가지뿐이었다고 한다.

일본에는 정녕 배울 만한 점이 없었을까. 그들은 늘 야만적이기만 했던가. 임진왜란 때 일본에 포로로 끌려가 3년간 억류되어 있는 동안 유학의 개조(開祖)라는 명성을 얻은 강항은 귀환 후, 일본견문록 《간양록》에서 일본 사회에는 기술이나 물건에 반드시 천하 제1인자가 있어, 그의

부산이 멀리 바라다보이는 대마도 북쪽 끝에 세워진 조선 역관사 조난 위령비. 1703년 대마도 앞바다에서 순직한 조선 역관사 108명의 넋을 추모하기 위하여 일본에서 건립한 것이다.

손에서 나온 것에 대해서는 천금도 아끼지 않는다고 갈파했다. 조선의 사절단원 그 누구도 일본의 '일예일능주의'에 주목한 사람이 없었는 데 비해 강항의 통찰은 정곡을 찌른 것이었다.

그러나 유감스럽게도 조선에는 그런 그의 문제의식을 이어받아 더 깊이 연구하는 사람이 아무도 없었다. 우리는 '아메노모리의 뜨거운 정열'을 갖고 있지 못했던 것이다. 한학에 뛰어남을 으스대는 조선의 지배 계급이나 유생들이 볼 때 일본은 한낱 미개한 '왜국'에 불과했을 뿐이다.

조선통신사를 찾아온 유생, 아라이

전술한 바와 같이 임진왜란 후 도쿠가와(德川家康)의 요청으로, 단절되었던 한일 간 국교가 재개되었다. 이에 따라 조선 측에서는 일본의 요청에 의하여 1607년부터 1811년까지 12차례에 걸쳐 사절을 파견하게 된다.

조선의 사절은 처음 3회까지는 '회답사 겸 쇄환사(回答使兼 刷還使)'라는 이름으로 파견되었고 4회부터는 '통신사'로 칭하였다. 에도 시대의 조선통신사라면 바로 그 도쿠가와 시대의 12회에 걸친 조선 사절을 말하는 것이다. 회답사는 일본 측의 국서에 대한 답을 전달하는 사절이라는 뜻이며, 쇄환사는 임진왜란 때 포로로 붙잡혀 간 조선인의 송환을 교섭하는 사절의 성격을 나타내는 것이다.

도쿠가와가 정권을 잡은 후 조선의 사절 파견을 서둘러 요청한 것은 권력의 정통성을 대내외에 과시하려는 속셈 때문이었다. 이 같은 정치적 목적 외에도 조선의 선진문화에 대해 경의를 표시하고 문화 흡수의 한 방편으로 이용하려는 꿍꿍이속이 있었다. 임진왜란을 통해 일본인들은 선진문화의 실상을 직접 보고 깊은 감명을 받았다. 이들은 문화 견학을 일과성의 접촉이 아니라 영구적인 학습 기회로 만들기 위해서 조선의 도예, 인쇄 기술자들과 함께 각종 서적, 문화재를 약탈해 갔다.

아라이 하쿠세키(新井白石, 1657~1725)의 화상

조선통신사는 정사, 부사, 제술관 등을 포함한 400~500여 명의 공식, 비공식 단원으로 구성되는 대규모 대표단이었다. 막부에서는 대표단의 응접에 소요되는 경비를 10만 석 이상의 영주에게 부담시켰다. 당시 통신사를 한 번 접수하는 데는 10억 엔 이상의 엄청난 비용에다 약 8만 두의 마필(馬匹)과 33만 명의 인원이 동원되었다고 한다.

그야말로 거국적인 환영 행사였기 때문에 재정적으로 영주들에게 큰 부담이 되었다고 한다. 당시 영국 무역관의 리처드 콕스 관장이, "조선통신사들은 왕족과 같은 환대를 받았다."고 기록했을 정도이다. 500여 명 가까이 되는 통신사 일행과 이들의 지방 여행을 지원하는 일은 숙소 마련만 해도 큰 골칫거리였다. 사절들은 대개 큰 사원에 묵었기 때문에 통신사의 방문이 결정되면 사찰들은 대대적인 개축공사를 벌여야 했다. 일본 개국 후에 미국, 영국 등의 구미 열강이 일본에 공관을 개설할 때는 으레 큰 사찰을 임시 관저 겸 사무실로 썼던 관행은 조선통신사 접대의 전통에서 비롯되었던 것으로 생각된다.

오늘날 대부분의 일본인들은 15~20평 규모의 아파트에 거주하고 있다. 일본 친구들은 서울의 40평 규모의 아파트인 우리집을 방문하면 적잖게 놀라곤 한다. 일본의 주택 보급률은 이미 수년 전에 100%를 넘어섰다. 그런데 도시 공원의 수는 한국이 약 5,000개로 평균 면적이 158㎡에 불과한 데 비하여 일본은 약 6만 개로서 평균 면적이 1만여 ㎡나 된다. 개인의 집 규모를 조금씩 줄여서 누구나 자기 집을 갖도록 하고, 쾌적한 환경을 위해 공원의 면적을 최대한 넓히는 일본인들의 마음 씀씀이가 부럽다.

각설하고, 조선통신사의 일본 방문 과정에서 조선의 지식인들은 속말로 해서 일본의 식자들을 얕보고 갖고 놀았다고 해도 과언이 아니다. 일본 측 기록을 보면 일본인들이 휘호를 받기 위해 내미는 종이에, 조선 문사들은 종이가 바람에 날리지 않도록 문진을 놓는 대신 발뒤꿈치로 밟고 냅다 휘갈겨 썼다고 한다.

1682년 일곱 번째의 조선통신사가 일본을 방문했을 때, 20대 중반의 일본 유생이 자신의 시문을 묶은 《도정집(陶情集)》을 들고 통신사 숙소를 찾아왔다. 처음에 통신사와의 직접 면담이 어렵다는 관례를 안 그는 중간에 사람을 넣어 자신의 문집에 대한 평가와 함께 서문을 받고 싶다는 의향을 정중히 전했다.

성완 제술관은 그 청년을 가상히 여겨 직접 문집을 갖고 오도록 했을 뿐만 아니라 제법 격조가 있는 시문이라고 칭찬하고 서문을 기꺼이 적어 주었다. 이에 그 청년은 감격하여 선생의 글월을 평생 면학의 양식으로 삼겠다는 다짐을 하고 물러갔다.

그 청년이 바로 아라이 하쿠세키(新井白石, 1657~1725)였다. 그는 후에 도쿠가와 막부의 6대 장군 이에노부의 스승으로 이에노부의 집권과 더불어 이에노부의 분신과 같은 존재로서 일본의 개혁을 주도한 인물이다. 아라이는 일본을 대표할 수 있는 학자이자 정치가였으며 순수 주자

500여 명의 대규모 사절단인 조선통신사의 화려한 행렬은 일본인들의 열광적인 환영을 받았다. 이 거국적인 환영 행사에는 10억 엔 이상의 비용과 8만 두의 마필, 33만 명의 인원이 동원되었다고 한다.

학보다는 지행합일을 내세우는 양명학에 친근감을 느끼는, 행동하는 지식인이었다.

아라이는 이에노부가 1709년 장군직을 이어받자 돈독한 신뢰 관계를 바탕으로 하여 화폐 개혁, 금은의 유출 방지를 위한 무역 제한 등을 과감하게 실시하였다. 나가사키에 왕래하던 상인이나 선교사들로부터 얻어들은 해외 지식을 《서양기문》이라는 저술로 정리하였으며, 은퇴 후에는 《굽은 나무의 기록》이라는 자서전을 남겼다. 그는 역사, 문화, 정치, 서양 사정 등 다방면에 걸친 연구를 계속하였으며 이 같은 지식을 '진강'이라는 형식을 빌려 6대 장군 이에노부와 7대 장군 이에쯔쿠에게 주입시켰다.

그는 장군의 교체 시에 조선에서 파견되어 올 통신사 접대를 근본적으로 검토하였다. 대등한 관계 정립과 사절 접대의 간소화를 주요 내용으로 하는 〈조선빙례사의(朝鮮聘禮事議)〉와 〈조선빙례응접사의(朝鮮聘禮應接事議)〉라는 보고서를 장군에게 제출하였다.

조선통신사가 일본의 수도 교토까지 입성한 데 반해 일본 측 사절은 한양 문턱에도 못 들어가고 수도에서 천릿길이나 떨어진 부산에서 응대받고 있는 점에 주목하여 조선 사절도 상호주의 원칙에 따라 대마도에 국한시켜야 한다는 주장을 폈다. 또한 그는 장군의 외교 문서상의 명칭을 조선과 동격으로 '일본 국왕'으로 해야 한다고 주장하고 조선 사절 접대는 간소하고 실무적으로 처리해야 한다는 개혁방안을 제시했다.

아라이는 《일본서기》의 사관을 기초로 조선은 옛날 일본의 속국이었다고 경시하면서 임진왜란을 합법화시키려 했다. 아라이가 내세운 대등 관계는 일본의 천황과 중국의 천자는 동격이며 이에노부 장군은 조선 국왕과 같은 반열에 있다는 주장이었다. 그는 일본이 조선보다 상위라는 점을 내세우려고 했다.

1711년 정사 조태억, 부사 임수간, 종사관 이방언 등으로 구성된 500여 명의 조선통신사가 일본을 방문하게 되었을 때, 아라이는 장군의 명령으로 요코하마 부근까지 출영을 나왔다.

그런데 아라이는 이에 앞서 그와 동문 수학한 아메노모리에게 자신의 시집 《백석시집(白石詩集)》을 보내 조선통신사의 서문과 발문을 받아 주도록 부탁했다. 자신의 실력을 과시하고 일본에도 이만큼 시문에 능한 학자가 있음을 내보이려는 의도도 엿보이나 기실은 이중적인 그의 성격의 단면을 여실히 드러낸 태도라 하지 않을 수 없다.

조선통신사의 호의적 평가와 더불어 서문과 발문을 받은 아라이는 학자로서 높은 자부심을 갖게 되었으며 통신사의 서문을 장군에게까지 보이며 대단히 좋아했다. 한편 그는 스페인, 포르투갈, 네덜란드인과의 접촉을 통해서 얻은 해외지식으로 통신사 일행을 압도했다고 자화자찬하고, 조선 지식인의 해외지식은 유치한 수준이라고 깎아내리고 헐뜯었다. 앞에서 꼬리치는 개가 후에 발뒤꿈치 무는 경우와 같다고 할 수 있다.

아라이가 건의한 조선통신사 접대 방법은 일본 내부의 강한 반대로 제대로 시행되지 않았다. 다만 장군을 일본 국왕으로 국서에 표기했으나 이것도 아라이의 실각으로 1회 실시에 그치고 말았다. 조선 사절을 대마도에서 응접하여야 한다는 그의 주장은 100년 후인 1811년, 즉 조선 최후의 통신사 접수 때에야 비로소 이루어지게 된다.

아라이의 조선 사절 접수 개혁은 결국 100년 후에 실현되었지만 실현에 이르는 동안 일본 지식인들은 간헐적으로 조선 지식인의 인격 모독적인 언사에 울분을 토로하고 왕년의 속국이었던 조선의 사절을 지나치게 환대한다고 막부를 비난하였다. 조선통신사의 비인격적인 응대가 일본의 식자들로 하여금 역사적 전거가 희박한 《일본서기》 사관에 집착케 한 요인이 된 점도 부정할 수 없다. 한일 양국 간의 문화 교류의 역사는 우월감과 열등감으로 점철되어 있다 하겠다.

조선통신사의 일본 견문담이나 기록은 바로 조선 지배계급이나 식자들의 일본관 형성으로 연결되었던 점을 생각하면 중화적 문명의 척도로만 당시 일본을 평가하였던 통신사의 자세는 다시 한번 음미해 볼 만하다. 예나 지금이나 일본의 실상을 제대로 보려는 것은 우리들의 현재와 미래를 위해서이기 때문이다.

헌신적인 외교관, 에노모토

동양의 3국 중 먼저 중국이 1842년 남경조약 체결에 따라 개국되었고 이어서 일본이 1854년 3월 미국과의 화친조약에 의하여 개국되었다.

일본을 개국시킨 인물은 페리(Perry M. Calbraith, 1794~1858) 제독이다. 페리 제독은 1852년 동인도 함대 사령관 겸 미합중국 특별사절로 임명되자 일본 관계 문헌을 정독하여 미지의 문명에 대한 지식을 어느 정도 갖춘 후 일본 개국을 모색하였다.

이와 같은 태도는 병인양요와 신미양요 당시 프랑스나 미국 사령관들의 태도와는 참으로 대조적이다. 상대방을 이해하고자 하는 자세를 갖춘 협상의 결과와 애당초 상대방을 무시하고 힘으로만 밀어붙이려 한 무모한 힘의 결과는 너무나 다른 것이었다. 이런 점에서도 일본은 운이 좋았다고 할 수 있을지 모르겠다.

일본은 미국의 페리 제독에 의해 개국을 강요당하였을 때 검은 연기를 기세 좋게 하늘로 뿜어 대는 괴물 같은 군함에도 질렸지만, 미국 측이 툭 하면 들고 나오는 만국공법이란 전혀 새로운 어휘에 심한 낭패감을 느꼈다.

이 같은 낭패감 속에서도 일본은 앞으로 군함과 만국공법이 판을 치는 약육강식의 시대가 도래할 것이라는 느낌을 강하게 받았다. 따라서 일본 정부는 1860년대 초반에 이미 네덜란드에 군함 건조를 주문함과 아울러 서양 법률 연구를 위해 네덜란드에 15명의 유학생을 파견하기에 이른다. 이 유학생 중에 에노모토 다케아키(榎本武揚, 1836~1908)라는 20대 후반에 접어드는 젊은이가 포함되어 있었

에노모토 다케아키(榎本武揚)

다. 그는 대원군이 집권한 1863년부터 1865년 11월까지 네덜란드의 명문 라이든 대학에서 국제법을 체계적으로 연구하였다. 어학과정을 거치지 않고 바로 대학에서 공부할 수 있었던 것은 이미 난학을 연구한 관계로 언어 장애가 없었기 때문이다.

에노모토는 네덜란드어로 번역된 프랑스 법학자 오르톨랑의 저서인 《해상 국제법》을 상당히 깊이 연구하였다. 귀국 후에는 막부 해군 부사령관에 임명되어 네덜란드에서 배운 기관학과 국제법 지식을 활용하여 일본 해군 건설의 아버지로 이름을 날렸으나 명치 유신 정부와 막부 간의 전쟁에 휘말리게 되었다. 1868년 1월부터 1869년 6월에 이르기까지 약 1년 5개월 동안 계속된 이 내란은 전투의 대부분이 무진년(戊辰年)에 행하여졌다고 하여 흔히들 무진 전쟁(戊辰戰爭) 또는 하코다테 전쟁이라고 한다.

에노모토는 정부군이 에도(江戶)를 점령하자 군함 인도를 거부하고 함대를 이끌고 탈출하여 항전을 계속하였다. 전세가 기울어 항복을 종용받

게 되자 그는 이를 거절하고 적장 구로다 키요타가(黑田淸隆)에게 한 권의 책을 보내면서 이 책자는 네덜란드 유학 중에 구한 희귀본으로 일본에 한 권밖에 없으니 전화에 소실되지 않도록 당부하고 최후까지 싸울 것을 다짐하였다. 바로 이 한 권의 책이 《해상 국제법》이었다.

죽음을 각오하면서도 병화의 피해를 우려하여 자신이 네덜란드 유학 중에 입수한 국제법 서적을 적장에게 기증한 에노모토의 자세는 당시 일본의 서양 지식, 특히 국제법에 대한 높은 관심을 웅변적으로 말해 준 예이다.

한편 에노모토로부터 기증받은 서적을 구로다는 당시 일본 제일의 지식인 후쿠자와에게 번역을 의뢰했으나 후쿠자와는 몇 페이지를 번역하고서는 전문 용어가 너무 많기 때문에 전문가가 아니면 엄두도 낼 수 없다고 손을 들고 말았다. 그런데 사실 후쿠자와는 에노모토의 재능을 살리기 위하여 일부러 번역에 난색을 표했다고 한다.

구로다와 후쿠자와는 에노모토의 서양에 대한 식견을 인정하고 신국가 건설에 필요한 인재로 평가하여 정부군에 항복한 후 수감 중인 에노모토의 구명 운동을 적극 벌였다. 이들의 도움으로 에노모토는 3년간의 복역 끝에 특사로 풀려 나와 북해도 개척사 구로다의 휘하에 있다가 1874년 1월 해군중장 겸 특명 전권 초대 러시아 공사로 발탁되어 1874년 6월 페테르부르그에 부임하였다.

일본인은 전통적으로 러시아에 대해 일종의 공포심을 지니고 있다. 에노모토 공사는 이 공포심의 실체를 파헤쳐서 일본인의 대러 공포증을 불식시키려고 부단히 러시아를 연구하고 관찰하였다. 그가 체류한 1874년부터 4년간의 기간은 알렉산더 2세의 정책이 반동으로 기운 시기였으며 러시아 · 터키 전쟁이 발발하는 등 대내외적으로 실로 다사다난한 시기였다.

한편 당시 한일 간의 교역에 있어서 조선은 놋그릇, 금속활자, 동전 제조에 필요한 구리를 일본으로부터 사들였고, 일본은 쌀, 대장경, 목면을 구입해 갔다. 일본은 15세기 중반부터 의류 원료의 대부분을 조선에서 사들였다. 예컨대 1476년 조선으로부터 약 3만 7천 필의 광목을 수입한 예에서도 알 수 있듯이 조선은 일본 의복 재료의 최대 공급원이었다.

동인도 함대 사령관 겸 미합중국 특별사절로 일본을 개국시킨 페리(1794~1858) 제독

일본은 늘 과다한 목면 수입으로 무역상의 불균형을 면치 못했다.

에노모토는 이와 같은 무역 역조 해소에 관심을 갖고 있던 중 러시아인의 아마 재배를 목격하고 일본에 도입을 서둘렀다. 관저 텃밭에 아마를 직접 파종하여 성장 과정을 면밀히 관찰하고 그 씨앗을 재배 기록과 함께 본국에 보냈다. 아마는 일본 북해도에서 시험 재배를 거쳐 그 후에는 일본 군인들의 작업복 옷감으로 크게 각광을 받았다. 아마 보급에 따라 조선으로부터의 목면 수입이 중지되었음은 물론이다.

에노모토는 러시아에 있으면서도 일본의 조선 정책에 관심을 갖고 러시아의 남진에 대비하여 전략적 거점으로 부산 점거를 건의하기도 하였다. 1874년 프랑스 선교사 달레의 《조선 교회사》가 발간되자 이를 입수하여 공사관 네덜란드인 직원의 도움을 받아 프랑스어를 네덜란드어로, 다시 네덜란드어를 일본어로 번역하여 불과 2주일 만에 200여 페이지에 달하는《조선 사정》을 출판, 조선 개국 획책에 참고토록 하였다.

뿐만 아니라 그는 일본의 조선 외교정책을 성공적으로 성사시키기 위해 러시아 공사관에서 냉혹한 권력 정치의 감각을 익힌 하나부사 요시모토(花房義質) 서기관을 조선으로 전출시킬 것을 건의하였다. 이런 연유로 하나부사는 1876년 10월 조선 파견 명령을 받게 되었다. 하나부사, 초대 주한 공사로서 6년간이나 서울에서 근무했던 그는 에노모토의 수제자였다.

에노모토는 일본인의 러시아 공포증 극복을 위해서 시베리아를 답파하여 그 실상을 철저히 파악하는 것이 첩경이라고 통감하였다. 그는 근무 중 틈틈이 시베리아의 지질, 광물, 지형, 기상, 인구, 문화 등에 관한 자료를 수집, 분

멕시코의 아카코와 마을에 남아 있는 에노모토 이민 기념비.

석하여 본부에 보고하였다. 그러나 자료 분석만으로는 직성이 풀리지 않아 그는 1878년 7월, 귀국 발령을 받고 시베리아 횡단을 결심하였다.

1878년 7월 26일, 당시 43세의 에노모토는 동판 기술자, 유학생과 함께 시베리아 횡단에 올랐다. 에노모토는 기차, 배, 마차를 번갈아 타고 수천 km를 여행하면서 현지의 풍속, 지세, 광물자원, 군부대 배치 상황을 상세히 관찰하고 이를 일기에 기록하면서 페테르부르그를 떠난 지 65일 만인 10월 21일에 귀국하였다.

그의 일기는 일본인 특유의 섬세한 필치로 기술된 종합 학술서와 같다는 평가를 받고 있다. 그의 시베리아 횡단 기록이 일본인의 대러시아 공포증을 해소하는 데 얼마나 기여했는지 정확히 평가하기는 어렵다. 그러나 그로부터 20여 년 후, 일본이 러시아와의 전쟁에서 승리하게 되는 것은 음미해 볼 만한 대목이다.

에노모토는 정한론과 남진론을 주장하였을 뿐만 아니라 일본의 국익을 위해 여러 방면에서 꾸준히 노력한 외교관의 전형이라고 하겠다. 그는 일본인의 해외 이민을 국가정책으로서 적극적으로 추진하여야 한다는 지론을 갖고 있던 차에 외상에 취임하게 되자 외무성 내에 처음으로 이민과를 신설하고 이민사업에 열을 올렸다.

에노모토가 구상한 이민은 해외에 나가서 돈을 벌어 본국으로 송금하기 위한 노동이민이 아니라 신천지를 개척하여 자자손손 그곳에 살면서 일본의 해외 발전의 거점으로 삼는다는 사뭇 거창한 계획이었다. 이와 같은 노력의 결과로 1897년 5월 '에노모토 이민'으로 불리는 35인의 일본인이 마침내 멕시코로 이주하였다.

훗날 과연 에노모토의 구상대로 라틴 아메리카는 일본의 해외 발전의 중요한 근거지가 되었으니 장래를 내다보는 그의 식견에 놀라지 않을 수 없다. 그는 외무, 체신, 문교, 농무성 장관을 역임하면서 국가발전에 여러 가지로 기여했다.

80년간의 단절 끝에 한국 외교관으로는 처음으로 1990년 1월 모스크바 공관 창설 요원으로 발령받았을 때, 나는 비록 다른 나라의 외교관이지만 에노모토의 헌신적인 자세를 귀감으로 삼고자 마음속으로 다짐했다. 모스크바 주재 일본 대사관 2층 벽을 가득 채운 역대 특명 전권 공사와 대사들의 사진 30여 장 가운데 에노모토는 맨 앞을 장식하고 있다. 세 번째에는 에노모토의 수제자이자 초대 주한 공사였던 하나부사의 사진이 걸려 있다.

시대의 변화 조짐을 동물적 감각으로 정확히 알아차리고 이에 대비하는 일본인의 자세는 결코 어제오늘의 일이 아니다. 21세기에 접어든 지금 그들은 무슨 냄새를 맡고 있는지 궁금하지 않을 수 없다. 오늘의 일본은 제2, 제3의 에노모토가 존재하였기에 가능했다고 볼 수 있을 것이다.

탈아입구(脫亞入歐)의 선봉장

1884년 12월, 김옥균을 중심으로 한 갑신정변이 좌절된 다음해인 1885년 3월 16일자 〈시사신보〉에 일본 최대의 계몽사상가 후쿠자와 유키치(福澤諭吉, 1835~1901)의 '탈아론(脫亞論)'이 게재되었다.

〈시사신보〉는 후쿠자와가 1882년 3월 1일 창간한 일간지로서 주로 후쿠자와의 설교를 게재하는 민간 계도를 목적으로 한 신문이었다. 후쿠자와는 이 신문에 총 2,000여 편의 논설을 게재하였다. 그 유명한 탈아론도 그중의 한 편이었다.

그의 탈아론은 2,000자 안팎의 길지 않은 글이지만 후쿠자와의 제국주의적 아시아론을 여실히 보여 주는 오만하기 이를 데 없는 논설이다. 탈아론에 있어 '아(亞)'는 두말할 것도 없이 청국과 조선을 지칭하는 것이며, '탈(脫)'은 중국, 조선과 맺고 있는 기왕의 인연을 끊는다는 의미로 신흥 일본의 청국과 조선에 대한 경멸감을 숨김없이 드러낸 표현이다.

탈아론은 한마디로 말해 청국과 조선을 비문명적인 야만국으로 단정하고 문명화의 대상으로 삼는다는 주장을 펴고 있다. 일본에 의한 문명화, 다른 말로 하면 구미 열강이 비서구 국가를 식민지화하듯 일본도 그렇게 하겠다는 심보를 구태여 숨기지 않는 배짱이었다.

그는 나쁜 친구와 사귀면 물들기 쉬우니 이쯤 해서 절교를 하고 앞으로 이웃 나라라고 해서 특별히 알은체할 필요도 없다고 했다. 바나나와 같은 문명 국가, 비록 겉은 노랗지만 속은 서양의 그것과 같은 하얀 피부색의 문명화를 지향하자는 이야기이다.

임오군란 후인 1882년 10월, 전권대사 겸 수신사인 박영효를 비롯하여 김옥균, 서광범 등으로 구성된 사절단이 일본에 파견되었다. 박영효는 신흥 일본의 발전상에 깊은 인상을 받았으며 특히 연령상으로 아버지 뻘이 되는 후쿠자와의 식견에 경탄하였다. 그때 박영효가 21세, 후쿠자와는 47세였다.

이때 후쿠자와는 이미 서양을 세 번이나 견학하고 서구 문명의 광신도가 되어 있을 무렵이었다. 후쿠자와는 자신의 〈시사신보〉와 똑같은 목소리를 내는 신문을 조선에서도 발간하여 조선의 민중을 반청친일(反淸親日)로 유도하고자 했다. 조선의 국왕 철종의 사위인 박영효는 후쿠자와에게 있어 가장 좋은 협조자로 생각되었다.

후쿠자와는 자신의 제자인 이노우에 카쿠고로(井上角五郎) 등 7명을 인쇄기까지 지참시켜 조선으로 파견, 조선 최초의 신문인 《한성순보》가 1883년 10월부터 발간되는 데 한몫을 하게 했다. 후쿠자와로서는 꽤나 머리를 쓴 문화공작이었다. 《한성순보》는 사실상 이노우에가 관장하고 있었으며 따라서 당연히 당시 조선 주둔 청국 군대의 비행을 대서특필 보도하였다. 청국으로부터의 자주독립을 강조하고 일본의 영향력 증대를 시도하는 논설이 많았다.

이노우에는 갑신정변에도 깊이 관여하였으며, 후쿠자와는 자신이 선발하여 교육시킨 제자들이 감행한 갑신정변이 좌절되자 크게 실망하고 앞서 언급한 대로 조선과 청국을 악우(惡友)라고 규정하고 청국에 대한 개전을 은근히 충동질하였다. 후쿠자와는 알려져 있다시피 박영효, 김옥균, 유길준, 윤치호, 서광범 등 조선 개혁파의 스승 노릇을 했으나 그의 궁극적 목표는 이들을 통한 일본의 국권 확장에 있었음은 불문가지이다.

일본의 계몽사상가로 활동한 만년의 후쿠자와 유키치(1835~1901)

조선의 개화파들이 어느 정도로 후쿠자와의 속셈을 꿰뚫어 보았는지는 알 수 없다. 아무튼 후쿠자와가 조선의 개화파를 돌보아 준 의도는 이들을 침략의 하수인쯤으로 이용하려는 것이었지 개화파의 집권에 의한 자주부강한 근대 조선국가의 건설을 지원하려는 의도는 분명 아니었을 것이다. 그 당시 개화파의 애국적 충정과 대의명분이 백 번 옳았다 하더라도 음험한 야욕을 지닌 외세를 이용해서 개혁을 시도했던 것은 잘못이었다.

일반적으로 한반도 문제에 긍정적 태도를 가진 일본의 경세가치고 그 언행이 일치하는 경우는 드물다. 집권 자민당 내의 소위 지한파 인사들이 재일 한국인 법적지위 문제에 관련하여 취한 태도는 우리들에게 많은 것을 생각하게 해준다. 지금부터 100여 년 전, 후쿠자와보다 조선을 더 잘 이해한다고 할 만한 인사가 있었을까?

후쿠자와 유키치. 그는 오사카 부근에서 태어나 부친을 일찍 여의고 편모 슬하에서 자라나야 했다. 엄격한 신분제도의 족쇄를 벗어나기 어렵다는 현실을 간파한 그의 모친은 똑똑해 보이는 아들을 승려로 출세시키려고 했다. 실력과 노력만으로도 훌륭한 삶을 영위할 수 있는 길은 중이 되는 길밖에 없다고 믿었다.

별볼일 없는 가문 탓이었는지 후쿠자와는 신분제도에 대해 거의 증오에 가까운 마음을 품고 성장하였다. 주정뱅이 구두 수선공의 아들인 스탈린을 신학교에 입학시킨 것도 어머니였다. 어머니의 마음은 다 마찬가지인가 보다.

후쿠자와는 처음에는 한학을, 성년이 되어서는 네덜란드어를 익혀 난학의 대가로 성공하였다. 그가 난학을 배우기 시작한 때는 21세로서 미일 수호조약이 체결된 1854년이었다. 미 해군의 군함과 대포의 위협에 손을 든 막부로서는 포병술을 단기간 내에 익히는 것이 급선무였다.

이 같은 시대적 분위기를 감지한 후쿠자와는 네덜란드 서적을 통해 포병술을 연구할 목적으로 난학의 길로 들어섰다. 그는 타고난 영민함과 근면성으로 5년 남짓 네덜란드어를 공부하여 그 방면에서는 알아주는 난학자가 되었다. 문벌도 변변찮고 재산도 없는 그로서는 난학으로서 인생의 승부를 걸겠다는 각오로 그야말로 절차탁마(切磋琢磨)의 노력을 기울였다.

26세의 후쿠자와는 가슴을 펴고 에도로 진출하여 막부의 외교기관에서 네덜란드어 통역으로서 성과를 높였다. 그러던 어느 날 요코하마 부두 구경에 나선 그는 참담한 경험을 하게 된다. 부두에 정박해 있는 영국과 미국의 선박 이름조차 전혀 읽을 수 없었던 것이다. 네덜란드어만 알면 서양의 모든 문리에 통할 수 있으려니 지레 짐작하였던 것이 잘못이었다. 그는 난학의 한계를 절감했다.

그때부터 후쿠자와는 혼자서 영어 공부에 몰두했다. 자신의 출세 수단

이라고 믿었던 네덜란
드어가 가을 부채와 같
이 무용지물이 될 세상
이 바로 코앞에 와 있다
는 절박한 심정으로 매
달렸다. 그는 아무런 망
설임 없이 난학을 버리
고 영학(英學)을 택했다.

운이 좋았는지 영학
으로 변신한 이듬해, 즉

1875년 출간된 후쿠자와의 3대 저작 중의 하나인 《문명론 개략》.

1860년에 그는 미국을 방문할 수 있었으며, 이어 1862년에는 미국을 비
롯 구미 6개 국을 돌아보았고 1867년 다시 미국에 건너갈 수 있었다. 후
쿠자와는 구미 방문길에 웹스터 영어사전을 비롯하여 정치, 경제, 사회,
군사, 물리, 화학 등 각 분야의 원서를 엄청난 규모로 구입해 왔다.

그는 영어 원서의 번역에 매달리면서 영학학교 운영에 의욕을 보였다.
이 영학학교가 오늘날의 일본 사립대학의 명문인 '경응의숙'으로 발전
하였다. 1862년 구미 여행의 견문록인 《서양 사정》은 후쿠자와 최초의
본격적인 저술로서 후쿠자와의 예상을 훨씬 뛰어넘는 전대미문의 베스
트셀러가 되었다. 20만 부 이상 팔려 후쿠자와로 하여금 저술가로서의
자신감을 갖게 해주었다.

지금도 저술만으로 살기는 용이하지 않은 것이 현실인데 100여 년 전
후쿠자와가 정부의 관직 유혹을 뿌리치고 저술가, 교육가의 길을 선택
할 수 있었던 것은 서양 사정에 대한 일반인의 높은 인기에 힘입은 바 큰

것이었다. 단 한 권의 저서로 그는 일약 문명의 교사로 우뚝 올라섰던 것이다.

1872년 간행된《학문의 권장》은 물경 340만 부나 팔렸다. 당시 인구가 3,500만이었으니 열 명 중 한 명이 이 책을 읽은 셈이다. 광기라고 할 수밖에 없다. 1875년에 저술한《문명론 개략》도 상당히 재미를 보았다.《서양 사정》,《학문의 권장》,《문명론 개략》은 후쿠자와의 3대 저술로 손꼽힌다.

후쿠자와는 이후 저서 및 역서를 100여 권이나 출판하여 일반인들을 계몽시키려고 혼신의 힘을 다 쏟는다. 그가 간행한 책자는 외교, 정치, 교육, 군사, 역사, 지리, 풍속, 제도 등 학문의 전 분야를 거의 다 망라한 것이다. 대단한 노력가임에는 틀림없다는 생각이 든다.

후쿠자와의 모든 저술 활동과 교육사업은 단 한 가지의 목표, 문명개화를 통한 일본의 국권 신장이었다. 청일전쟁 개전 3일 전인 1894년 7월 29일, 후쿠자와는〈시사신보〉논설을 통해 '청일 전쟁은 문명과 야만의 전쟁'이라고 규정하고 개전 이후에는 국론통일과 관민의 사기 진작을 위

일본 최고액권인 1만 엔짜리 지폐에 올라 있는 계몽사상가 후쿠자와 유키치의 초상.

해 군비 조달에 앞장섰다. 그는 일개 야인으로서 당시로서는 파격적인 금액인 1만 엔을 솔선해서 내놓았다. 1930년대 일본인 광산 노동자의 한 달 임금이 200엔 안팎에 불과했음을 기억한다면 엄청난 금액이 아닐 수 없다.

청일 전쟁에서 승리하자 후쿠자와는 일본이 그때까지의 고답적 인권론에서 벗어나 제국주의적 야망의 제일보를 내딛게 된 것을 무척이나 기뻐했다. 청일 전쟁의 결과를 관민 일체의 승리라고 높이 평가했다. 그러나 그것이 무모한 태평양 전쟁으로 치닫게 할 승리의 독주(毒酒)가 될 줄을 짐작이나 하고 1901년 눈을 감았을까?

수년 전 일본 정계의 막강한 실력자이자 킹 메이커로 일컬어지고 있는 오자와(小澤一郎)의 저서 《일본 개조계획》이 발간된 이래 70만 권이나 팔려 화제가 된 적이 있다. 그는 이 책자에서 일본이 아시아를 침략만 한 것이 아니라 후쿠자와의 조선 개혁과 같이 공생을 모색하기도 했다고 강변하고 있다.

이미 후쿠자와의 속셈에 대해서는 알려질 만큼 알려져 있는 마당에 자다가 봉창 두드리는 식의 오자와 식 역사인식에는 물론 수긍할 수 없다. "돼지를 도적질하고 뼈다귀를 준다."는 일본 속담의 의미를 오자와도 후쿠자와도 익히 알고 있었을 터이다.

후쿠자와는 갔다. 그러나 그의 초상화는 일본 최고액권인 만엔짜리 지폐에 올라 있다. 죽어서도 그는 후손들 덕택에 세계 여러 나라를 제집 드나들 듯 하고 있는 셈이다.

일본의 대외 정책과 구로다 중장

　1875년 12월, 강화도 앞바다에 일본 군함 운양호가 나타나자 조선 수비병이 이에 발포, 운양호 사건이 일어나게 되었다. 운양호는 이미 일본을 떠날 때에 조선과 어떤 일을 벌이도록 명령까지 받은 터라 결국 이 사건은 일본이 꾸민 각본에 따라 연출된 것과 다름없는 일이었다.

　일본은 이 사건을 구실로 구로다 기요타카(黑田淸隆, 1840~1900) 육군 중장을 특명 전권 대신으로 파견한 후 조선 측과 협상을 강요하여 한일 수호조약을 체결케 하였다. 흔히 이 조약을 병자수호조약 또는 강화도조약이라고도 한다. 당시 일본에게 있어 육군 중장이란 계급은 구로다를 포함하여 세 명밖에 없는 고위직이었다. 일본의 개국이 페리 제독에 의해 강요되었던 그 수법을 그대로 적용한 셈이다.

　구로다 육군 중장은 어떤 인물인가? 구로다는 1840년 10월 가고시마의 빈한한 가정에서 태어났다. 그는 포병으로 군에 입문하여 사쓰마 영국 전쟁에서 공을 세우는 등 타고난 무골이었다. 구로다가 군인으로서 출세하게 된 결정적 계기는, 명치 신정부와 구막부 간에 1년 반 동안에 걸쳐 계속되었던 하코다테 내란이었다. 에노모토가 북해도의 하코다테에 '에노모

토 공화국' 또는 '북해도 공화국'으로 불리는
정부를 조직하여 명치 신정부에 대항해 내란
을 일으켰을 때 구로다는 완벽한 진압을 하여
그 이름을 드높이게 된다. 구로다는 이 내란을
종식시킨 공으로 문벌도, 재산도 없는 초라한
가문 출신이라는 약점을 극복하고 일약 입지
전적인 출세의 길을 걷게 된다.

한일수호조약 체결의 주역이었던
구로다 기요타카(1840~1900)

　구로다는 하코다테 전쟁을 통해서 평생의
친구 에노모토를 얻은 것이 전쟁의 승리보다
더 귀중하다고 느꼈다. 이미 언급한 바와 같
이 에노모토는 최후의 일전을 각오하고 구로다에게 자신이 네덜란드 유
학 중에 얻은 《해상국제법》 서적을 보내면서 이는 일본에 한 권밖에 없는
귀중본이라고 했던 장본인이다.

　죽음을 앞둔 적장이 보내온 책의 가치를 알 리 없는 무관이지만 구로다
는 깊은 감동을 느끼고 적진에 술과 안주를 보내 에노모토의 충정에 경
의를 표하면서 새로운 일본 건설을 위해 같이 일할 것을 권유했다. 구로
다가 26세, 에노모토가 30세 되던 해의 기이하다고 할 수밖에 없는 인연
이었다.

　이심전심이었던가, 에노모토도 어찌된 영문인지 구로다에게 끌리게
되었다. 일본 무사의 전통에 따라 당연히 배를 가르고 죽어야 했던 에노
모토는 구로다가 이끄는 관군에게 항복하고 자신은 포로가 되어 옥에 갇
히는 수모를 당한다. 그때 에노모토가 자결했더라면 그는 미상불 막부 말
의 영웅으로 기록되었을 것이다. 에노모토는 공허한 영웅의 길보다는 살

아남은 자의 부끄러움을 평생 되새기게 되더라도 멸사봉공의 정신으로 국가에 봉사하는 삶의 길을 택했다. 일본인의 정서에는 안 맞을지 모르나 에노모토는 목숨을 건져 훌륭한 외교관의 길을 걷는 인물이 되었다. 우리 역사상의 인물과 굳이 비교해 보자면 신숙주와 유사했다고 할까?

구로다는 평소 존경하는 후쿠자와에게 에노모토의 구명 방법을 찾아 줄 것을 호소했다. 구로다는 머리를 박박 깎고 염주를 가슴에 길게 늘어뜨리고 졸개와 둘이서 거리를 쏘다니면서 에노모토의 구명 데모를 연일 계속하여 장안의 화제가 되었다. 구로다는 후쿠자와가 개발한 논리, 즉 남북전쟁에서 승리한 북군은 남군의 장군들을 다 석방하였는데 야만국 일본은 아직도 인재를 옥에 가두어 두고 있다고 비난하고 다녔다. 구로다의 집요한 구명운동으로 에노모토는 마침내 석방되어 구로다 밑에서 일하게 되었다. 이때부터 구로다의 인생은 곧 에노모토의 인생이었다.

구로다는 후에 농업상, 체신상을 지내고 1888년에는 국무총리로까지 발탁되지만 그에 대한 평가는 별로 두드러진 것이 없다. 아마도 그것은 구로다의 고향 선배인 사이고 타카모리(西鄕隆盛, 1827~77)와 오쿠보 토시미치(大久保利通, 1830~78)의 그늘에 치여 제대로 빛을 못 본 탓도 있지만 그보다는 그의 성격에 문제가 있었다고 본다. 구로다는 한마디로 도무지 종잡을 수 없는 무골로서 성격이 격하고 타고난 술꾼이었다.

구로다는 29세 되던 해에 10여 년 연하의 신부를 맞아들여 자식 둘을 얻었으나 일찍이 잃어버렸다. 또한 섬섬약질인 부인이 결핵으로 늘 골골하여 집안은 냉기가 감돌 뿐이었다. 가정의 행복과는 거리가 먼 나날이었다. 어느 날 대취한 구로다가 거들먹거리며 "문 열어라."하고 호통을 쳤는데 그의 아내가 약간 지체를 했던 모양이다. 술에 만취한 상태에서 격분한 구로다는 차고 있던 칼로 병약한 아내를 내리쳐 죽게 한 것으로 전해지고 있다. 당시 부인의 나이 23세의 묘령이었다. 처가에서는 구로다의 지위에 눌려 아무 소리도 못했지만 항간의 소문은 좀처럼 가라앉을 줄 몰라 이토(伊藤博文)는 법에 따라 처벌할 것을 주장하고 나섰다. 구로다가 공직에서 사표를 내고 칩거에 들어가자 오쿠보 내무상과 후쿠자와는 구로다가 그렇게 무자비한 인간이 아니라고 변호하기에 급급하였다. 결국 부인의 묘를 파헤쳐 검시하는 선에서 사건은 유야무야 끝나고 말았다.

구로다는 일생 동안 북해도 개발과 러시아와 조선에 대한 문제에 남다른 관심을 쏟았다. 그는 군인이면서도 문관이었다. 삭풍이 몰아치는 사할린과 북해도가 그의 거친 성격에 맞았던 것 같다.

구로다는 화태(사할린) 개발 책임 차관으로서 사할린에 직접 건너가

북해도의 광산 개발과 삿보로 도시 건설의 요람이었던 북해도 개척사 본청사 건물이 아직도 남아 있다.

그곳의 실정을 파악하기도 하였다. 장관은 아직 임명 전이었던 관계로 구로다가 사실상 사할린 개발의 총책임자였다. 구로다는 당시 일본 주재 파크스 공사의 충고로 러시아를 자극하는 사할린 개발을 포기하고 일본 북해도와 지리적으로 가까운 치시마 열도와 북해도 개발이 상책이라는 생각을 갖게 되었다. 구로다는 차관직을 맡으면서 자신의 봉급 절반을 개발비로 헌납하는 등 북방 개척의 기린아로서 조야의 관심을 끌었다.

사할린 개발 차관이라는 직함 다음에, 구로다는 북해도 개발장관으로 임명되었다. 그는 북해도의 본격적인 개발에 앞서 에노모토를 그의 참모로 기용했으며 부관 니시 토쿠지로(西德二郞, 1847~1912)를 러시아에 유학시켰다. 니시는 후에 러시아 주재 특명 전권 공사로 활약했으며 1890년대 말에는 외상으로 취임하게 되었다. 에노모토는 후에 러시아 공사, 체신상, 외상으로 기용되었다. 이들은 구로다가 발굴한 인물이었다. 이런 점에서 보면 구로다는 포악한 술꾼만은 아니고 제법 사람의 됨됨이를 알아볼 줄 아는 위인이었나 보다.

그는 미국 방문 중에 북해도 개발을 위해 호라스 캐프론 현직 농무성 국장을 고문역으로 초청해 왔다. 캐프론은 3년 10개월간 일본에 머무는 동안 북해도의 광산 개발과 삿포로 도시 건설에 많은 공적을 남겼다. 구로다는 1874년에 에노모토가 해군 중장 겸 주 러시아 공사로 등용되는 데 한몫을 했으며 에노모토로 하여금 사할린 치시마 교환 조약을 체결케 하였다. 이 조약의 체결로 러일 양국 간의 영토 현안 문제는 해결되어 사할린은 제정 러시아에, 치시마로 불리는 쿠릴 열도는 일본에 각각 귀속되었다.

구로다의 조선 문제에 대한 의욕은 대단했다. 단순한 그의 성격은 복잡하게 생각하지 않고 밀어붙이는 식이었다. 그러나 그는 군인으로서의 한계를 스스로 인정하여 어떤 문제에 대해 단안을 내리기에 앞서 후쿠자와와 파크스 영국 공사 같은 지식인들과 충분히 상담하였다. 사할린을 포기한 구로다의 내심은 조선에 대한 개국 과정에서 일본의 배후를 위협할 수 있는 세력인 러시아에 대해 사전 정지작업을 한다는 포석이었는지도 모르겠다.

1875년 5월 화태 치시마 조약으로 러일 간에 분쟁의 소지를 당분간 잠재우고 같은 해 12월, 앞에서 언급한 운양호 사건이 발생했던 시간적 배열이 이를 시사해 주고 있다.

구로다는 임오군란과 갑신정변이 일어났을 때에도 조선 파견 일본 측 전권대표를 간절히 원했지만 뜻을 이루지 못했다. 강화도조약을 체결한 경험을 되살리고 싶었지만 주위에서는 예측 불가능한 그의 성격이 오히려 외교적 타결에 장애가 될 것으로 판단하였던 것이다.

구로다는 60세 되던 1900년에 동경 아오야마 묘지에 묻혔다. 장례 위원장은 그를 은인 겸 친구로 떠받들었던 에노모토였다. 구로다는 향리의 선배인 사이고와 오쿠보에게 깊은 감화를 받고 이들의 뜻을 실현시키기 위하여 평생을 보냈던 일본의 '지킬 박사'라는 평가도 있다.

오쓰 사건과 일본인들의 정서

1891년 5월 11일. 5월이라고는 하지만 햇살이 제법 여름을 방불케 하는 무더운 날씨였다. 연도에는 남녀노소 인파가 모처럼의 구경거리에 들떠 정신들이 나가 있었다. 러시아의 니콜라이 황태자 일행이 막 시가현(교토 부근)의 현청을 벗어나고 있었기 때문이다.

세계 제일의 육군을 자랑하는 대국, 세계 육지의 6분의 1을 차지하고 있는 러시아 황태자가 시베리아 철도 기공식에 참석하는 기회를 이용하여 일본을 방문하였다. 200년간의 쇄국의 빗장을 푼 일본에, 종래의 서양 오랑캐 배척 기운이 급변하여 서양에 대한 숭앙심과 두려움으로 변하였던 무렵이라 러시아 황태자의 방문은 사건 중의 사건이었다.

그때, 호기심과 불안감이 어린 시선을 보내고 있던 그들 앞에 경천동지할 일이 벌어졌다. 경호를 위해 차출된 쓰다 산조(津田三藏, 당시 22세) 순사가 니콜라이에게 접근하는가 싶더니 돌연 칼집에서 일본도를 빼내어 니콜라이의 머리를 향해 사정없이 내리쳤다. 불행 중 다행히 그 칼날은 모자 테두리를 가르고 황태자의 후두부를 스쳤을 뿐이었다. 길이 9cm의 상처가 났다. 가벼운 찰과상이었다. 오쓰 지방에서 발생한 일이라고 해서 흔히들 '오쓰 사건'이라고 한다.

쓰다는 현장에서 체포되었지만 일본 조야는 러시아에 대한 공포로 비상이 걸렸다. 메이지 천황 주재로 어전회의가 열렸지만 용빼는 재주가 있을 리 없는 대신들은 황공하여 몸둘 바를 몰랐다. 천황은 우리에게도 익숙한 표현인 '통석(痛惜)의 염(念)'을 표하고 폭행자를 시급히 처벌하여 양국 간 우의가 손상되는 일이 없도록 하겠다는 칙서를 발표했다.

내무장관은 이 사건에 관한 보도지침을 발표했다. 명치 시대 제일의 공신을 자부하는 이토는 계엄령을 선포하고 당장 흉도를 처치하는 길만이 러시아와의 개전을 회피하는 방안이라고 했다. 그야말로 온 나라가 벌집을 쑤셔 놓은 형국이었다.

시가 현 직원 일동, 군내 각 국민학교 학생들과 중·고등학교 여학생들은 위문 편지와 위문품을 요양 중인 니콜라이에게 산더미처럼 보냈다. 승려들은 쾌차 불공을 드리고 외국어 실력으로 이름을 날리던 게이오 대학 학생대표들은 니콜라이가 직접 읽을 수 있도록 프랑스어로 간곡한 위문 편지를 보냈다. 제정 러시아 시대에는 황실을 비롯한 귀족들은 프랑스어로 편지를 교환하고 중요 외교문서도 프랑스어로 작성할 정도로 프랑스어가 상류사회에 일반화되어 있었던 것이다.

전국 방방곡곡으로부터 쇄도하는 위문 전보가 1만여 통을 넘어 밤을 새워 번역하였지만 손이 모자랐다. 뜨거운 성의를 보이면 곰 같은 러시아 황제의 마음도 흰죽 풀어지듯 풀려 초미의 국가적 위기를 넘길 수 있을 것이라는 계산이었다. 야마카타 현의 어느 지방 의회에서는 사건 발생 이틀 후에 긴급 회의를 소집하여 범인인 쓰다 산조의 성 '쓰다'를 가진 주민들은 성을 바꾸고 '산조'라는 이름은 앞으로 신생아들에게는 일체 쓰지 않기로 결의했다.

지금 생각하면 한 편의 코미디 같지만 당시 그들의 호들갑은 애국 충정의 발로였다. 유코라는 아낙네는 러시아 황제에게 사죄를 구하는 유서를 남기고 자살하여 하루아침에 열녀가 되었으며 장례식에는 수많은 조문객이 밀어닥쳤다.

천황 내외는 니콜라이 황태자의 부친인 알렉산더 3세 부처에게 지극한 마음으로 위로의 전문을 보내어 용서를 구하였으며 명치 천황 자신이 사건 발생 이튿날 서둘러 교토까지 문병을 갔다. 저녁 10시경 도착한 천황은 시간이 늦었지만 바로 니콜라이 황태자를 문병하고자 했으나 니콜라이가 번거로움을 핑계로 사양했다.

메이지 천황은 교토에서 다시 어전회의를 주재하여 사후 수습책을 논의하였다. 이에 앞서 열린 각의에서 아리스가와 황족을 대표로 하고 러시아 공사를 역임한 바 있는 에노모토를 수행원으로 하는 진사 사절을 러시아에 파견키로 결정했다. 어전회의에서 이를 확인하고 러시아 측에 사절 파견을 제의했다.

러시아 알렉산더 3세는 일본 천황을 비롯한 전 국민의 성의 있는 태도에 깊은 감명을 받고 오히려 황태자의 부상으로 일본을 새롭게 보게 되었다고 하면서 사절 접수를 사양하였다. 일본의 깜박 죽는시늉에 러시아는 감동하여 대국적인 아량심을 보이는 데 인색하지 않았다. 마음에 없는 염불에 돌부처 같은 러시아인의 불심이 자비로 돌아선 셈이다.

사건 8일 만인 5월 19일, 니콜라이 황태자는 나머지 일정을 취소하고 블라디보스톡을 향해 떠났다. 니콜라이가 붕대를 감은 채로 시베리아 철도 기공식에 나타나자 모든 러시아인들은 경악을 금치 못했다. 그러잖아도 미신과 소문이 판치는 러시아에서 붕대를 감은 황태자의 기공식 참석은 불길한 징조로 모든 이의 가슴에 짙은 그림자를 드리웠다.

훗날 1896년 5월, 니콜라이 2세가 즉위하던 날에는 2천여 명이 압사하는 참변이 일어나게 된다. 또 결혼한 지 10년 만에 얻은 아들은 혈우병 환자였다. 그리고 결국에는 1917년 사회주의 혁명이 일어난 이듬해에 일가 모두가 노동자와 농민의 이름으로 시베리아에서 처형되고 말았으니 불길한 조짐은 단순히 조짐만으로 끝나지 않았던 것이다.

일본을 방문한 러시아 황태자 니콜라이 2세의 초상.

한편 범인 쓰다는 재판 과정에서 니콜라이가 일본 땅에 도착하면 우선 천황을 예방해야 하는데도 무례하게 유람이나 하면서 시간을 보내는 것에 모멸감을 느꼈다고 횡설수설했다. 또한 그는 니콜라이가 관광을 핑계로 일본 정탐에 나서고 있어서 죽이기로 결심했다고 강변하였다. 러시아 알렉산더 3세의 관대

황태자 니콜라이 2세를 테러한 쓰다 산조(津田三藏) 순사.

한 태도에 한숨 돌린 일본의 여론은 러시아와의 사단을 피했다는 자만감에서인지 범인 쓰다에 대한 공정한 재판을 요구하는 주장이 드높아졌다.

쓰다는 국가를 위해 살신성인의 정신을 발휘한 우국지사라는 분위기가 팽배해 갔다. 줄수록 양양이라더니 각지에서 쓰다가 단순한 살인 미수범이 아니라 열사라는 목소리가 급속히 퍼져 나갔다. 일본 국민성의

일단을 그야말로 극명하게 보여 주는 일이었다.

니콜라이의 방일에 앞서 주일 러시아 드미트리 공사는 아오키 슈조(青木周藏) 외상을 방문하여 특별 경호를 요구했었다. 이에 아오키 외상은 만약의 변이 일어날 경우에는 일본 형법 제116조를 적용하여 일본 황태자에 대한 위해범과 동일하게 다루겠다고 다짐했다. 또한 사건 직후 아오키 외상은 드미트리 공사에게 러시아 측이 먼저 쓰다에 대한 사형 요구를 해줄 것을 은근히 요청하기도 했다. 일본 정부로서는 러시아 측의 요청을 빙자하여 쓰다에게 형법 제116조를 적용, 극형에 처하여 사건을 조속히 마무리 지으려는 술책이었던 것이다.

당시 고지마 이켄(兒島惟謙) 대심원장은 형법 제116조를 외국의 황태자 위해범에게 적용하는 것은 무리라며 일반적인 살인 미수범으로 다루어 무기형에 처하도록 했다. 5월 29일 이와 같은 언도에 대해 재판소 방청석을 꽉 메운 사람들이 '제국 만세', '나라 만세'를 절규하자 재판소 밖에 군집해 있던 무리들도 덩달아 '일본 만세'를 외쳐 댔다.

고지마 대심원장은 개선장군이 되었다. 그에 대해서는 사법권의 독립을 지켜 낸 '법의 귀신'으로 오늘날까지 칭송이 대단하다. 사슴을 쫓는 자는 산을 못 보게 마련이다. 이 판결 후에 외무, 내무장관은 책임을 지고 물러났다.

일본 정부는 러시아의 반응에 다시 조마조마해야 했다. 일본 측으로부터 재판 결과를 통보받은 러시아는 처음엔 아연한 태도를 보였으나 일본 측 결정에 별다른 이의를 달지는 않았다. 다만 알렉산더 3세는 일단 일본 측이 쓰다에게 사형을 선고한 후 러시아 측의 감형 요청을 받아들이는 모양새를 갖추어 무기 정도로 했으면 좋았을 것이라는 차분한 반응을 보였다.

쓰다는 복역 중, 사건이 일어난 지 4개월 반이 지난 9월 29일 병사했다고 한다. 독살 또는 병사라는 설이 엇갈리고 있다. 이 사건으로 책임을 지고 물러난 아오키 외상 후임에는 전술한 바 있는 에노모토가 임명되었다.

쓰다 판결은 사법권의 독립과 근대 법치 국가의 실현을 외국에 과시한 판례라는 평가가 있다. 그러나 일본 황족에 준하여 범인을 처리하겠다는, 사건발생 전의 국제적 약속을 저버린 일본의 처사는 러일 간에 깊은 불신의 골을 판 결과가 되었다. 러시아 황태자 살인 미수범에 대해 적용할 국내 법규가 없으면 국제적 합의가 우선적으로 적용되었어야 했다는 지적이 지금도 나오고 있지만 죽은 자식 나이 세기일 뿐이다.

1941년 4월, 일소 중립조약이 성립되었을 때 소련은 일본에 대해 전쟁 종결을 위한 조정자적 역할을 할 수 있는 입장이었다. 그러나 결국 스탈린은 일소 중립조약을 파기하고 1945년 8월 7일, 일본에 선전 포고를 하고 북방 도서를 무력으로 점령했다. 오쓰 사건 발생 반세기가 지난 시점의 일이었다. 스탈린이 오쓰 사건에 극명하게 드러난 일본 국민성의 일단을 꿰뚫어 보았는지는 알 수 없으나 북방 영토 문제는 현재 러일 간의 최대의 현안으로 남아 있다.

역사가 보여 주는 대로 국제정치에서 은혜라는 것은 존재할 여지가 없는지도 모르겠다. 은혜를 베풀었다는 의식은 있겠지만 그것에 대해 상대가 감사하기를 기대하는 마음은 그야말로 순진한 생각일 것이다. 특히 한일 관계에서의 시혜는, 날이 갠 후 우산을 쉽게 잊듯이 오래잖아 잊혀지고 말았다.

외교의 귀재, 하나부사

근대 한일 외교사 관련 자료를 볼 때마다 대조선 외교 교섭에 나섰던 일본 측 대표들이 하나같이 상당한 서구적 지식과 경험을 갖춘 인물들이 었다는 점에 대해 경탄케 된다. 그들에게는 국가의 운명에 직결되는 중요한 일을 한다는 자부심과 신생 일본국에 대한 충성심이 부러울 정도로 강했다.

여기에서 거론하고자 하는 하나부사 요시모토(花房義質, 1842~1917)도 바로 그러한 외교관이었다. 중국이 아편 전쟁으로 시달리고 있던 1842년에 태어난 하나부사는 당시 일본의 저명한 유학자 사쿠마 쇼잔(佐久間象山, 1811~1864) 문하에서 유학을 사사했다. 서양 세력이 기세 좋게 밀려오는 당시의 사회적 변화에 따라 그는 서양 학문의 대명사였던 난학으로 전환했다.

그 후 하나부사는 20대 중반에 구미에서 유학한 후 외무성에 채용되어 30대 초반에 러시아 공사관 3등 서기관으로 근무하게 되었다. 당시 러시아 주재 일본 특명 전권 공사는 앞에서 서술한 바 있는 에노모토였다. 국제 정세 특히 러시아와 조선 문제에 비상한 관심을 갖고 있던 에노모토와의 만남은 하나부사로 하여금 일본 외교관 중 제일의 조선통의 길을 걷게 한 결정적 인연이었다.

조선은 1876년 강화도 사건을 계기로 서양식의 법 논리와 대포로 무장한 신흥 일본에 의해 강제적으로 개국되었지만 일본과의 관계를 임진왜란 이후의 국교 수복과 같은 정도로 생각하였을 뿐이다.

막부 말의 난학자 사쿠마 쇼잔
(佐久間象山, 1811~1864)

'자주 독립국'임을 규정한 강화도조약을 체결한 후에도 조선은 종전과 다름없이 청국을 상국(上國)으로 칭하는 외교 문서를 거리낌없이 일본에 보내곤 하였다. 이와 같은 조선의 태도에 일본은 놀라움을 금치 못한다고 항의하면서 상국 운운하는 식의 공문서를 되돌려 보낸 적도 있었다. 그럼에도 불구하고 조선의 외무 당국은 변함없이 청국을 상국으로 받들고 중요 외교적 결정에 대해서는 가르침을 요청하기도 했다.

이런 상황하에서 조선의 강화도 조약 이행은 아예 기대할 수 없었다. 조약 내용에 외교 사절의 교환과 외교 사절의 수도 상주가 명문화되어 있었지만, 조선 측은 일본 외교관이 왕궁이 있는 서울에 수년씩 머문다는 것은 생각할 수도 없다고 버텼다.

조선은 공사의 직분을 에도 시대의 사절과 같이 경축과 조의에 국한시켰으며, 공사의 수도 거주는 애당초 고려하지도 않았다. 심지어는 육로로 서울에 오는 것조차 받아들이지 않겠다는 완강한 태도를 보여 교섭은 난항을 면치 못했다.

조선 측이 공사를 에도 시대의 사신으로 간주하게 된 배경은 국제법에 대한 이해 부족에도 원인이 있었겠지만 조약 정본에 사신으로 명기되어 있었던 것도 한 요인이었을 것으로 생각된다. 즉, 문건상으로는 사신과 에도 시대의 국사(國使)를 구별하기가 매우 어려웠다. 사신이라는 말은 조선의 외무 당국자에게 종래의 한일 간 외교 패턴을 회상시키기에 충분했다.

사절의 수도 상주 문제를 둘러싸고 발생한 한일 간의 외교적 현안을 타결하기 위해서 에노모토 공사는 하나부사를 조선에 파견할 것을 건의하였다. 하나부사와 조선과의 인연은 1870년 청일조약 체결 교섭을 위해 청국에 파견된 사절의 일원으로 참가함으로써 시작되었다. 또한 1872년 조선에 와서 무역 교섭을 한 적이 있어, 일본 측에서 볼 때 하나부사는 여러 가지 면에서 근대 한일 외교의 적임자로 생각되었을 터였다.

에노모토 공사의 추천으로 하나부사는 1877년 가을, 대리 공사의 자격으로 서울에 부임하였다. 1877년 12월, 하나부사는 공사의 서울 상주를 조선 측에 납득시키기 위하여 당시 조선 외교를 관장하고 있던 조영하 예조판서를 면담하는 기회에 공사의 직무 및 대우에 관한 서구 국제법의 규정을 예로 들어 가면서 상세히 설명했다.

그러나 조선 측에서는 고려해 볼 가치도 없는 얘기라고 일축해 버렸다. 하나부사는 조영하 대신에게 일본에서 한동안 지식인의 필독서로 성가를 날리던 한역본 《만국공법》을 기증하면서 앞으로의 외교 교섭에 참고하도록 하였다. 하지만 유감스럽게도 조영하는 그런 것에는 무관심했다. 중국과 일본에서는 근대 국제법의 고전으로 평가받았던 《만국공법》을 자신이 참고했다는 기록도 없고, 이를 보다 체계적으로 연구시킨 흔적도 없다.

하나부사의 근대 국제법 원리에 대한 설교는 해리스 초대 주일 미국 총영사가 막부의 지도자들에게 사절의 파견 및 특권에 관해 설명하고 이들을 설득시켜 미일 통상조약을 체결하던 술책과 동일한 수법이었다. 근대 일본 외교는 미국과의 수교 당시 자신들이 당한 수모를 거의 그대로 상대국에 되돌려 주는 형태였다.

일본 제일의 조선통 외교관으로 알려진
하나부사 요시모토(花房義質, 1842~1917)

근대 한일 관계에서 조선이 가장 끈질기게 저항했던 외교 사안은 바로 사절의 수도 상주권이었다. 일본 사신들의 빈번한 한양 출입 다음에는 으레 살육과 도굴로 이어졌던 과거의 쓰라린 기억, 특히 임진왜란의 상처 때문에 일본인은 고하를 막론하고 궁성 가까이 머물게 해서는 안 된다고 생각했던 것이다.

일본 공사의 서울 상주는 결국 1880년 12월, 변리 공사로 승진한 하나부사가 고종을 알현한 것을 계기로 묵인되고 말았으며, 공사의 직무 또한 국가의 경축, 조문 이외에 통상 업무에도 관여한다는 관행이 암묵적으로 승인되었다.

조선 정부가 사절의 수도 주재를 슬그머니 인정했던 까닭은 하나부사의 설명을 납득해서도 아니었고, 하나부사가 기증한 《만국공법》을 숙독하고 이해한 결과는 더욱 아니었다. 조선은 야만적인 일본 사람을 대인다운 태도로서 대우함으로써 난폭성을 순치시킨다는 생각이었다. 잠시 머물게 한 다음 가급적 조속히 돌아가도록 함으로써 문제를 일으키지 않는 것이 득책이라는 판단이었다.

하나부사는 1876년 가을에 부임한 이래 약 6년간 서울에 근무하는 동안 외교적 수완을 발휘하여 원산과 인천을 개항시켰고 임오군란 발발 후에는 제물포조약을 성사시켜 공사관 보호라는 명목으로 일본 군대의 주둔권까지 확보했다.

일본 정부는 하나부사의 조선에서의 외교적 활동을 높이 평가하여 거금의 상금과 함께 훈장을 수여하고 1883년에는 제3대 주러시아 특명 전권 공사로 발탁하였다. 그는 또 러시아로부터 귀국한 후에는 농업, 상업 차관, 추밀원 고문관, 일본 적십자사 총재를 지내게 된다.

결론적으로 말해 하나부사는 어려운 개국 초기의 외교 현안을 성공적으로 마무리 지었다 하겠다. 이와 같은 성공은 그가 서구 외교와 국제법에 대한 지식을 겸비하고 있었던 때문이기도 하였지만, 무엇보다 국가에 봉사한다는 명치 초기 멸사봉공의 의식이 큰 역할을 한 것으로 생각된다. 그때나 지금이나 외교관에게 요구되는 제일의 덕목은 국가에 대한 충성심이라는 생각이 새삼 든다.

역대 수상의 스승, 야스오카

　한 사회나 국가가 제대로 뻗어 나가고 올바른 방향으로 나아가기 위해서는 예나 지금이나 사심을 버리고 국가의 장래를 깊이 생각하고 방향을 제시해 주는 나침반과 같은 인물이 필요하다. 자기를 내세우지 않으며 입신출세에는 애당초 뜻이 없고 더 큰 대의명분, 국가를 위해 고민하고 서릿발 같은 충고를 통치권자에게 할 줄 아는 용기와 경륜을 지닌 어른이 필요하다.

　《씨을의 소리》로 우리에게 널리 알려진 함석헌 옹이 그러한 범주에 속하는 분이라는 생각이 든다. 함옹은 서슬이 시퍼런 5·16 군사혁명 지도자들에게 까마귀가 백로가 될 리 없다고 일갈하여 민정 복귀에 의한 자유민주주의 수호를 주장했다. 민족의 장래를 진실로 염려하고 우리 사회가 고난에 처해 있을 때 민족의 힘을 단합시켜 온 그분의 양심과 지성의 소리는 오래도록 기억되리라고 본다.

　가톨릭에 개종하기 전부터 김수환 추기경의 강론에서 무게를 느끼곤 했다. 그분의 말씀은 좁은 시야로 어느 누구의 이익을 편드는 것이 아니라 그야말로 사심 없이 공의로운 입장에서 말씀을 해주기 때문에 믿고 따르고 싶다. 이런 분이 많으면 많을수록 국가의 장래는 밝은 것이다.

함석헌 옹이나 김수환 추기경의 구도자적 정신 세계와는 그 궤를 달리하지만 일본에도 늘 국익을 먼저 생각하면서 조국 일본을 종교처럼 받들며 벼슬도 마다한 경세가가 있었다.

국가주의 운동가로 인생을 마감한 야스오카 마사히로(安岡正篤, 1898~1983)가 그런 인물이다. 도쿄 대학 재학 시절부터 논어 연구로 이름을 날렸던 야스오카는 졸업 후 유신 일본의 건설을 강령으로 하는 단체를 조직하였다. 1931년 만주 사변 후에는 군부와 연결되어 혁신을 주창함으로써 파시스트 체제 구축을 내걸었던 신관료들에게 정신적으로 큰 영향을 끼쳤다.

군국주의자로서 그는 국가 개혁운동을 추진하기도 하였으며 1938년에는 육군과 외무성의 후원으로 중국에 건너가 신동아(新東亞) 건설이라는 일본의 야욕을 그럴 듯하게 선전하기도 했다. 패전 후에는 양명학의 대가로서 저술 활동에 전념하면서 반공 이론가들의 정신적 지주가 되기도 했다.

야스오카는 정치 권력에는 관심이 없었지만 역대 수상의 스승으로서 사심 없는 상담역을 훌륭히 해냈다. 그는 역대 수상들에게 사물을 장기적인 안목으로 넓게 보되 지엽말단적인 것보다는 핵심을 보도록 끊임없이 충언해 왔고, 정치는 인사가 만사라고 가르쳐 왔다. 수상들은 야스오카의 가르침을 계율처럼 받들어 실행에 옮기기 위해 성의를 다했다. 일개 양명학자가 국사(國師) 노릇을 한 셈이고 넓은 의미에서는 일본이라는 배의 나침반 구실을 했던 것이다.

전후에 7년 2개월 동안 수상을 지낸 요시다 시게루(吉田茂)는 20세 연

하의 야스오카를 노사(老師)라고 부르면서 경
의를 표하고 그의 충고에 귀를 기울였다. 자
민당 본류의 최대 파벌로서 4명의 수상을 배
출한 '굉지회(宏池會)' 이름을 야스오카가 작
명한 것은 널리 알려진 이야기이다. 미국 방
문을 앞둔 나카소네 수상에게 가슴을 펴고 당
당한 자세로 레이건 대통령과의 회담에 임하
라는 충고를 하기도 했다.

국가주의 운동가로 생을 마감한
야스오카 마사히로(1898~1983)

한편 야스오카는 박정희 집권 초기에 서울
을 방문하여 박 대통령과 면담한 것으로 전해
지고 있는데, 과연 무엇을 훈수하고 갔는지 사뭇 궁금하다. 인사가 만사
라는 용인술을 설파했을까.

야스오카가 국수주의자라는 사실은 부정할 수 없다. 그러나 나는 이
자리에서 그 점을 논하고 싶지는 않다. 나라를 위해 평생을 일관한 야인
적 기질의 경세가를 주목하고 싶을 뿐이다. 야스오카는 인간의 덕성을
늘 중요하게 생각했다. 그는 민중의 의식개혁과 교육을 위해 전 생애를
바쳤다. 그런데 교육은 백년지계의 대비가 있어야 하는 것으로 보고 우
선 정치 지도자의 의식개혁이 무엇보다 급선무라고 생각했다. 그래서 그
는 인간학과 제왕학에 특별한 관심을 쏟으며 정치가들에게 끊임없이 충
고해 왔다.

흔히들 야스오카를 인간학의 대가라고 부른다. 그의 인간 관계의 중심
은 결국 인연을 중요시하라는 화두로 압축된다. 일생에 한 번 만난다는
마음가짐으로 최선을 다해 인연을 중요시해야 한다고 가르치고 있다. 일

본 사람들은 신앙심도 별로 없으면서도 툭하면 도(道)자를 붙이기를 좋아한다. 차를 마시는 것을 다도(茶道), 칼싸움 연습을 검도, 내팽개치는 것(?)을 유도라고 하는 등등.

에도 시대의 그림을 보면 한 평 정도의 좁은 공간에서 단둘이 앉아 정원 풍경을 음미하면서 차를 마시는 모습을 많이 볼 수 있다. 이는 아마도 광활한 우주 가운데서 당신과 나, 이렇게 단둘이 만나 차를 마실 수 있는 이승의 이 순간은 억겁의 인연에 연유하고 있음을, 결코 우연이 아님을 나타내는 일종의 의식이라 하겠다. 사람과의 인연을 도 닦듯이 키워 나간다고나 할까.

야스오카는 인생만사가 인연에서 비롯된다고 입버릇처럼 말하곤 했다. 그는, 그릇이 작은 사람은 우연히 만난 인연에 무심하고, 범인은 맺어진 인연에 신경을 쓰지만 이를 키우지 못하고, 비범한 인물은 소매끝만 스쳐도 그 인연을 소중히 여겨 키워 나간다고 하였다.

일본 현대 정치를 들여다보면 야스오카의 설교는 수상을 지망하는 정치가에게 인맥을 만들어 가는 평범한 진리를 깨우쳐 주기 위한 것이라는 느낌도 들지만, 그런 정치적 욕심과 상관없이 인간 관계를 성공적으로 하는 데 참고할 만하다고 본다.

1974년이었던가, 록히드 사건으로 다나카 수상이 당황하여 어쩔 줄 모르고 있을 때 야스오카는 "당장 도쿄 사저를 버리고 어딘가 은거하라, 당장 정치에서 손을 떼라."고 명쾌하게 일갈했다. 일본을 생각하는 사심없는 경세가의 말을 듣지 않을 수 없었다.

야스오카가 역대 수상의 큰 스승으로서 대접을 받을 수 있었던 것은, 높은 식견과 경륜 그리고 권력과 이재에 무심하고 오로지 나라의 이익만을 생각하며 곡학아세하지 않은 그의 삶의 철학이 높이 평가되었기 때문이기도 하지만, 한편으로는 야스오카와 같은 인물을 마치 값진 진주처럼 대우하는 집권층의 견식과 겸허한 자세에 힘입은 바 크다.

우리 한국의 정신적 지주는 어디 있는가? 야스오카가 숨을 거두자 그에 관한 연구회가 우후죽순처럼 생겨나고, 저서가 날개 돋친 듯이 팔리는 것을 부러움 속에 지켜보았던 국외자로서 진정한 야인의 출현을 기다리는 마음 간절하다.

현대 일본 정치의 대부, 요시다 시게루

우리에게는 일본 사람들은 개성이 없다는 편견이 있다. 하지만 그럴 리가 있겠는가. 1억이 넘는 일본인 가운데는 별별 사람들이 다 있다. 요시다 시게루(吉田茂, 1878~1967), 전후 7년 2개월간 총리를 역임한 그가 바로 색깔 있는 일본인의 대표격 인물이다.

요시다는 1878년 경부선 철도 사장을 지낸 다케우치의 5남으로 태어났으나 출생 11일 만에 생부의 친구인 요시다 겐조 집안으로 입양되었다. 요시다 집안에 입양된 인연이 핏덩어리의 운명을 완전히 뒤바꾸어 놓았다. 요시다가 태어나기 전부터 친구 간에는 사내 아이일 경우 넘겨주기로 약조가 되어 있었던 것이다. 요시다 겐조 또한 부유한 상인이었다.

덕분에 요시다 시게루는 생부와 양부로부터 경제를 중시하고 사물을 현실적으로 바라보는 상인적 감각을 몸에 익혔다. 현실주의야말로 요시다 시게루의 전 생애에 걸친 변함없는 생활철학이었다.

철부지 요시다 시게루는 11세의 나이에 갑자기 엄청난 부를 상속하게 된다. 그의 양부가 40세 한창 나이에 50억 엔 이상의 재산을 남기고 타계했기 때문이다. 결국 요시다는 그 덕분에 89년의 생애 동안 한껏 돈을 쓰면서 할 말 다하고 할 짓 다했다. 돈 많은 도련님으로 성장한 그는 자연히 귀족적인 취향에 젖어들 수밖에 없었다. 양복은 영국 유명 양복점의 주문복만 걸쳤다.

요시다는 양모 밑에서 평범한 소년 시절을 보냈고 도쿄 대학을 졸업한 후에 1906년 외교관 시험에 합격하였다. 11명의 합격자 중 7등이었다. 시험 동기생 중 수석을 한 히로타 코키(廣田弘毅, 1878~1948)는 요시다와 동갑이었으나 일찍부터 요시다를 저만큼 앞서 갔다. 히로타는 외무장관과 수상을 역임했

중국 천진 주재 일본 총영사 시절의
요시다 시게루(吉田茂, 1878~1967)

으나 패전 후에는 민간인의 신분으로 유일하게 A급 전범으로 처형되고 말았다. 이에 비해 요시다는 패전 후부터 그의 진면목이 드러나게 되었으니 인간 만사는 역시 '새옹지마'인가 보다.

요시다가 외교관 시험에 합격하자 그의 생부는 선물로 일본의 명도(名刀)를 하나 보내며 공직에 있으면 뇌물 유혹을 많이 받게 될 터이니 그 칼로 유혹을 끊어 버리라고 충고했다. 그 아버지에 그 아들이다. 요시다는 외무성에 백마를 타고 출근하여 화제를 불러일으켰다. 도무지 다른 사람의 평판에는 관심이 없고 자기 편한 대로 행동하는 자유인이었다.

상식을 벗어난 기행은 부지기수이다. 그는 해외 첫 근무를 봉천 총영

사관에서 하게 되었다. 그곳 총영사는 생부의 죽마고우였으나 요시다는
3년 내내 그 사실을 입에 올리지 않았다. 한술 더 떠서 부임 시 가져온 생
부의 소개 편지를 이임하던 날 총영사에게 전했을 정도라고 한다. 일본
풍의 옷차림으로 총영사관에 출근한 일화도 널리 알려져 있다.

봉천 총영사로 근무하던 어느 날, 본국에서 온 국회의원이 총영사를 찾
아왔다. 요시다는 그를 따돌릴 속셈으로 '총영사는 외출 중'이라고 했다.
미심쩍은 표정으로 그 국회의원이 정말이냐고 다그치자, 요시다는 정색
을 하며 총영사 본인이 없다고 하는데 무얼 의심하느냐고 하면서 횡허케
나가 버렸다고 한다. 이 일화로 요시다의 악명(?)은 정가에도 파다하게
퍼졌다.

봉천 총영사 시절, 장작림의 관저 만찬에 초청받은 일이 있었다. 장작
림은 군벌 정치가로서 봉천의 군주와 같은 존재였다. 위세가 당당했다.
장작림은 후에 대원수로서 북경의 실권을 장악했으나 1928년 일본 관동
군에 의해 폭살당한 비운의 주인공이다. 장작림은 준비한 음식물을 손님
들 앞에서 젓가락으로 일일이 맛을 본 후 이를 권했다. 독살이 빈번히 일
어났던 난세에 생긴 중국식 예법에 따른 관행이었지만 요시다는 불결하
게 여겨 전혀 손도 대지 않았다. 외교관으로서는 있을 수 없는 무례였지
만 요시다는 전혀 신경을 쓰지 않았다.

요시다는 당시로서는 비교적 늦은 30세에 서구식 교육을 받은 19세의
신부를 맞이했다. 그의 장인은 일본 외교계의 원로인 마키노 노부아키
(牧野伸顯, 1861~1949)였다. 마키노는 막부를 뒤엎은 명치 초기의 지도
적 정치가로서 1871년 이와쿠라 구미순방 사절단의 전권 부단장을 지낸
오쿠보의 차남이었다. 마키노는 10세의 어린 나이에 이와쿠라 사절단의

일원으로 서양 구경을 했으며 후에는 이토 수상의 비서로 발탁된 것을 계기로 내무와 외무장관을 각각 역임하게 되는 인물이다.

요시다에게 있어서 입양이 첫 번째 전기였다면 명문가 규수와의 결혼은 두 번째 전기였다. 요시다는 장인을 생부, 양부에 이어 제3의 아버지로 깍듯이 모시고 세상 보는 눈을 키웠다. 1919년 베르사이유 회의 전권위원으로 참석하는 장인을 수행하여 좋은 외교적 경험도 할 수 있었다. 비관료적인 행동거지로 자칫하면 중도 하차할 뻔했던 위기를 벗어날 수 있었던 것도 장가를 잘 간 덕분이었다.

요시다는 안동 영사로 근무하던 때 정부의 대중국 21개 조의 요구를 비판하였던 관계로 징계에 회부되어 파면될 운명이었다. 장인의 필사적인 구명 운동으로 간신히 살아났지만 예정되었던 워싱턴 근무 발령은 취소되고 본부에서 가장 한직인 문서과장 직무대리 자리로 쫓겨 났다. 요시다가 봉천, 안동, 제남 총영사관, 말하자면 출세 코스와는 인연이 먼 뒤안길에서 찬밥 신세를 면치 못했던 것도 다 상궤를 벗어난 그의 언동 탓이었다.

요시다는 합리주의적인 사고방식의 소유자였으나 열렬한 천황 숭배주의자였다. 이토, 오쿠보, 마키노로 이어진 천황 숭배파라고 하겠다. 패전 후 맥아더가 천황은 21개 사단에 맞먹는 괴력을 지녔다는 생각을 갖게 된 것도 요시다의 천황 숭배사상이 영향을 미친 탓이었다.

런던 근무 당시 히로히토 황태자의 방문이 있었다. 요시다 일등 서기관은 런던 일류의 재단사와 함께 파리를 경유하여 지브롤터까지 가서 황태자의 양복을 맞춰 입게 하였다. 히로히토는 재단사의 빈틈없는 솜씨에도 놀랐지만 요시다의 충정에 깊이 감동하였다. 히로히토는 양복을 50벌이나 맞춰 평생 애용하였으며 요시다를 양복과 더불어 오래오래 기억하였다.

　요시다는 실질적으로 안동 총영사관에 근무하면서도 발령상으로는 조선총독부 서기관을 겸하고 있었다. 이런 연유로 해서 요시다는 초대 조선총독인 데라우치 원수에게 가끔 문안드릴 기회가 있었다. 데라우치 총독은 용이 못된 이무기 같은 요시다를 '물건'으로 평가하고 자신의 비서관으로 같이 일할 의향을 타진했으나 일언지하에 거절당하고 말았다. "총리라면 고려해 보겠으나 비서관은 사양하겠다."는 당돌한 변이었다.

　요시다는 외교 감각이 없는 정치가를 경멸해 마지않았으며 군부 인사를 외교가 뭔지 모르는 촌사람 취급을 했다. 그런데도 불구하고 그는 데라우치 원수, 육군 대장 출신인 다나카 총리, 맥아더 원수와 같은 장군들의 마음을 사로잡는 비상한 재주가 있었다. 봉천 총영사에서 일약 외무차관으로 발탁된 행운도 요시다가 직접 다나카 총리에게 엽관운동을 한 결과였다. 다나카 육군 대장은 요시다의 자기선전에 묵묵부답이었으나 요시다를 결국 차관으로 발탁했다.

　차관 시절에는 틈만 있으면 요정에서 기생 야마쿠치를 끼고 술을 퍼마셨다. 요시다의 생모에 대해서는 알 듯 모를 듯한 이야기들이 많다. 그중의 하나가 기생 출신이라는 설이다. 요시다도 생전에 생모에 대해서 언급한 적은 거의 없다고 한다. 당시 주변에서는 "기생 자식이라 기생을 좋아한다."고 비아냥거리기까지 했다.

　당시 외무장관 시데하라는 외무차관과 주미 대사를 역임하였으며 영어에 관한 한 누구도 그를 당할 수 없었다. 5년간의 외무장관 재임 기간 중 그는 어학에 뛰어난 외교관들을 중용한 것으로 유명하나 군부로부터는

요시다 수상이 살아 생전 예찬해 온 후지산의 아름다운 정경. 그는 임종 직전 후지산을 바라보며 숨졌다.

'연약 외교'라는 비판을 면치 못했다. 외무성 내에서 '요시다 장관, 시데하라 차관'이라는 농담이 유행할 정도로 두 사람의 스타일은 달랐다.

요시다는 상식이 존중받는 평화 시에 진가를 발휘할 그릇이 아니었던 것 같다. 1939년 3월, 차관직을 정점으로 숱한 일화를 남기고 30여 년간의 외교관 생활을 끝내고 일선에서 물러나지 않으면 안 되었다. 그러나 그는 퇴임 후에도 일본의 대외관계에 대한 부단한 관심을 갖고 미·영과의 개전 회피를 위해 나름대로 애를 썼다. 국제감각이 뛰어난 요시다는 태평양 전쟁 개전 후에는 조속한 강화가 득이 된다는 생각으로 미국과의 종전 공작에도 간여하였다. 이 같은 유화적 태도 때문에 그는 한때 군사상의 유언비어 유포와 군기밀 보호법 위반으로 체포되어 40일간 옥살이를 하기도 했다.

요시다의 외교 수법은 보병을 넓은 전선에 배치하여 조금씩 조금씩 좁혀 들어가는 식이 아니라 기마대를 이끌고 기습적으로 급소를 집중 공격하는 형태였다. 영국 대사 시절에 이든 외상보다는 챔버린 수상 관저를 집중 공략한 책략이 그 단적인 예다.

일본의 패전이라는 전혀 새로운 상황은 요시다와 같이 뚝심 있는 인물을 필요로 했다. 덕분에 그는 1945년 67세의 늘그막에 외상직을 맡고 이듬해에는 총리에 취임하여 장장 7년 2개월 동안 집권하게 된다. 요시다가 상대해야 할 인물은 벽안의 대군(大君) 맥아더 사령관이었다.

맥아더 사령관은 1945년 8월 30일, 일본에 진주하여 5년 7개월 동안 절대적 권력을 행사하며 일본을 크게 변혁시킨 인물이다. 천황궁이 아래로 내려다보이는 히비야 제일생명 빌딩에서 맥아더와 요시다 간의 최초의 상견례가 있던 날, 맥아더는 넓은 집무실에서 이 끝에서 저 끝으로 오가며 금후의 시정 방침을 설명했다. 이를 본 요시다는 그만 웃어 버렸다.

"각하, 사자우리 안에서 설교를 듣는 것 같습니다."

요시다의 절묘한 찬사에 일시 분위기가 험악해지기도 했지만 곧이어 두 사람의 호쾌한 웃음으로 바뀌었다. 연배가 비슷한 두 사람 간의 신뢰와 우정의 시작이었다. 요시다 수상은 사자와 같은 맥아더 사령관과 배석자 없이 무려 75회나 직접 담판하여 미국의 군정 정책을 일본의 현실에 적합한 것으로 만들기 위해 노력하였다. 그는 전쟁에서 빼앗긴 것을 외교로 찾은 외교의 귀신이었다. 요시마의 30년간에 걸친 외교관 생활은 60세 이후의 일본을 이끌고 갈 준비에 불과했다는 느낌이 든다. 보스 기질이 강한 천황 숭배자였던 요시다는 대기만성형의 걸물이었다.

1953년 1월 5일, 이승만 대통령과 요시다 수상은 동경 클라크 장군 관저에서 약 70분간 역사적인 회담을 가진 적이 있다. 회담 서두에 "지금도 한국에 호랑이가 많느냐?"라는 그의 질문에 이박사는 "임진왜란 때 일본인들이 모두 잡아가서 지금은 한 마리도 없다."고 쏘아 주었다는 에피소드는 너무나도 유명하다. 이 회담에서 주로 이 대통령이 한일 관계의 장래에 대해서 말했고 요시다는 10분 이내의 짧은 발언을 했다고 한다. 요시다는 지인들에게 자기가 싫어하는 사람이 셋 있다고 말하곤 했는데, 고노 자유당 간사장, 인도네시아의 수카르노 대통령, 그리고 한국의 이승만 대통령이 그 셋이라고 했다니 회담이 순탄했을 리 없다.

요시다는 유머센스도 상당했다. 어느 해 가을 영국 국왕 부처 방문 시, 여왕이 후지산 정상은 좀처럼 보기 힘들다고 불평 아닌 불평을 했다. 그때 요시다는 "후지산은 자신보다 더 아름다운 미인 앞에서는 부끄럼을 탄다."는 넉살 좋은 한마디로 유쾌한 분위기를 만들었다고 한다.

1967년 10월 어느 날, 털 빠진 사자와 같은 요시다는 병석에서 후지산을 보고 싶다며 간신히 일어나 앉은 채로 후지산에 잠깐 눈을 던지더니 89세의 생을 마감했다. 요시다의 사후, 1993년 자민당 정권이 붕괴되기 전까지 일본은 요시다의 영향을 받은 제자들에 의해 요리되어 왔던 점을 생각하면, 그는 결코 죽은 것이 아니라는 생각이 든다. 일본인들에게는 잊혀지지 않을 정객일 것이다.

일본의 고산자

고산자는 두말할 것도 없이 〈대동여지도〉 제작으로 유명한 김정호 (?~1864)의 아호이다. 그는 독학으로 조선 지도 제작에 뜻을 두고 30여 년 동안 전국 방방곡곡을 다니며 실지답사를 통하여 1861년 〈대동여지 도〉를 완성하였다.

이 지도는 김정호가 손수 그려서 판각하였다고 하며, 한 벌을 홍선대 원군에게 바치자 국가의 기밀을 누설하였다는 죄명으로 그를 옥에 가둔 뒤 목각판을 압수하여 태워 버렸다. 그는 옥사하였고 오늘날 전하는 〈대 동여지도〉는 손으로 베낀 수사본이다.

일본인들은 배우고 자료를 수집하는 데 이골이 난 사람들이다. 삼국 시대 이래 끊임없이 불상, 불경, 전적 등을 시도 때도 없이 우리 측에 요 구하는 한편 비공식적으로 상당한 분량을 빼내 갔다. 대장경 원판까지 눈독을 들인 적도 있었다.

조선 시대에 들어와서는 주자학 관계 서적은 물론 〈동국여지승람〉 등 의 각종 지리에 관한 문헌이 일본인의 손으로 흘러 들어갔다. 조정에서 는 이를 방지하기 위해 1505년 〈동국여지승람〉 등의 서적에 대해 개인

소장을 금하는 조치를 취하기도 했
으나 제대로 성과를 거두지 못했다.

임진왜란 시 일본군이 부산에 상
륙한 지 한 달이 채 되기도 전에 파
죽지세로 서울까지 진입할 수 있었
던 이면에는 그들이 압수한 조선
지리에 관한 자료가 한몫을 하였다.
일본은 1876년 조선을 강제로 개국
시킨 전후부터 갑신정변이 일어났
던 1884년에 이르는 10년 동안 〈조
선국 지리도〉, 〈조선국 지리 적요〉
등 무려 20여 종에 달하는 조선에

근대 일본 지도 작성의 기초를 구축한 이노 타다
타카(伊能忠敬,1745~1818)의 화상

관한 지리 서적을 간행하였다. 조선을 넘보고 있던 일본인의 속내를 그대
로 보여 준 단면이라고 하겠다.

대원군의 쇄국정책으로 비극적인 일생을 마감한 김정호의 일생을 되
돌아보면서 아마도 일본에도 지도 제작에 미친 기인이 있었으리라는 생
각을 불현듯 하게 되었다.

아니나 다를까, 김정호보다 4,50년쯤 앞서 태어난 근대 일본 지도 작성
의 기초를 구축한 이노 타다타카(伊能忠敬, 1745~1818)라는 흥미로운
인물이 있었다. 그는 도쿄에서 과히 멀지 않은 치바 현에서 태어나 상인
집안으로 입양되어 어려서부터 장사를 익혔다. 그는 양조장과 미곡상을
운영하는 데 수완이 뛰어나 후에 부자 소리를 들을 만큼 재산을 모았다.

오십 줄에 들어선 어느 날, 돌연히 그는 가업을 장남에게 물려주고 평소에 관심을 갖고 있던 천문학과 역학을 배우러 간다며 지금의 도쿄인 에도로 출발하였다. 당시의 쉰 살은 요즈음의 70세에 맞먹는 연치이다. 평균 수명의 나이를 넘는 노인네가 하루아침에 장사를 작파하고 에도에서 서양 천문학자로 이름을 날리고 있는 다카하시 요시토키(高橋至時)의 문하생이 되었다. 다카하시는 수학과 역학에 조예가 깊은 학자로 도쿠카와와 막부의 천문을 책임지고 있었다. 병약한 그가 가까스로 입수한 화란어 천문학 서적에 침식을 잊고 탐닉하여 40세의 젊은 나이에 타계하고 말았다.

이노가 아들 뻘이 되는 스승 밑에서 5년 가까이 천문학을 체계적으로 배울 수 있었던 것은 큰 행운이었지만 그 나이에 연구에 매달린 끈기는 예사 사람이 흉내내기 어려운 데가 있다. 여담이지만 '인생 80년'이라고 하는 요즘에 정년 후의 인생의 중요성에 대한 인식이 점차 확산되고 있다. 즐겁고 보람 있는 이모작 인생을 보내기 위해서는 지적 호기심을 잃지 않고 계속 배우려는 자세를 견지해야 한다고들 한다. 그러나 그게 어디 말처럼 쉬운 법인가.

초고령사회로 접어들고 있는 일본에서 새삼스럽게 이노에 대한 관심이 높아지고 있는 것은 바로 제3막에 해당하는 인생을 성공적으로 보낸 삶의 궤적 때문이다. 일본에서 수년 전에 고령자의 별로 떠오르고 있는 그의 일대기가 영화로 제작되어 제2의 인생을 설계하려는 이들을 약간은 들뜨게 했다.

또한 〈일본 걷기협회〉에서는 1999년 1월부터 2년간에 걸쳐 이노 타다타카가 걸었던 그 길을 따라 일본 전국을 순회하는 이벤트를 마련하였다. 이 행사에 정년 퇴직한 고령자들이 새로운 인생의 꿈을 찾아 참가하

이노 타다타카의 출생지인 일본 치바 현에 그의 7대 손녀가 관리하는 이노기념관이 있다.

여 화제가 된 적이 있다.

오십대 중반을 넘어서 이노는 그를 존경하고 따르는 몇 사람의 젊은이들과 함께 일본 열도 측량 여행길에 나섰다. 그 후 16년 동안 북으로는 홋가이도로부터 남으로는 큐슈에 이르는 해안선을 도보로 여행하면서 실측 작업을 계속하였다. 알려진 바로는 목숨을 건 작업이었다고 한다. 해안선을 따라 걸었던 것은 지도 제작의 의도가 국가 방위를 염두에 두었던 때문이었다.

조선의 김정호가 정부의 지원을 전혀 기대할 수 없었던 상황이었던 데반해 이노 측량대는 막부와 지방 당국으로부터 물심양면의 지원을 받으면서 작업을 계속할 수 있었던 점이야말로 지도 제작에 대한 한일 양국 집권층의 인식 차이를 단적으로 보여 준 예라고 하겠다.

이노는 실측결과를 기초로 하여 〈대일본 연해 실측 전도〉 제작에 몰두하던 중 73세의 나이로 숨을 거두고 말았다. 후세에 〈이노지도〉라고 불리는 그것은 제자들의 손에 의하여 그의 사후 3년이 되는 1821년에 완성되었다. 김정호의 〈대동여지도〉보다 40년 앞선 셈이다.

나가사키의 네덜란드 무역관에 의사로 근무하던 독일인 시볼트가 1829년 귀국 시 이삿짐 속에 〈이노지도〉 축소판 사본을 몰래 반출하려다가 발각된 〈시볼트〉 사건이 발생하였다. 이 사건으로 지도 사본을 건네준 이노의 제자가 투옥되어 형을 살던 중 병사하였다. 그러나 시볼트는 발각에 대비하여 필사해 둔 사본을 갖고 출국하여 서양 세계에 일본의 지세 일부가 알려지게 되었다.

〈이노지도〉는 제작 직후 막부에 제출하였으나 당시 중요시되었던 산과 강의 기재가 누락되었던 관계로 실용화되지 못하고 사장되어 오다가 서양 세력이 밀려오던 메이지 유신 전후에야 비로소 빛을 보게 되었다. 1861년 일본 정부의 요청으로 해안선 측량에 나선 영국 해군의 측량 기사들이 〈이노지도〉의 정확도에 혀를 내두르고 측량 작업을 중지하고 다만 수심만 측정하고 귀국했다고 한다.

이후 메이지 정부는 통상과 방위를 위해서는 무엇보다도 일본 지세의 정확한 파악이 필요하다고 보고 〈이노지도〉를 기본으로 하여 여러 종류의 지도를 제작하였다. 시중에서도 지도 제작을 할 때는 예외 없이 〈이노지도〉를 참고로 했다.

〈대동여지도〉는 산과 강의 특징적인 표현과 분별성으로 높은 평가를 받고 있을 뿐 아니라 목판본, 즉 인쇄본이라는 장점을 가지고 있다. 인쇄본은 많은 부수를 찍어 낼 수 있어 전쟁이나 화재로 손실될 위험이 적고 지도를 대중화할 수 있다.

이에 반해 대도(214매), 중도(8매), 소도(3매)로 구성되어 있는 〈이노 지도〉는 인쇄본이 아니기 때문에 소실될 위험성이 컸다. 실제로 막부에 제출한 지도는 1873년 일본 궁성의 화재로 잿더미가 되고 말았으며, 그 후 이노의 후손들이 헌상한 사본을 보관 중이던 도쿄 제국대학 도서관이 관동 대지진으로 불타 버리자 아쉽게도 그 사본마저 소실되었다. 이런 사정 때문에 대도, 중도, 소도 전부를 갖춘 지도는 없고 분절로 남아 있을 뿐이다.

이노의 출생지 치바에 그의 기념관이 있다. 칠십이 다 된 이노의 7대 손녀인 할머니가 고문서 강좌에 다니면서 익힌 한문 실력으로 선조가 남긴 서한이나 문서를 정리하고 있다. 역시 피는 못 속이는 법인가 보다. 고산자 김정호는 고군분투의 생애를 마쳤고, 사후에도 그의 업적에 걸맞는 평가를 못 받아 안타깝기 그지없다. 이에 비해 이노 타다타카는 일본 사회의 고령화가 진전되면 될수록 그의 족적은 새롭게 조명될 것이다.

탐욕스런 모방자들

　일본인들은 호기심과 모험심이 강하고 어떤 종류의 지식이라도 탐욕스럽게 흡수한다. 그들은 지칠 줄 모르는 탐구심과 학습욕으로 가득 차 있다. 또 보고 배운 것은 반드시 남기는 기록광이다.

　어떤 미래를 대비하는지는 몰라도 《조선어 사전》 한 권을 편찬하기 위하여 20~30년을 지칠 줄 모르고 오로지 한 길을 걷는 이들의 모습은 미련하게까지 보인다. 에밀레종, 김치와 같은 세계적인 문화유산을 제작하고도 그 제조기술을 남기지 않은 우리들과는 대조적이라 하지 않을 수 없다.

　20여 년 전 탄자니아 킬리만자로 등산로 입구에 있는 허름한 아루사 호텔에 묵었던 적이 있었다. 일본인 등산객들이 등산 경험, 식수 해결, 환전, 기념품 사는 요령 등을 자기 나름대로 대학 노트 한 페이지 정도씩 계속 기록하여 묶어 둔 공책이 세 권이나 호텔 로비에 비치되어 있는 것을 보고 일본인의 기록 정신에 혀를 내두른 적이 있다. 생면부지의 동호인과 경험을 공유하려는 갸륵한 배려로 생각되었다.

　외교관 출신의 요시다 수상은 '일본인은 외국 문명에 심취하는 자질 있는 모방자'라고 일본인의 특징을 스스로 규정한 바 있다. 일본인은 천성적으로 모방의 버릇이 있는 것 같다. 일본의 기술 혁신은 외래의 기술을 개선한 후발적 기술을 그 특징으로 하고 있다. 모방은 발전의 불가피한 과정인지 모르겠으나 창조적 사고를 질식하게 할 가능성도 있는 위험한 지름길이기도 하다.

도쿠가와 이에야스의 외교 고문
윌리엄 애덤스(1564~1620)

그러나 모방(mimesis)하기 위해서도 엄청난 연구와 개발의 축적이 있어야 한다는 점을 간과해서는 안 된다. 어떤 의미에서 요시다 수상의 언급은 일본인의 지나친 자기 축소의 일단을 드러내는 겸손이기도 하지만 일본인의 밑도 끝도 없는 호기심과 지식욕을 잘 표현한 것이라 하겠다.

조선과 일본의 근대화 과정을 살펴보면 신선한 지적 호기심과 유연한 사고방식의 차이가 국가 운명에 얼마나 큰 영향을 미치는가를 헤아릴 수 있다. 임진왜란이 끝난 직후인 서기 1600년 4월, 네덜란드 상선 〈리프데〉 호가 일본 해안으로 표류해 왔다. 당시 집권자인 도쿠가와 이에야스는 네덜란드인 선원 요스텐과 영국인 애덤스(William Adams, 1564~1620)를 우대하였다.

애덤스는 영국의 스페인 무적함대와의 전투 시 함장으로 활약한 경험이 있어 외교고문으로 중용되었다. 애덤스는 영국식 범선 2척을 실제로 만들어 보이는 등 선박 제조와 대포, 화약의 사용법을 가르쳐 주었으며 영국 동인도 회사의 통상 허가 취득에 결정적 역할을 했다.

애덤스와 요스텐은 일본에 거주하면서 일본인들을 서양에 대해 눈뜨게 하였으며, 특히 애덤스는 병사할 때까지 일본의 발전을 위해 크게 헌신하였다. 일본에는 옛날부터 멀리서 온 사람을 후하게 대접하는 마음이 있다지만 쇄국의 시대에 흘러 들어온 불청객에 대한 우대는, 빈객을 대접한다는 심리라기보다는 지식 흡수욕에서 비롯된 일본적 정념이라고 하겠다.

한편, 애덤스와 요스텐이 일본에 표류해 온 지 53년이 지난 1653년에 네덜란드 상선 〈스패로우 호크〉호가 제주도에 흘러 들어왔다. 승무원 중 일부는 병사하고 하멜 등 16명은 조선 땅에 오랫동안 억류되어 있어야 했다. 이들은 천문, 의술, 무기 사용에 밝은 관계로 처음에는 국왕 친위대에 배속되어 소총수로 일하였다.

그러나 이들은 망향의 꿈을 가슴 깊이 숨기고 귀국을 실현시키는 데 필요한 지식과 정보 수집에 혈안이 되어 있었다. 조선 사정에 어느 정도 익숙해지자 이들은 조선을 방문하는 청국 사신에게 직소하는 것이 상책이

1666년 억류 13년 만인 조선에서 탈출하여 하멜 일행이 도착한 일본 나가사키 지역의 해안.

라고 판단하여 직접 접촉을 시도했으나 조선 포졸들의 저지로 계획은 무산되고 말았다.

조선 정부는 사건의 재발 방지를 위해 이들을 수도에서 멀리 떨어진 전라도 남원과 순천으로 격리시켜 버렸다. 처음에는 식량과 피복을 정부에서 지급했으나 기근이 발생하자 이러한 배급은 자연히 끊어지고 이들은 구걸로 연명해야 했다.

그럼에도 불구하고 이들은 네덜란드인의 전통적인 절약 정신과 상혼을 유감없이 발휘하여 용케도 소형 목선을 한 척 구해 16명 중 사전에 연락이 닿은 8명만 조선에 억류된 지 13년 만에 일본 나가사키로 탈출하는 데 성공하였다.

당시 나가사키에 주재하고 있던 네덜란드 무역관은 아직도 조선에 남아 있는 8명의 네덜란드인에 대한 귀환 주선을 일본 정부에 요청하였다. 우여곡절 끝에 조선 정부는 병사한 1명을 제외한 나머지 7명을 전부 송환하였다. 조선에 억류된 지 15년 만에 실로 감격적인 송환이 이루어지게 되었다.

탈출에 성공한 일원이었던 하멜이 조선에서의 견문을 정리하여 《하멜 표류기》를 펴낸 것은 너무나도 잘 알려진 사실이다. 이 표류기는 서양인에 의해 조선의 사정이 처음으로 서양 제국에 소개된 책이라는 데 큰 의미가 있다. 비록 분량도 적고 내용도 빈약한 것이었지만 네덜란드에서 3개 출판사가 거의 동시에 경쟁적으로 출판할 정도로 그야말로 날개 돋친 듯이 팔려 나갔다.

조선과 일본은 표착 네덜란드인에 대한 대응을 전혀 달리하였다. 즉 일본은 이들의 기술과 지식을 일본의 국익을 위해 적극적으로 활용한 데 비해 조선은 이들을 격리시키는 데 급급했을 뿐이었다. 한편 하멜보다 25년 앞서 1628년에 제주도에 표착한 벨테브레(朴淵) 등 동료 선원 3명이 훈련 도감에서 총포 제작 등의 일에 봉사했지만 그들 역시 조선의 대외 인식을 개안시키지는 못했다.

16명의 네덜란드인이 15년 간 조선에 체류하는 동안, 이들로부터 네덜란드어 하나라도 제대로 배우겠다는 괴짜(?)가 있었더라면, 조선이 그러한 괴짜를 받아들일 수 있는 풍토였다면 우리들의 운명은 달라지지 않았을까?

또한 네덜란드인의 송환 문제가 일본의 개입을 통해 이루어졌다는 사실은 우리로서는 유감이 아닐 수 없다. 그 일로 인해 서양은 일본을 높이 평가할 수밖에 없었고, 한국에 대해서는 그 반대의 인상을 강하게 심어 놓게 되었던 것이다.

일본인의 사생관(死生觀)

통계를 보면 미성년 사망자 1,000명 중 자살자 수가 한국이 18.4명, 미국이 14.3명, 싱가폴이 14.9명인 데 비해 일본은 32.9명으로 유난히 높은 자살률을 기록하고 있다. 자살에 있어 일본은 매년 세계 최고를 기록한다. 자살이란 어느 시대 어느 나라에나 있게 마련이지만 일본에 유독 많이 발생하는 이유는 무엇일까?

일본의 자살은, 특히 할복자살은 공개적으로 그것도 가이샤쿠(介錯)라고 불리는 사람의 도움을 받아서 행하는 점이 특이하다. 배를 가르기 전에 가이샤쿠에게 단번에 목을 잘라 주기를 부탁하는 여유를 보이는 자살자도 있다. 그들은 어떻게 죽음 앞에서 그토록 담대해질 수 있는 것일까.

일본 정신을 대표하는 무사도의 진수는 곧 죽을 명분을 찾는 마음가짐에 있다. 무사는 충성과 책임을 위해서는 항상 할복할 준비가 되어 있어야 하며 대의명분을 위해서는 자기의 삶을 언제라도 팽개치도록 교육받는다. 이러한 극단적 정신이 국가와 회사에 대한 충성심으로 이어지고 있다. 따라서 그 힘은 무서울 정도이다.

일본의 군신(軍神)으로 받들어지고 있는 노기 마레스케(乃木希典) 육군

일본인 자살의 고전으로 불리는
청년 후지무라 미사오

대장의 자살은 충성의 극치로 간주된다. 러일 전쟁 시 외아들을 여순 공략전투에 보내 전사시켰으며 메이지 천황이 사망했을 때 내외가 천황을 따라 죽었다. 노기 대장의 순사(殉死) 정신은 오늘날의 일본에 여전히 잠재한다고 보아야 한다.

우리 기억에 강하게 남아 있는 할복자살의 예로는 아무래도 소설가 미시마 유키오(三島 由紀夫, 1925~1970)의 죽음을 들 수 있을 것이다. 미시마는 중ㆍ고등학교 시절부터 소설을 쓰기 시작하였으며 19세 때에 단편 〈꽃이 피어 있는 숲〉을 발표하여 일본 문단에 혜성처럼 등장한 재주꾼이다.

미시마는 전형적인 일본인의 기질과는 거리가 멀었다. 고등 문관 시험에 합격하여 대장성에서 엘리트 관료의 길을 걷기도 했고 문학에 있어서도 소설뿐만 아니라 희곡, 평론에도 재주를 보인 말 그대로 팔방미인이었다. 체력단련을 통해 얻은 울퉁불퉁한 근육을 뽐내고 검도를 배워 일본 정신의 화신으로 자처했고 영화에 출연하기도 했다. 또 군대 체험을 하기 위해 자위대에 시험 삼아 입대하였던 기인이었다.

미시마는 무사도를 사랑했고 천황을 숭배한 미적 탐구자였다. 그는 그를 따르는 낭인들을 모아 '다테노카이'라는 천황 숭배 모임을 결성했다. 1970년 11월 25일, 그는 도쿄 자위대 동부지역 사령부로 난입하여 발코니에 서서 자위대들의 궐기를 호소하는 일장 연설을 한 후에 '천황폐하 만세'를 삼창하고 자결함으로써 일본뿐만 아니라 서구인들의 입에까지

회자되었다.

　일본인이 죽음을 미화해서 자살을 곧잘 한다는 인상을 서구인들에게 심어 준 가장 결정적인 사건은 물론 태평양 전쟁의 가미카제 특공대였다. 가미카제는 미국 측에서 보면 충군애국(忠君愛國)의 전사가 아니라 발작적인 집단 자살로 보였다. 하여튼 이 특공대가 남긴 강렬한 이미지는 서양인의 기억의 정수리에 깊이 각인되어 있을 것이다.

　그런데 일본인들이 죽음을 두려워하지 않기 때문에 목숨을 버릴 각오로 특공대에 자원했다는 식의 미화는 곤란하다. 그건 천만의 말씀이다. 특공대 지원자 중에서 요행스럽게 살아남은 자들은 나라를 위해서라기보다 모두가 가라고 하면서 성가시게 굴어서, 또 다른 사람들도 지원하기 때문에 어쩔 수 없었다는 인간적인 고백을 털어놓고 있다. 그렇다. 일본인에게는 자신이 속한 집단 의사에 역행한다는 것은 죽음보다 더 두려

청년 후지무라가 투신한 후 자살의 메카가 된 닛코의 화엄폭포.

운 일인지도 모른다.

일본인 자살의 고전은 1903년 5월 어느 날에 있었던 한 청년의 죽음이다. 도쿄 제일고등학교 문과 1학년에 재학 중이던 18세의 후지무라 미사오(藤村操)가 닛코의 화엄 폭포에서 "인생은 불가해."라는 철학적 유서를 남기고 그야말로 아침이슬처럼 스러져 갔다.

18세의 청춘이 남긴 한마디, '불가해(不可解)'라는 고뇌에 찬 유서는 신사조 발흥기의 방황하는 청년들에게 자살로의 초대장 같았다. 화엄폭포는 일약 자살의 메카가 되었다. 이 메카를 찾아온 사(死)의 찬미자들은 잇따라 폭포 아래로 몸을 날렸다. 당국에서는 자살 방지를 위해서 폭포 주변에 철조망을 치고 요미우리 신문사에서는 폭포의 소용돌이 속을 조사하여 그 신비의 베일을 벗기려 하기도 하였다.

후지무라의 자살 원인에 대해서는 여러 가지 설이 있다. 감수성 예민한 철학도의 사상적 고뇌라고 미화하는 측이 있는가 하면, 실연설을 제법 그럴 듯하게 그리는 사람도 있다. 또 더러는 성 불구 때문이었다는 악성 루머도 나돈다. 하지만 죽은 자는 말이 없다.

아무튼 후지무라의 자살은 일본 자살의 고전이다. 그것은 아마도 '인생은 불가해'라는 야릇한 경구에다 화엄폭포라는 훌륭한 무대장치, 도쿄 제일고보의 수재라는 사회적 위상이 한데 어우러진 작품이기 때문이었을 것이다. 그러나 더욱 근본적인 이유는 그의 자결을 미화시키고 싶어 하는 일본인이라는 관객들의 정서에 있다고 생각된다.

일본인은 죽음으로써 뭔가를 말하고자 하는 경향이 강하다. 일본 무사들의 사생관만 보아도 그들은 어떻게 살아남느냐를 고민하기보다는 어떻게 죽을 것인가를 고민한다. 그러한 전통은 오늘날에도 남아 있다. 몇

년 전에 닛쇼 이와이의 경리담당 상무가 회계 부정과 관련해서 검찰출두를 앞두고 '인간의 생명은 유한하나 회사는 영원하다. 동료들이여, 회사에 충성하라!'는 유서를 남기고 투신 자살하였다.

또한 록히드 스캔들로 다나카 전 수상이 궁지에 몰리자, 많은 것을 알고 있는 그의 운전사가 영원히 입을 다물기 위해 스스로 목숨을 끊은 사건도 있었다. "명이 길면 수치도 많다."는 일본 속담 그대로의 선택이다.

태평양 전쟁에 패배했던 1945년 8월은 일본 지도자들에게는 정녕 잔인한 달이었다. 8월 14일 아나미 장관의 자결을 시작으로 특공대 창설자인 해군 참모차장이 뒤를 따르고 이어 육군대장, 스기야마 원수 부부, 후생장관, 문교장관, 전직 수상이 연달아 자살했다.

개인뿐만 아니라 각종 극우 단체에서도 10여 명씩 집단적으로 천황궁 앞에서 자결했다. 민간까지 가세한 자살 숫자는 500여 명에 달했다고 한다. 패전에 의한 허무감과 좌절감 때문이었음은 말할 나위 없다.

말 없는 죽음을 통해서 그 무엇을 웅변적으로 나타내는 이들의 기질이 일본사회의 분위기와 일본인의 윤리관, 가치관을 한꺼번에 변화시킨 요인으로 작용한 예를 우리는 그들의 역사에서 가끔 볼 수 있다. 우리는 '죽기 아니면 살기'라는 말을 자주 하지만 상대적으로 '살기'에 집착하는 것이 아닌지 모르겠다.

개똥밭에 굴러도 이승이 더 좋다고 했던가? 누군가 궁정동 최후의 만찬에서 목숨을 구걸했다는 뒷이야기는 일본적 기질과 비교해 볼 때에 어금니에 뭐가 낀 듯한 느낌을 준다. 물론 자살은 일본인들 자신도 그 심각성을 인식하고 있는 사회 문제일 뿐이다.

1875년 9월 일본 군함 운양호 등 3척이 해로 측량이라는 명목으로 조선에 내항 영종도를 침범한 소위 강화도 사건이 일어난 지 불과 반년이 채 지나지 않은 1876년 2월 일본 측에 일방적으로 유리한 한일수호조약이 체결되었다.

제 **3** 장

한국과 일본, 그 애증의 실체

우월의식의 실상

19세기 중엽 이전까지 일본의 조선에 대한 관심과 연구는 상상할 수 없을 정도로 집요했고 철저했다. 물론 중국에도 유학생을 보냈지만 그들은 지리적으로 가까운 조선을 통한 대륙 문화의 흡수가 훨씬 더 쉽다고 판단했을 것이다. 조선에 대한 지식 축적은 주로 사절과 부산 초량에 설치된 왜관을 통해 이루어졌다.

1404년 이래 약 150년간에 걸쳐 일본은 60회의 사절을 파견하여 조선 국왕의 경조사에 예를 표하였다. 초기의 단순한 축하와 조의 성격을 띤 사절은 시간이 경과함에 따라 대장경, 불상, 미곡 등을 청구하는 무역에 비중을 두는 것으로 변질되어 갔다. 수십 명으로 구성된 일본 사절이 육로로 60회나 서울을 드나들었다는 사실은 국가 안보에 관련된 정보들이 다량 유출된 것을 의미한다.

기록광이라고 할 수 있는 일본 사절들은 지나는 길마다 세밀히 기록했기 때문에 1592년 임진왜란 시 일본군은 불과 20일 만에 수도 서울을 함락시킬 수 있었다고 생각된다. 이런 까닭에 왜란 후 양국 간 국교가 재개되어 1607년부터 1811년까지 12차례 조선통신사가 일본에 파견되었고

일본 측에서도 사절이 왔으나 우리는 이들의 서울 출입을 거부했다.

일본 사절의 서울 방문을 금지하고 일상적인 외교 업무는 동래 부사가 지휘 감독하여 왜관에 거주하는 일본 대표들과 절충하도록 조치되었다. 일본에서 고위 사절이 방문할 경우에는 중앙에서 고위 관리가 파견되었다.

이와 같이 일본 사절의 내륙 여행을 허가하지 않고 부산 왜관에서 사절을 접수하고 교섭에 응했던 조선의 태도는 일본에 대한 강한 경계심과 불신을 나타낸 것이었다. 조선 측의 이런 조치에 대해 에도(江戸) 중기의 저명한 정치가이며 학자였던 아라이(新井白石)는 항의

1678년 문을 연 부산의 초량 왜관도(국립중앙박물관 소장).

와 함께 조선통신사를 수도 교토 대신 대마도에서 영접하고 접대도 대폭 간소화시킬 것을 주장하기도 하였다.

근대적 의미에 있어 재외공관과 무역관의 기능을 수행한 왜관은 태종 원년(1400년)에 일본 선박의 정박지로서 부산포, 염포, 제포를 지정한 데서 비롯되었다. 왜관은 조선에 있어 일본인 거주 지역으로 사절의 접대소와 무역관의 역할을 했으며 삼포 왜란으로 일시 폐쇄되었다가 다시 문을 열었다. 흔히 우리가 왜관이라고 할 때는 1678년에 문을 연 부산의 초량 왜관을 지칭한다. 1678년 이래 조선과 일본 간의 일반적인 외교 절충은 초량 왜관에서 행하여져 양국 외교 교섭의 무대로 각광을 받았다.

왜관 주위에는 약 2m 정도의 돌담이 세워져 있어 일본인의 출입을 통제하였다. 외국인의 행동을 제한하여 일정한 장소에 묶어 두는 것은 중국, 일본에서도 행해졌던 관습이다. 중국 광동과 일본 나가사키의 외국인 거류지역이 이에 해당한다.

당시 초량 왜관에는 460명이 체류하고 있는 것으로 기록되고 있는데, 이 숫자는 대마도 총인구 3만 중 거의 1.5%를 차지하는 대단한 비율이다. 자국인의 해외 도항이 금지되고 있던 쇄국 시대에, 한 곳에 이 정도의 성인 남자가 진출하여 있다는 기록은 확실히 특기할 만하며 한일 양국 관계의 전개와 관련하여서도 주목할 만하다.

일본은 1876년 조선을 강제로 개국시키기 훨씬 이전에 이미 관리, 승려 등 400여 명을 조선에 상주시킴으로써 한일 근대 외교 교섭에 있어 절대적인 우위를 점했다. 일본은 왜관을 통하여 조선의 정치, 경제, 민속에 관한 방대한 지식을 흡수했고 이렇게 축적된 지식과 정보를 두고두고 활용하였다.

조선 연구에 적극적이었던 일본에 비해 조선은 초량, 왜관 같은 상주기관을 일본에 설치하기는커녕 일본과 일본인 연구에 열심을 보이지 않았다. 오히려 주자학적인 관점에서 일본을 보고 이해하며 일본의 야만적 상태에 눈살을 찌푸리고 배울 것이 없는 나라라고 간단히 단정짓고 말았다.

일본을 방문한 조선 식자들에 의한 일본 견문록이 더러 있으나 이들은 조선인의 일본관을 수정시키기는커녕 오히려 왜국에 대한 경멸감만 증폭시켰다. 조선 측의 일본 견문록으로서 송희경의 《노송당 일본행록》(1402), 신숙주의 《해동제국기》(1443)와 신유한의 《해유록》(1719) 등을 열거할 수 있으나 《해동제국기》를 제외하고는 일본인의 조선 연구에 비해 미흡하다는 평가이다.

일본에 대한 조선 외교의 좌절은 어쩌면 조선의 외교 상대에 대한 지식의 부족에 기인한 탓이라고도 할 수 있다. 개구리도 움쳐야 뛸 수 있는 법이거늘 일본에 대한 지식 습득에는 노력을 기울이지 않으면서도 일본에 대해 심정적인 우월의식을 즐기고 있던 조선이 결국 값비싼 대가를 치러야 했던 비극은 우리가 체험한 그대로이다.

임진왜란 발발 직전, 일본에 파견된 황윤길 정사와 김성일 부사는 일본 시찰 결과를 서로 상반되게 보고하고 있다. 황윤길은 "반드시 병화가 있을 것이다."라고 한 데 반해 김성일은 "별다른 징후가 보이지 않는다."고 복명하였다. 당파적 이해에 따른 상반된 보고였다. 집에서 새는 바가지 들에 가도 새는 격이었다.

한편 1873년 2월, 명치 정부는 초량 왜관을 일방적으로 공관(公館)으로 개칭하여 종래의 한일 관계를 새로운 시각에서 다룰 용의를 시사했다. 일본인들이 신경질적인 반응을 보여 왔던 왜(倭)라는 말 대신에 당시 이미 일본에서 널리 사용되고 있던 공법, 즉 국제법상의 의미를 보여 주는 공(公)자를 사용하여 공관으로 이름 짓고 대조선 외교에 강한 의욕을 보이기 시작하였다. 강화도 조약 체결 이후 공관은 정식으로 영사관이 되었고 관장을 영사로 호칭함으로써 명실공히 근대적 의미의 외교 기관으로 발전하게 되었다.

대마도 역사 민속자료관 입구에 세워진 조선 통신사비.

일본 정부는 주한 초대 영사에 곤도 마스키(近藤眞鋤)를 임명하였다. 곤도 영사는 한 번의 영국 근무를 제외하고는 부산 영사관의 영사, 서울 공사관의 서기관 및 대리 공사로서 주로 조선에서 활약한 명치 초기 조선통의 한 사람이었다.

한일 양국 간 외교 교섭의 틀이 경조 사절에서 비롯되어 왜관, 공관, 영사관으로 이어지는 과정에서 우리의 대응은 너무나도 뜨뜻미지근했으며 주먹구구식이었다는 뼈아픈 지적을 하지 않을 수 없다. 결론적으로 한일 외교사의 전개에 있어서 한국은 잘 보이질 않는다.

교섭의 막후 주역, 외교승

중세 한일 외교 관계에 있어 하나의 특징은 승려가 외교 교섭의 주역으로 등장하여 활동했다는 점이다. 외교승의 등장은 고려 말에까지 소급된다. 1367년, 고려는 아시카가(足利) 장군에 대하여 승려 금륭을 파견하여 교토의 승려들과 더불어 왜구의 진압 방법을 협의했다는 기록이 있다.

조선에 들어와서도 태조 이성계는 승려 각추를 일본에 파견하여 왜구의 근절을 요청하였으며, 또한 1394년에는 다시 승려 범명을 보내 일본에 잡혀가 있는 조선인의 송환 교섭에 나서도록 하였다. 이에 대해 일본 측에서도 승려 사절단을 조선에 파견하여 왜구의 진압과 조선인의 조속한 송환을 약속하는 한편 대장경과 불상을 요구하였다.

임진왜란 직후 일본 측의 국교 요청에 따라 송운대사(유정)가 도일하여 제2대 장군 도쿠가와 히데타다(德川秀忠, 1579~1632)를 만나 일본의 재침 의도 유무를 파악하고 귀국 시에는 포로 1,300명과 함께 귀국한 역사적 사실은 잘 알려져 있다.

이와 같이 조선의 외교승은 자주 일본을 왕래하며 왜구의 진압과 조선인의 송환 교섭을 위해 다소 성과를 거두기도 하였으나 조선 중기 이후부터 외교승은 자취를 감추고 말았다. 이는 조선의 불교 억압정책에 따라 절이 점차 폐쇄되고 승려는 사회의 최하위층으로 전락하고 만데 그 이유가 있다고 보겠다.

다만, 1870년대 말에 이동인이란 괴승이 홀연히 외교 막후에 다시 등장함으로써 그나마 외교승의 명맥을 이었다고나 할는지 모르겠다. 이동인은 1879년에 밀항하여 일본에 입국한 이래 비밀 외교의 일익

주일 영국 공사관 서기관 어네스트 사토우

을 담당하다가 1881년 3월 흔적도 없이 외교 무대로부터 사라져 버린 수수께끼의 인물이었다.

이동인은 일본 방문 시에 1880년대 초 주일 영국 공사관의 2등 서기관으로 근무하고 있던 어네스트 사토우(Ernest M. Satow)와 수차례 긴밀하게 접촉하였다. 사토우의 일기에 의하면 이동인은 조선의 서양에 대한 개국은 시간 문제라고 언급한 것으로 나타나 있다. 사토우는 이동인의 확신에 찬 개국 발언에 대해 그를 영국의 협조자로 이용하려고까지 하였다.

이동인과 사토우 간의 개인적 친분관계는 한영 양국 간의 국교 수립 논의로 연결되지 못하였다. 그 이유는 이동인이 현직이 아닌 야인 신분이었다는 점과 사토우 역시 그 당시에는 전권 공사가 아닌 하위 외교관이었기 때문이었을 것이다. 이동인은 또한 미국과의 조약 체결이 머지않아 있을 것으로 예상하여 조선 민족의 독립과 자주성을 강조한 한미조약 초

안을 작성하여 이홍장에게 제출했으나 이홍장이 이를 묵살했다고 한다.

한편 조선에서 불교가 쇠퇴의 길을 걷고 있을 무렵, 일본에서는 반대로 불교가 점차 활기를 띠게 되었으며, 유력자들은 다투어 조선으로부터 대장경, 불상, 사리, 범종을 구해 갔다. 따라서 일본에 있어서의 외교승은 조선에 비해 장기간에 걸쳐 적극적으로 외교 교섭에 참여할 수 있었다.

교토의 선승들은 외교문서를 기초하였으며, 조선에 파견되는 일본 사절의 수석대표 또는 부대표를 맡기도 하였다. 일본의 외교승으로서 조선 측의 문헌에도 자주 등장하고 있는 겐소(玄蘇)는 조선 측과 무역약정 체결 교섭에 직접 나서기도 하였다.

임진왜란 후 한일 양국 국교 수복 과정에서 대마도 측이 국서를 위조한 해프닝이 있었다. 국서 위조사건을 계기로 일본 교토 중앙정부에서는 아예 초량 왜관에 외교승을 1~3년간의 기간으로 상주시켜 외교문서를 기초하고 또한 외교업무를 감독케 하였다. 중앙정부에 의한 외교승의 파견은 단순한 외교문서의 감독관 상주라는 차원을 넘어 그동안의 한일 양국 간의 다양한 외교 채널에 종지부를 찍고 중앙정부가 직접 조선 외교를 통괄하게 되었다는 것을 의미한다.

한일 관계에 있어서 외교승이 등장한 배경은 무엇이었을까. 이에 관해서는 관련 사료나 정리된 기록이 없는 관계로 단정하기는 어렵다. 다만, 승려들은 불제자로서 중생들에 비해 죽음에 대한 두려움이 크지 않았기 때문에 쉽게 적대국과의 교섭을 맡을 수 있었을 것으로 생각된다. 또 권력에 집착하지도 않고 괜한 음모를 꾸미지도 않을 것이라고 판단됐을 것이다.

그러나 1621년 도쿠가와의 위조된 친서를 가지고 조선을 방문한 자는 다름 아닌 겐보(玄方)라는 외교승이었다. 우리 측 관념으로는 최고 권력자 주변의 고승이 위조된 외교문서를 지참하는 것은 상상할 수 없는 일이었다. 바로 이 점을 일본 측은 노렸을 것이다.

또한 종교의 성격상, 자국 밖에 대한 관심과 이해가 깊었으며, 무엇보다도 한문에 대한 지식이 있어 필담에 의한 의사소통이 용이하였다. 특히, 당시 일본에서는 상무적인 기풍이 사회에 팽배하고 있어서 승려 중에 한문의 소양을 지닌 자가 많았다. 말하자면 일본에서의 승려들은 지식인층이라고 할 수 있었다.

에도 시대의 일본 불교는 조정과 밀접한 관계를 맺으면서 번창하였다. 전쟁터를 밀사의 신분이나 중재역으로 누비고 다닌 승려가 많았다. 천하의 대세를 판가름한 세키가하라 전쟁에서 참형당한 에케이(惠瓊)와 도쿠

조선에서 불교가 쇠퇴의 길을 걷고 있을 무렵 일본 외교승들이 조선에서 가져간 대장경, 불상, 고려청자 등을 소장하고 있는 대마도의 카이진(海神)신사.

가와 이에야스의 정치 자문역을 맡았던 덴카이(天海)가 그 대표적인 예이다.

또 외교승들은 사절로 적대국에 파견되어 장기간 억류되거나 심한 경우 살해된다고 하더라도 부양가족이 없어서 심적 부담이 적었다. 또한 새로운 관계 모색이나 억류되어 있는 포로 송환 문제 해결은 불교의 자비정신과도 일맥상통하기 때문에 사사로운 감정에 얽매이지 않고 대승적인 차원에서 외교 교섭에 나설 수 있었다.

한일 간 혼란이 어느 정도 수습되어 가고 조선의 경우 승려의 급격한 신분 하락 등으로 외교승은 점차 뒷전으로 밀려나고 말았지만, 그들은 한일 외교사에 있어 특이한 존재로 기억될 것이다.

전화위복에 능한 일본

조선의 근대화 과정에 있어서 유교적 가치관과 배치되는 천주교가 외세의 뒷받침을 받아 다른 무엇보다 먼저 유입된 것은 불행한 일이었다. 언급했듯이 일본의 경우는 종교보다 화승총이 앞서 도입되었던 것이다.

천주교는 조선인의 조상 숭배의 전형인 제사를 우상 숭배로 규정하였다. 이는 충효를 제일의 덕목으로 하는 조선인의 관념으로 볼 때, 서양인은 짐승과 같다는 선입관을 보다 현실적으로 증명해 주었다.

또한 천주를 절대적 존재로 신봉하는 교의는 왕의 권위를 경시하는 풍조를 조장할 우려가 있고, 반상철폐를 전제로 하는 평등사상은 당시 집권세력인 양반의 지위에 도전하는 위험스러운 것으로 받아들여지게 되었다.

한편 쇄국의 기수 대원군은 1863년 정권을 장악하자 서양식의 양복을 입고 구미의 흉내에 급급하는 일본과의 접촉을 엄격히 규제하기 위해 《대전회통》이라는 법전을 편찬하였다. 옷을 바꿔 입는 행위를 인간의 근본이 달라지는 것으로 생각하였던 것이다.

이 무렵 일본에서는 이미 언급한 에노모토가 네덜란드 유학길에 나섰으며 서양 국제법 서적이 날개 돋친 듯이 팔렸던 것에 비하면 좋은 대조를 이룬다.

대원군 이하응(李昰應, 1820~1898)은 초기에는 천주교 신부를 자신의 정치적 목적에 이용하려고도 했지만, 결국에는 천주교를 반유교적인 사교(邪教)로 단정하고 대대적인 천주교 탄압을 자행하여 프랑스 신부와 신도들을 무자비하게 처형하였다.

천주교 신부 처형이 빌미가 되어 조선은 병인양요를 겪게 된다. 또 미국과는 제너럴 셔먼호가 평양에서 소실된 사건으로 1871년에 신미양요라는 전쟁을 치러야 했다.

대원군이 집권한 지 수년밖에 안 되는 시점에 발생한 서양과의 항쟁은 조선으로서는 민족의 사활을 건 전쟁이었다. 그러나 프랑스나 미국 측으로서는 국가의 운명을 건 전쟁이 아니라 한바탕의 작전에 불과했다.

서양에 대해서는 우물 안 개구리식의 식견밖에 없는 조선의 위정자들은 단순한 작전상의 승리를, 중국과 일본을 굴복시켰던 서양을 물리쳤다고 의기양양해 했다. 쇄국 정책은 더욱 굳어졌으며 서양 문명과 군사력에 대한 정당한 평가를 내리지 못하고 배외사상만 일층 고취시켰다. 서양 오랑캐와의 화의를 주장하는 것은 곧 매국이라는 척화비까지 서울 종로 네 거리와 지방 각처에 세웠다.

조선에서 프랑스와 미국과의 난리가 일어나기 수년 전에 일본에서도 유사한 교전 사건이 있었다. 1862년 8월, 서양 오랑캐를 물리치자는 기운이 강했던 사쓰마에서 리처드슨(Richardson)이라는 영국인 상인이 살해된 사건이 일어났다.

이 사건을 계기로 사쓰마와 영국 함대 간에는 포격전이 개시되었으나

일본인들은 적군의 압도적
인 화력에 질려 전투는 3시
간 만에 일본의 항복으로 간
단히 끝나고 말았다. 그런데
이 전투는 기이한 결과를 초
래하였다. 일본인들은 2만
5,000파운드의 배상금을 지
불하고 군함 구입을 의뢰하
는 등 우호관계를 맺더니 사
회 전체적으로 영국을 숭상
하는 분위기가 팽배해진 것
이다.

1873년 쇄국정책 등의 실정으로 실각한 흥선대원군.

이 사건이 일어난 2년 후
인 1864년에 조슈 당국과 영·미·불·네덜란드 간에는 시모노세키 해
협의 자유 항행 문제를 둘러싸고 다툼이 일어나 급기야는 포격전으로 발
전하고 말았다. 전쟁은 역시 맥없이 끝났다. 이틀에 걸친 전투는 연합군
의 일방적인 승리로 끝났다. 조슈 포격은 사쓰마의 경우와 같이 기묘한
결과를 초래했다.

연합국이 300만 달러라는 거액의 배상금을 요구했는데도 일본은 별다
른 이의 없이 받아들였으며 서양 세력의 배척 운동을 완전히 포기하겠다는
약속까지 했다. 결국 서양 오랑캐 축출의 거점이라고 할 수 있는 사쓰마,
조슈는 백기를 들고 영국에 접근하는 정책으로 급선회하게 된다. 바로 이
런 일들이 일본인의 현실주의적 성향을 잘 드러내 주고 있는 것이다.

조선은 일본의 식민지로 전락하였지만 개미한테 뭐 물렸다는 심정이었으며 독립에 대한 꿈을 결코 포기하지 않고 의병운동과 해외에서의 독립 투쟁을 계속했다. 그런데 초토화된 일본에 진주한 연합군 최고사령관 맥아더는, 어제까지 '잔악 무도한 미국, 영국놈들'이라고 매도하던 일본인들이 너무나 쉽게 순종하는 데 놀랐다고 한다.

　사실 미국 측은 점령군에 대해 일본이 가미카제식의 결사적인 저항을 하리라고 예상했었다. 1945년 8월 점령 통치를 위해 미군이 일본에 상륙했던 날의 모습을, 어떤 영국 기자는 "아침에는 소총을 겨누며 상륙했지만 점심 때는 그것을 치워 버렸고 저녁 때는 장신구를 사러 외출했다."라고 기록하고 있다.

　한일 양국은 1860년대 초반에 다 같이 서양과의 무력 대결을 벌였으나 그 성격과 결과는 판이했다. 일본의 경우는 대외적으로 일본을 대표하고 있던 막부가 직접 간여한 것도 아니고 상대는 일개 봉건 영주에 불과했다.

　이 전투로 인해 일본은 치명적인 타격을 입지도 않았으며 전투는 3일 이내에 끝나고 말았다. 이런 국지전을 계기로 조직적인 배외운동은 사라졌고 오히려 서양과의 접근이 촉진되었다. 그러나 조선의 경우 서양과의 접촉은 일본에 비해 비극적이었으며 근대화 추진에 부정적인 영향을 미쳤던 것이다.

　한편, 조선 정부는 미·불 격퇴를 일본 측에 통보하면서 서양에 대한 경계심을 늦추지 말자고 했다. 이 같은 통보를 접수한 일본은 일본 주재 미·불 공사에게 조선과의 분쟁을 거중 조정할 용의가 있음을 알리고 구체적인 협의에 들어갔다. 그러나 조선의 반대와 일본의 국내 사정으로 일본에 의한 조정은 성사되지 않았다.

　일본은 어째서 거중 조정에 나서려고 했을까. 조선에 사절 파견을 적극 주장하고 나섰던 자들은 중국의 태평천국의 난을 틈타 조선을 정복하자는, 소위 정한론을 들고 나왔던 무리들이었다. 사절의 출발 준비 작업으로 해군 군함과 2개 대대의 병력을 동원하려고 했던 움직임으로 보아서도 거중 조정을 구실 삼아 기실은 일본의 침략적 의사를 관철하려고 했던 것이 분명하다.

시모노세키 원정을 앞두고 요코하마 인근해상에 정박 중인 영 · 미 · 불 · 네덜란드 등 4개국 연합함대들.

　일본의 조정 제의에 대해 프랑스는 조정 효과에 의문을 나타냈으나 미국 측은 호의를 표명하였다. 미국 측의 이와 같은 태도는 미국의 대아시아 정책의 전개 과정에서 일본으로 기울어질 조짐이었다. 결국 조선은 양요를 통해 미국과 적대 관계에 들어갔으나 일본은 어부지리로 미국 측의 환심을 사고 일본의 서구적 외교 능력에 대한 긍정적 평가를 받게 되었다.

화이사상과 한일 관계

　근대 한일 관계를 생각할 때 중국을 정점으로 하는 화이사상(華夷思想)을 염두에 두지 않을 수 없다. 화이사상은 중국 민족이 세계에서 가장 우수하다는 전제하에 세계 문명의 중심은 중국이라는 전통적 사상으로 다른 민족에 대한 자기 주장의 정신적인 기초였다. 결국 화이사상은 비문명 상태하에 있는 주변의 야만인, 즉 오랑캐들을 중국 문명에 동화시키는 것을 목표로 한다.

　이와 같은 화이사상에 근거한 가부장적 상하관계의 국제질서가 화이질서이며 이의 구체적인 형태는 조공과 책봉 관계로 표현된다. 중국의 책봉을 받아 온 조선의 사대부들은 중국을 중화(中華), 조선을 소화(小華)라고 생각하고 일본을 포함한 다른 나라는 야만적인 오랑캐의 나라로 간주하였다.

　따라서 서양 제국과의 통교는 조선의 전통적인 세계관과 배치된 이단으로 생각되었으며 조선 문화에 대한 훼손으로까지 받아들여지게끔 되었다. 다만, 일본과는 같은 유교 문화권의 일원으로서 의례적인 사절을 교환했으나 일본을 조선과 같은 반열에 두지는 않았다.

동성동본은 결혼하지 않는다는 철칙과 남녀 7세 부동석이라는 윤리관을 지닌 조선으로 볼 때, 일반 서민들은 물론 왕족까지도 사촌끼리 결혼하는 일본인의 풍속은 그야말로 인륜을 모르는 것으로 보였을 것이다. 우리 역사 교과서에 등장하는 '왜구'는 예의범절을 모르는 패륜아로 인식되었다. 고려 말과 조선 초에 걸쳐 정권의 안정을 위태롭게까지 한 왜구의 횡포와 노략질은 악명이 높았다. 민중놀이 집단인 남

일본에 처음으로 유학을 전해 준
조선의 유학자 강항(姜沆, 1567~1618)

사당의 꼭두 놀음에 등장하는 영노(탈쇠)가 바로 물 건너온 귀신으로 일본인을 지칭한다.

한편 1763년 오사카에서 처음으로 공연된 인형극의 주인공 목쿠소(木曾)는 예수를 믿는 조선계의 요술사로서 일본에 복수하러 온 인물로 묘사되고 있다. 목쿠소는 조선의 지방 장관의 벼슬인 목사의 변형으로 풀이된다. 조선과 기독교에 대한 일본인의 경계심의 일단을 보여 주는 예이다.

조선은 일본을 '왜'라고 호칭함으로써 일본, 즉 야만적인 왜와는 스스로를 구별하는 우월의식을 즐긴 반면 일본인들은 모멸감을 느끼고 이의 호칭 시정을 요구하기도 했다. 30년 이상 조선 외교의 실무를 담당했던 아메노모리 호슈(雨森芳洲)는 조선통신사 신유한에게 공식적으로 '왜인' 호칭의 삼가를 주문하기도 하였다. 그러나 조선의 문집이나 일상생활

에서 '왜'라는 말은 좀처럼 사라지지 않았다.

요즈음은 일본 음식을 '일식'이라고 하지만 20~30년 전만 해도 '왜식'이라는 말이 훨씬 널리 사용되었다. 한일 국교 정상화 이후, 일본 측의 보이지 않는 노력으로 '일식'이라는 말이 일반화된 것이 아닌가 한다.

일본에 대한 우월의식은 조선의 지배 계급을 형성하는 제도 자체에 연유를 두고 있다 하겠다. 조선의 지배 계급이었던 양반은 과거시험 합격자를 중심으로 구성되었다. 양반에게 있어 과거급제야말로 사활을 결정하는 인생의 중요한 문제였다.

과거시험 과목은 중국 성인들의 가르침을 엮은 대학·중용·논어·맹자와 역경·서경·시경·예기·춘추 그리고 중국의 시나 산문인 사장으로 구성되어 있었다. 과거시험은 유교 경전의 정통적 해석에 얼마나 정통하고 있느냐의 여부가 급락의 관건이었다. 정치 권력의 핵심 세력일 뿐 아니라 지식층의 대표적 존재였으며 학문, 지위, 재물을 장악했던 이들은 유교 경전에 통달하고 유교 정신을 높이 받들었던 관계로 자연히 유교의 본가라고 할 수 있는 중국에 대해서도 숭상하는 마음을 갖게 되었다. 나아가 중화사상의 충실한 추종자로서 유교 이외의 학문을 이단시하는 소화주의자로 전락하고 말았다.

중화와 오랑캐를 구분하는 명분은 지리적으로는 중화가 세계의 중심이고 오랑캐는 변경에 위치한다는 개념과, 문명적으로는 중국 문명이 세계 문명의 중심으로 여타의 주변과 구별된다는 개념이 혼합된 것이다. 조선의 식자들은 한족이 세운 명나라가 만주족의 청국에 의해 멸망하자 지리적 개념의 중화는 이미 존재하지 않게 되었으며 문화적 개념의 중화는 소중화인 조선으로 옮겨 왔다는 자부심을 갖게 되었다.

따라서 조선은 명나라에 이어 청국과도 외교적으로 사대관계를 유지하면서도 청국을 '오랑캐' 또는 '되놈'으로 칭하고 내심 경멸하는 마음을 품게 되었다. 청국에 대해서도 이와 같을진대 항차 일본에 대해서는 더 말할 나위가 없었다.

한편 역사상 일본에서는 도쿠가와 시대를 유교 문화가 가장 번성했던 시기로 평가할 수 있다. 유생들은 지식인 계층을 형성하고 있었으나 조선과는 달리 정권을

1871년 흥선대원군이 서양의 침략을 경계하고 쇄국의 의지를 다지기 위해 전국 각지에 세운 양이척화비.

좌지우지하는 세력이 아니라 무사에 봉사하는 직인과 같은 존재에 불과했다.

또한 일본에 있어서의 주자학은 교조적 성격이 훨씬 약화된 것이었다. 유학은 주자학, 양명학, 절충파 등 여러 파로 나뉘어져 학파 간에 자유로운 논쟁이 있었다. 맹자와 공자가 일본에 쳐들어오면 주자학을 배운 일본인이라도 분연히 이에 맞서 싸워야 하는 것이 공맹의 정신이라고 가르쳤다. 즉, 주자학에 절대적 가치를 부여하지도 않았고 일본식으로 윤색하였으며 언제나 새로움을 취하는, 이를테면 온고지신(溫故知新)의 정신

을 존중했다.

일본은 특별한 가치나 이념, 사상에 집착하지 않는 전통 속에서 살아왔다. 어떻게 보면 그저 '하이, 하이'를 연발하는 우유부단한 사람들로 보이기도 하지만 내심으로 절치부심(切齒腐心), 와신상담(臥薪嘗膽)하는 자세로 살아왔다는 것을 주목해야 한다.

이에 반해 같은 유교 문화권에 속한 조선은 유가의 본가인 중국인보다도 더 유교적 규범에 집착했다. 사회주의 종주국 소련이 붕괴하여도 '우리식의 사회주의'를 고집하면서 고립의 길을 걷고 있는 북한과도 일맥상통하는 면이 있다.

이러한 정신적 풍토가 서양과 일본에 대한 생각을 쉽게 바꾸지 못하게 하고 조선의 엘리트들이 과거의 세례를 받았지만 밀려오는 근대화의 물결을 헤쳐 나가기에는 너무나도 역부족이었다. 이를테면 주자학이란 수양산 그늘이 강동 팔십리가 아니라 한반도 전체에까지 드리워져 있어 조선의 식자들은 거기에 안주하고 말았다고 하겠다.

그러나 조선 주자학의 사변적 성격을 비판하는 지식인이 전혀 없지는 않았다. 17~18세기에 유형원, 이익, 정약용, 홍대용 등으로 대표되는 실학파들은 학문의 유용성과 실용성을 강조했다. 특히, 홍대용이 지구가 둥글다는 〈구체설(球體說)〉과 지구의를 활용하여 중국은 세계의 중심이 아니라고 주장함으로써 종래의 중국 중심의 세계관 즉, 화이사상에 도전적인 태도를 보인 것은 높이 평가할 만하다. 그런데 그런 좋은 생각이 현실 정치에 투영되지 않는 데 문제가 있었다.

근대 일본 지식인의 필독서, 《만국공법》

일본은 미국에 의해 강제적으로 개국됨과 동시에 7세기경 중국문화를 불가사리같이 흡수했던 것과 같은 열의로 서양 지식 흡수에 전력투구했다.

일본의 해외지식 흡수 과정은 한학에서 난학으로 그리고 다시 영미학으로 이어졌고 그 수용 속도는 조선이나 중국과는 비교할 수 없을 정도였다. 1841년 14세의 어린 나이에 조난당했다가 미국 선원에게 구출되어 10년 가까이 미국 교육을 받고 돌아온 나카하마 만지로(中浜萬次郎)가 막부에 등용되어 외교 문서의 기안, 번역에 종사하면서 일본 청년들에게 영어를 가르쳤다는 에피소드는 앞서 이야기했다.

일찍이 조선의 다산 정약용은 일본의 학습 태도와 관련하여 다음과 같이 한탄하였다.

"일본은 원래 백제로부터 서적을 처음으로 얻어서 읽은 몽매한 나라였지만 중국과 직통한 후로는 쓸 만한 서적을 모조리 구입하고, 또한 그 학문이 과거시험을 위한 것이 아니기 때문에 이미 우리나라를 능가하고 있으니 부끄러운 일이다."

다산 선생의 한탄은 정녕 과거지사에 국한되는 것인지, 우리들 모두가 한 번쯤 깊이 생각해 보아야 한다. 다산은 그의 저서에서 일본과 일본인을 논하고 있지만 한 번도 일본을 방문한 적은 없다. 미국의 여류 인류학자 루스 베네딕트가 일본 문화론의 고전으로 읽히는 《국화와 칼》을 저술했지만 그녀 역시 일본을 단 한 번도 방문한 경험이 없었다. 우연한 일이겠지만 흥미롭다.

19세기 서양 세력 앞에서 가장 절실히 필요했던 지식은 미국 측 수석 대표 해리스가 교섭 테이블에서 자주 거론한 국제법 이론이었다. 일본은 해리스와의 교섭 과정과 중국에서 간행된 국제법 서적 한역본을 통해 당시 《만국공법》으로 불려진 국제법의 기초적 개념을 어느 정도 파악하게 되었으나 구두를 신고 발등을 긁는 정도였다.

일본인의 학문하는 태도는 예나 지금이나 이것저것 기웃거리는, 박학다식을 지향하는 태도가 아니다. 그들은 한 곳을 깊이 파고들어가 그 분야의 일인자를 목표로 한다. 따라서 개국 후 일본은 군함으로 상징되는 서양의 과학기술과 미국 대표들이 운운하는 국제법의 연구에 혈안이 되다시피 하였다.

당시 서양에서 직접 소개된 국제법 교과서는 없었고 중국에서 활동하던 미국 선교사 윌리엄 마틴이 미국 외교관 헨리 휘튼의 국제법 입문서를 《만국공법》이라는 서명(書名)으로 한역하여 동문관에서 발행한 것이 고작이었다. 동문관은 1863년 중국 정부가 외교관과 통역관 양성을 위해 설립한 신교육 기관으로 《만국공법》은 이 동문관에서 사용되었던 국제법 교과서이다.

마틴이 이 책을 번역한 목적은 문명의 법 원칙에 관한 지식의 보급을

통해 중국인에 대한 선교 활동을
원활히 하고 서양과의 교섭에 대비
토록 하는 데 있었다.

마틴은 이 책을 완역한 것이 아니
라 발췌하여 번역했으며 원전에도
없는 당시의 국제정세 개략과 간단
한 세계지도를 삽입하였다. 이와
같은 지도의 삽입은 세계의 중심이
중국이라는 중국인의 전통적인 우
월의식을 고쳐 주기 위한 생각이었
을 것이다.

에도 후기의 지사 사카모토 료마(坂本龍馬)

마틴은 번역에 있어 용어에 세심한 배려를 하여 유학자의 전통적인 가
치관과 충돌하지 않도록 하였다. 이런 의미에서 《만국공법》은 단순 번역
이라기보다는 의역에 가깝다. 이 책은 발간되자마자 비상한 관심을 끌었
다. 공친왕이 널리 보급시키도록 명할 정도였다.

한편 1864년 동문관에서 《만국공법》 300부가 출판된 그 이듬해 즉,
1865년에 일본에서 복사판이 나와 외무 당국자와 지식인 사이에 경전처
럼 널리 읽혔다. 당시 일본의 조야에 《만국공법》은 하나의 유행처럼 번
져 나갔다.

막부 말기의 지사로 널리 알려져 있는 사카모토 료마(坂本龍馬,
1835~1867)가 어느 날, 긴 칼을 차고 있는 무사를 보고 실전에는 짧은 칼
이 유리하다고 지적하고, 다음 만났을 때는 칼보다는 피스톨의 위력이
대단하다고 말했다. 사카모토가 세 번째로 무사를 보았을 때는 무력보다

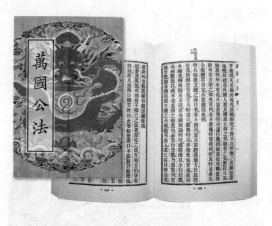
국제법 입문서인 《만국공법》 한역본 표지와 본문.

학문이 중요하다고 하면서 예의 《만국공법》을 내보였다는 일화가 있을 정도로 이 책은 당시 일본 지식인들의 필독서가 되었다.

일본 학자들은 번역서를 토대로 여러 종류의 해설서를 발간했는데, 번역서의 한계를 인식하고부터는 아예 휘튼의 원서를 사들여와 직접 번역, 출판하였다.

명치의 지도자들은 생소하기만 했던 서양 국제법 이론에 대한 갈증을 해소하기 위해 안간힘을 다하였다. 굉장한 노력으로 명치 유신 이래 불과 10년도 채 안 된 1875년 즉, 강화도 사건이 일어나던 때까지 10여 종의 국제법 책이 발간되었다.

군함과 국제법 앞에 동양 3국의 정점이던 청국이 허망하게 무너지는 것을 목도하며, 어쩔 수 없이 개국을 강요당했던 일본은 서양법의 효용을 몸으로 체험했던 것이다.

일본은 지금으로부터 120년 전에 단기 속성과정으로 서양의 법 이론을 흡수하기 위하여 총체적인 노력을 했다. 한역 국제법을 연구하고 영·미로부터 직수입한 원서를 일어로 번역하고 젊은 영재들을 네덜란드, 프랑스, 영국, 미국 등으로 유학을 보냈으며, 서양인 외교 법률 고문을 초빙하여 직접적인 지도를 받았다.

1872년 당시 일본이 고용하고 있던 외국인 총수는 387명에 달하고 있으며 국적별로는 영국인 169명, 미국인 41명, 프랑스인 69명 등이었다. 조선이 일본에 의해 강제 개국되기 전에 일본이 이처럼 많은 서양인을 고용하였다는 사실이 놀라울 따름이다.

특히, 일본에 초빙된 외교 국제법 고문들은 10~15년간 장기간 체류하면서 서양식의 외교 교섭술과 국제법 이론을 관변에 널리 소개하는 등 일본 외교의 근대화에 중요한 역할을 하였다. 당시 외무대신의 2배나 되는 급료를 아낌없이 지불했던 일본인을 좁은 도량의 왜인이라고 할 수 있을까.

물론 조선도 개국 후에 외국인 고문을 초빙했지만 미국인 일색에다 자질 면에서도 일본이 초빙한 고문에 비하면 형편없었다. 외국인 고문에 대한 보수조차 제대로 지불하지 못했던 당시의 사정도 문제였지만, 아무튼 기왕에 초빙한 외국인 고문으로부터 서양식 외교 실무를 제대로 익히지도 못했으니 실로 안타까운 일이 아닌가.

한일 불평등 조약의 전말

　1868년 성립된 명치 정부가 직면한 대조선 외교 현안은 국교 회복 문제였다. 1869년 1월, 일본 정부는 종래의 한일 외교 루트인 대마도 번주를 통해 보내온 국서에서 왕정 복고를 통고해 옴과 동시에 국교의 조속한 회복을 요청해 왔다.

　국교 회복을 요망하는 일본 국서는 지금까지의 관행과는 달리 중국 황제에게만 사용된 황(皇) 또는 칙(勅)의 문자가 포함되어 있었다. 일본을 한 수 아래로 보아 왔던 조선의 위정자들이 그런 국서를 받아들일 리가 없는 일이었다.

　한편 조선의 관행과 기존 한일 양국 간에 교환된 국서 패턴을 익히 알고 있던 일본 역시 조선 측이 이를 순순히 접수하리라고는 기대하지 않았다. 한일 간의 기존 외교문서 양식을 하루아침에 무시해 버린 일본의 태도는 한일 관계를 규율하고 있던 구질서의 부정이며 조선에 대한 도전이었다.

　당시 중화사상의 포로나 다름없었던 조선의 사대부들은, 관례를 무시한 일본의 국서를 접수할 경우에는 조선, 청국, 일본 관계에 있어서 논리적 함정에 빠지게 되리라는 점을 우려했는지도 모르겠다. 즉, 문서 접수의 의미는 중국 황제와 일본 천황이 동격이 되고, 중국 황제로부터 책봉을 받고 있는 조선 국왕은 자연히 일본 천황보다 하위에 놓이게 되는 것이 아닌가 하는 우려도 있었을 것이다.

시대를 거슬러올라가 일본인의 말장난을 잠깐 살펴보기로 하자. 도쿠가와 정권은 중국의 책봉을 바랐으나 기회를 얻지 못하였다. 초기에는 '일본 국왕'으로 인정되어 '간빠쿠(關白)'로 통칭되어 오다가 후에 '다이쿤(大君)'이라는 호칭으로 중국을 정점으로 하는 동아시아의 국제 질서에 뛰어들었다.

일본식의 논리로 보면 국왕이라는 칭호 대신에 대군이라는 칭호를 들고 나온 꿍꿍이속은 간단치 않다. 다만, 왕은 중국의 황제가 책봉한 것으로 중국보다 하위에 위치하게 되는 국제적 위계 질서를 인정하는 셈이며 또한 조선 국왕과 동렬에 놓이게 되는 증좌로 여겨 왔다. 따라서 중국이나 조선에서 일반적으로 사용되지 않은 대군이라는 호칭을 만들어 사용함으로써 중국에 대해서는 자주적 태도를 과시하고 조선에 대해서는 우월적 위상을 내보이고 싶었는지도 모른다.

일본인은 자기 합리화에 능하다. 엉뚱한 신조어를 만들어 내는 그들의 능력도 사실은 그 일부이다. 2차 대전의 패전을 종전으로, 맥아더 점령군을 진주군으로, 침략을 진출로, 수탈을 수용으로, 신사 참배 강요를 장려로 표현하여 호도하는 저들의 언어적 희롱은 일일이 열거할 수 없을 정도이다.

다시 국서 문제로 돌아오면, 국서 접수 거부는 당시 대원군의 배일 감정도 크게 작용하였다. 대원군은 명치 유신 이래 문명개화와 서구 문물 수용에 급급하고 있는 일본을 '왜양일체'로 간주하고 경계심을 늦추지 않았던 것이다.

결국 중국 문명의 아류인 일본으로서는 화이질서라는 척도를 가지고 서는 한일 관계를 반전시킬 수 있는 논리의 궁핍을 느끼고 현상 타파를 의도하기에 이르게 된다.

우선 대마도를 통한 외교 교섭의 패턴을 바꾸지 않고서는 대조선 국교 회복은 어렵다는 판단에서, 대마도 번주에 의한 대조선 외교는 사사로운 통교라고 규정하고 문명개화 시대에 상응한 서양식의 법 논리로 한일 관계의 변혁을 시도하였다. 서구식의 법 논리 바로 그것은 《만국공법》으로 불려지던 근대 서구 국제법이었다.

1871년 9월, 마침내 일본은 화이질서의 정점이었던 청국과 청일 수호 조약을 체결하기에 이르렀다. 일본과 중국이 군신 관계로서가 아니고 대등한 입장에서 조약을 체결하였다는 정보를 입수한 조선의 위정자들은 놀라움을 금치 못하였다. 청일 간의 평등조약 체결로 일본은 청국을 상국으로 받들고 있는 조선보다 명목상 우위에 서게 되었다고 거드름을 피웠다.

1875년 9월, 일본 군함 운양호 등 3척이 해로 측량이라는 명목으로 조선으로 내항하여 소위 강화도 사건이라는 것을 일으켰다. 일본 정부는 강화도 사건 교섭을 위해 구로다와 이노우에를 파견했다. 구로다는 36세의 육군 중장이지만 4개월간의 구미 순방 중에 미국 그란트 대통령을 만나는 등 국제 감각이 있는 자였다. 한편 이노우에는 41세로 영국 유학을 마친 국제파로서 후에 외무장관, 재무장관, 수상을 역임하고 조선 공사로 부임해 온 인물이다.

염불도 몫몫이라고 하던가.
강온과 문무를 적절히 배합한
일본 대표단과의 교섭에 임할
조선 측 대표단은 신헌(申櫶,
1810~84) 어영대장과 윤자승
부총관이었다. 구미 순방의 경
험을 가진 일본 대표와 중국 일
변도로 기울어져 있던 한일 간
의 외교 교섭은 처음부터 어긋
날 수밖에 없었다. 일본 측 대표
가 멍군 하면, 장군 하고 호기
있게 대응할 수 있는 실력이 우
리에게 있었을까.

강화도 사건 교섭에 나선 조선측 대표인 어영대장 신
헌(申櫶, 1810~1884)의 화상.

일본 대표들은 교섭 개시와
더불어 만국공법상의 조약 체
결을 들고 나왔다. 조선 측은 '조약'이란 생소한 단어를 듣고 당혹감을
감출 수 없었다. 지금까지 '왜'라고 부르면서 하대했던 일본 측이 난해
한 어휘를 구사하는 것이 마음에 들지 않았지만 조약의 구체적 의미를
묻지 않을 수 없었다.

이에 일본 측이 거들먹거리면서 조약이란 개국과 통상 관계를 규정한
공법을 의미한다고 하자 조선 측은 더욱 어리둥절해졌다. 조선 측은 조
약 체결 없이도 과거 300년 동안 일본과 관계를 맺어 왔고 무역도 해온
터인데 무슨 뚱딴지 같은 사설이냐고 반론하면서도 속으로는 크게 당황

하였다. 일본 측은 만국공법에 기초를 둔 조약 체결이 불가피하다고 하면서 조약안을 제시하였다.

초안에서 '대일본국 황제 폐하'와 '조선 국왕 폐하'라는 표현을 발견한 조선 측은 예에 따라 '황제'칭호 삭제를 요구했다. 일본 측은 불평등 조약의 본질 문제에 대해서는 일언반구도 없고 의례적인 문제를 거론한 데 대해 회심의 미소를 지으면서 선심이라도 쓰듯 조선의 국호 앞에 대(大)를 붙이도록 하였다. 이로써 양국은 '대조선', '대일본국'으로 각각 국명을 명기하게 되었다.

지금 생각하면 고소를 금치 못할 것이나 당시의 유교적 소양에 젖어 있는 조선의 외무 당국자들은 한일 간의 교섭을 의외로 쉽게 잘 마무리었다고 자축했을지도 모르겠다. 이와 같은 과정을 거쳐 강화도 사건이 일어난 지 불과 반년도 채 지나지 않은 1876년 2월에, 일본 측에 일방적으로 유리하게 되어 있는 한일 수호조약이 체결되었다. 무릇 수호(修好)라 함은 사이좋게 지냄을 의미하는 것이나 한일 간에는 시작부터 언어와 현실의 괴리가 심했다.

미국과 프랑스가 이루지 못한 조선의 개국을 일본이 실현시킴으로써, 일본 정부는 1853년 페리 제독의 강압에 의해 개국된 굴욕감을 어느 정도 해소했다. 대외적으로는 일본이 서구 외교식의 기량을 과시함으로써 유럽 문명의 학습에 있어서 우등생이 될 자질이 있음을 인정받았다.

한편 지금까지 조선에 의해 주도되어 오던 양국 관계가 일본 주도로 넘어가게 되었지만 조선으로서는 불행하게도 그 의미마저 제대로 파악하지 못했다.

한일 양국 관계에 있어 미묘한 변화의 일차적인 조짐은 양국 간에 교환

해로 측량 등을 구실 삼아 1875년 운양호 등 3척의 선박으로 강화도 영종도를 침범한 일본군 상륙도.

되는 공문서에 나타났다. 즉, 1868년 명치 유신 이전에는 한일 양국 간의 공식문서 정본에 한문이 사용되었다. 그러나 1874년부터 일본은 독자적인 형식으로 문서를 작성하고 한문은 문서의 부본에만 사용했으며, 조선 측은 종전대로 한문을 사용했다. 이 같은 변화에 숨겨져 있는 일본의 저의를 제대로 간파하기에 조선의 위정자들은 너무나도 중국적이었다.

1876년 강화도 조약에서는 문자 사용에 관한 분명한 규정을 두었다. 즉 조약 제3조에는 "금후 양국 왕래의 공문에 일본은 그 국문을 사용하되 차후 10년간은 한문 번역본을 첨부하며 조선은 진문(한문)을 사용한다."고 규정함으로써 일본은 일본문을, 조선은 한문을 외교문서 정본에 사용하도록 하였다.

사실 생각해 보면 세종대왕이 1446년 민족의 걸작품인 한글을 반포하였으나 조선의 모든 공문은 한자 전용이었다. 한글을 '언문'으로 푸대접한 우리 측의 태도에도 문제가 있었다.

이 조항은 수백 년간 조선의 주도하에 이루어져 왔던 한일 간의 문화 교류에 종지부를 찍고, 일본이 수용한 서양 문화의 아류가 일본으로부터 조선으로 역류해 올 것임을 암시하는 적신호였다. 일본은 한일 간의 조약문에서 한문 사용을 피함으로써 한학의 전통 위에서 이루어졌던 과거와는 일정한 거리를 둘 것을 분명히 하였다.

한편 한미 조약 제13조에도 양국 정부 간의 왕복 공문은 조선 측에서는 한문으로 미국 측은 한문 또는 영어를 사용하며, 영어를 사용하는 경우는 한문을 첨부하여 오해를 피하도록 한다고 규정되어 있다.

강화도 조약에 이어 한미 조약은 물론 다른 서양 제국과의 조약에도 한문이 공식어로 등장함으로써 자주국으로서의 조선의 위신은 크게 손상받은 것이라고 말하지 않을 수 없다. 이를 깨닫지 못한 조선의 사대부들은 현학적인 태도로 학문적 소양을 과시하고 독점하기 위해서 시종여일하게 한자 사용을 고집하고 한글을 제대로 대접하지 않았다. 우리 속담에 "내 절 부처는 내가 위해야 한다."는 말이 있다. 우리는 위하기는커녕 너무 소홀했던 것이다.

조선의 개화파

1864년 중국에서 한 선교사에 의해 한역된 《만국공법》은 간행된 직후인 1865년에 일본에 전해져 폭발적인 관심을 불러일으켰다. 그 후 일본은 《만국공법》을 가미카제식 정신으로 연구를 거듭하여 필요하다고 생각될 때는 언제나 아시아의 평화, 문호개방, 영토보전, 선의 등과 같은 고상한 외교적 언사를 농하였다. 그런데 국제법에 대한 뜨거운 관심에 빠져 있던 일본인들을 서늘하게 할 만한 충격적인 일이 일어났다.

1871년 11월부터 1873년 9월까지 장장 1년 10개월간에 걸쳐 구미 12개 국에 파견된 이와쿠라(岩倉具視) 사절단이 프러시아를 방문 중이던 1873년 3월 15일, 이들을 만찬에 초청한 독일의 철혈 재상 비스마르크는 국제법에 대해 일장 연설을 늘어놓았다. 국제법이라는 것은 각국의 권리를 보전하는 불변의 길이다.

그러나 강대국은 타국과 국익을 다툴 때 이롭다고 생각되면 국제법을 원용하나 일단 불리하다고 여겨지면 일전하여 무력에 호소한다. 따라서 국제법이라는 것은 항상 지키지 않으면 안 되는 불변의 진리는 아니라고 설파하였던 것이다.

만국공법보다는 힘의 논리가 우선이라는 비스마르크의 연설은 만국공법에 준거하여 국제사회에 발돋움하려는 일본의 대표단들에게 큰 충격을 주었다. 그 연설은 일본인들로 하여금 일찌감치 법이라는 것의 운명을 터득케 하고, 군함과 국제법으로 상징되는 서구 문명은 상호 보완적으로 사용하여야 한다는 것을 깨닫게 하였다. 군함 즉, 국력의 뒷받침 없는 국제법상의 주장은 공염불에 불과하다는 것을 알게 된 것이다.

비스마르크의 훈시는 일본의 계몽주의자 후쿠자와에게 영향을 끼치게 되었다. 1878년 후쿠자와는 그의 《통속 국권론》에서 약소국이 공법과 조약에 의해 독립이 유지된 실례가 없다고 지적했다. 또한 그는 100권의 《만국공법》이 대포 일 문만도 못하다고 하며 자강의 필요성을 역설하였다. 일본에서 국제법의 한계에 대한 인식이 굳어지고 있을 무렵, 조선에서는 때늦게 《만국공법》에 대한 관심이 고조되기 시작하였다.

1882년 10월, 조선의 의학 및 국문학 발전에 공헌한 지석영은 상소문을 올려 《만국공법》, 《조선책략》과 같은 서적을 한 장소에 집중 보관하여 전국에서 뛰어난 유생들로 하여금 연구케 하자고 했다. 나아가서 그는 《만국공법》과 같은 서적을 정밀하게 연구하여 세계 정세의 흐름을 깊이 이해하는 자를 관리로 특채할 것을 건의하였다.

지석영의 건의는 5년 전 강화도 조약 체결 당시의 조선의 대외 인식과 비교해 보면 격세지감을 느끼게 한다. 그러나 지석영의 건의는 여전히 받아들여지지 않았다. 정부 당국이 늦게라도 심각하게 받아들여 정책에 반영시키지 못한 것은 유감스러운 일이다. 조선의 식자들이 《만국공법》을 연구해 보지도 않고 오랑캐 법이라고 배척하고 있음을 개탄하고 《만국공법》을 전국에서 간행할 것을 주장하고 나선 유생도 있었으나 묻혀 버리고 말았다.

조선의 풍운아 김옥균은 1882년 10월 일본 방문 중, 일본의 발전상에 깊은 감명을 받고 일본을 모범으로 한 조선의 개화정책 추진을 생각하였다. 김옥균은 조선이 국토 면적과 인구가 대체로 이탈리아와 비슷하다고 지적하고 이탈리아가 영국과 프랑스 두 강대국 사이에서 독립을 유지하고 있는 것과 마찬가지로 조선도 만국공법상의 세력균형 원리를 이용하여 청국의 간섭을 배제하고 독립을 유지할 수도 있다고 하였다.

김옥균(金玉均, 1851~1894)

그러나 명치 유신을 모델로 하는 개혁이 좌절되자 김옥균은 종래의 일본 의존적 태도를 버리고 구미 열강과의 관계 강화와 자강책을 통하여 조선이 처한 난국을 타개하는 것이 상책이라고 하였지만 때늦은 자각이었다.

박영효(朴泳孝, 1861~1939)

그런데 현재 일본의 각 대학에서 사용되고 있는 국제법 교과서에는 김옥균을 일본 근대 국제법상 최초의 정치 망명자로서 기술하고, 당시 조선의 신병 인도 요구를 일본 측이 정치범 불인도 원칙을 내세워 거부했다고 기술하고 있다.

국제법에 대한 현실적인 인식이 가능했던 인사는 철종의 사위였던 박영효였다. 그는 1882년 10월 임오군란 후 21세의 약관에 수신 대사로서 일본을 방문하여 천황을 예방하고 이노우에 외상과 일련의 회담을 가졌다. 도항 중 국가의 상징인 태극기를 제작한 사실은 다 아는 바이다.

박영효는 유신 일본의 발전상을 직접 보고 깊은 감명을 받아 조선의 근대화 추진에 일본을 이용하려고 하였다. 청국보다 10년 이상 늦게 개국한 일본이 단기간 내에 이룩한 눈부신 발전을 보고 일본을 모범 삼아 조선의 내정 개혁을 추진하고자 했던 것이다. 그는 갑신정변 실패 후 일본에 망명하던 중 만국공법이나 세력 균형의 원리가 있다고 하더라도 국가가 스스로 자립 자존의 힘을 갖지 못하면 아무것도 유지할 수가 없다고 상소했다. 그러나 소용없는 일이었다.

근대 조선의 지식인 중 서양식 교육을 가장 장기간에 걸쳐 받은 인물은 윤치호. 그는 일본, 상해, 미국 등지에서 10년 가까이 서양의 정치, 철학, 역사, 신학을 배운 근대 조선 제일의 지식인이었다. 일본 체재 중에는 이노우에 외상, 후쿠자와, 명치 전기의 계몽 학자로 널리 알려진 나카무라 나사나오(中村正直), 주일 영국 공사관의 사토우 서기관 등과 만나 조선이 처한 상황을 재인식하고 조선의 장래를 논의하기도 하였다.

윤치호의 교제 범위는 조선의 지식인 가운데 어느 누구와도 비교할 수 없을 정도로 폭넓은 것이었다. 영어와 서양 사정에 밝은 인재가 없었던 당시 그가 수행해야 할 역할은 실로 막중하였다. 윤치호는 이노우에, 후쿠자와의 소개로 1883년 5월, 푸트 초대 미국 공사의 통역으로 귀국하였다. 그는 1883년 10월부터 다음해 12월 14일, 즉 갑신정변이 발생할 때까지 170회에 걸쳐 고종을 알현하였으며, 그때 조선의 당면 외교 문제에 관해서 여러 가지로 설명하였다. 고종은 영어를 자유자재로 구사하고 미국 공사의 통역으로 활동하는 윤치호를 기특하게 여겨 자주 대외정책에 관해 자문을 구했다. 이런 면에서 볼 때 윤치호는 조선의 외교정책 결정에 직간접으로 참여했다고 할 수 있다.

그는 독립국의 원수인 고종이 청국의 일개 대신에 불과한 이홍장과 동격이라는 데 자존심이 몹시 상했고 청국이야말로 조선의 자주독립 확보에 최대의 장애물이라고 생각하였다. 따라서 청일전쟁에서 일본이 승리하기를 간절히 바라게 되었다. 서양 문명의 물을 마신 윤치호의 눈에 청국은 무기력하고 완고한 미개화국으로 비쳤다.

윤치호(尹致昊, 1865~1945)

조선이 서양 각국과의 조약에도 불구하고 여전히 청국의 영향력 아래 있는 현실을 목격하고 그는 미개화된 청국보다는 차라리 개화된 일본의 영향력 아래 있는 것이 좋겠다는 비극적인 자기 파탄의 함정에 빠지고 말았다. 러일 전쟁에서 일본이 승리하는 경이를 보고 윤치호는 자기 민족에 대해 끝없는 무력감을 느껴야 했다.

한편 일본에 대해서는 부러움과 더불어 같은 황인종으로서 동질감을 느끼고 일본을 동경한 나머지 조선인의 〈독립 불능론〉 내지는 〈조선독립 유해론〉을 주장함으로써 자기 부정의 늪에서 헤어나지 못하였다. 그러나 그가 채 눈을 감기 전에 그렇게 암담하게 보였던 조국의 광복이 성취되지 않았던가!

결론적으로 윤치호는 장기간의 서양 교육을 받은 인물로서 조선의 외교와 국제법 발전에 상당히 기여할 수 있는 위치에 있었으나 근시안적인 역사관 때문에 맡겨진 몫을 다하지 못한 인물이었던 것이다.

일본 근대법 이론의 아버지, 브와소나드

일본은 1853년 개국 이래 서구 열강과 마지못해 맺은 조약이 일본의 관세 주권을 제한하고 영사 재판권을 인정해야 하는 불평등 조약이란 사실을 차츰 깨닫게 되었다. 이 같은 굴욕적인 조약의 개정 없이는 국제사회에서 일본이 문명국으로 제대로 대접받을 수 없음을 통감하였다.

일본은 조약 개정을 국가적인 목표로 간주하여 구미 각국에 사절을 보내 의견을 타진해 보았으나 이들은 근대적인 법 체계 마련이 선결되어야 한다는 냉정한 반응을 보였다. 결국 일본은 국내의 법 체계를 근대화시키지 않으면 조약 개정은 언감생심이라는 현실에 눈을 돌리게 되었다. 명치 초기의 근대화라고 하면 유럽화를 의미하며 일종의 의식혁명과 같은 것이었다.

'문명개화'라는 말이 많은 사람에게 회자되었다. 일본의 생존을 위하여 일본을 변혁시켜야 한다. 일본의 혼을 지키기 위하여 그 혼을 담고 있는 일본인이 혁신되지 않으면 안 된다는 절박한 심정이었다. 이를 화혼양재(和魂洋才)로 표현했다.

그러나 서양법의 수용은 상품의 완제품 수입과는 달리 이질문화와의 접촉을 의미하기 때문에 정도의 차이는 있지만 필연적으로 갈등이 있게 마련이었다. 갈등의 소지를 극소화시키기 위하여서는 일본의 법전을 서양인 학자가 기초하는 것이 손쉬운 방법이라고 판단하였다.

그래서 명치 정부는 프랑스 대학 법학부 교수로 있는 브와소나드 (Gustave E. Boissonade, 1825~1910) 교수를 초빙하게 된다. 나이 50을 앞두고 있는 파리 대학의 유명 교수를 극동의 조그만 섬나라로 모셔오는 일은 쉽지 않았지만, 유비가 제갈양을 삼고초려하듯 정성을 다해 1873년 일본으로 초빙해 올 수 있었다.

일본은 저명한 법학 교수를 초빙함에 있어 외무장관의 봉급보다 많은 급료 이외에 특별수당, 여비 등을 지불하는 조건을 제시했지만 업무 내용은 엄격히 규정하였다. 브와소나드 교수는 정규 관직을 가질 수 없고 원칙적으로 법률 및 외교 고문 역할만 해야 하며 일본의 정치나 종교에 대해서는 일체 간여해서도 안 되고, 또한 모든 결정권은 일본 측에 있다는 점을 분명히 했다.

조선에 초빙된 아마추어 법률 고문 묄렌도르프를 일약 외무차관으로 고용했던 조선의 조치와는 그야말로 하늘과 땅 차이이다. 왜소한 일본인들은 얼핏 만만하게 보일지 모르지만 '잔고기 가시가 세다.'는 격으로 일을 꼼꼼히 챙기고 녹록치 않은 데가 있다.

브와소나드 교수는 사법성 산하에 법률학교를 개설하여 정규 8년, 속성과 2~3년 과정을 설치하여 정규 과정은 처음부터 프랑스어로 강의하였다. 브와소나드는 사법성 법률학교, 동경대학, 명치대학에서 주로 자연법과 프랑스법을 가르쳤다. 브와소나드가 서양법 인재 양성을 서두른 이유는 서양식의 법전을 편찬하여도 이를 이해하고 적용할 능력 있는 율

사가 없으면 소용없게 되고 말 것이라는 생각 때문이었다.

　브와소나드는 법률학을 강의하는 한편 사법성, 외무성, 내무성의 고문으로서 활동하면서 헌법 초안의 기초, 형법, 민법, 형사 소송법을 편찬하는 등 일본 근대법의 기틀 마련에 거대한 족적을 남겼다. 브와소나드가 일차적으로 프랑스어로 법전을 기안하면 일본 제자들이 이를 일어로 번역하여 토의에 부치고 토의된 내용을 브와소나드가 다시 손질을 가하는 작업을 서너 차례씩 되풀이해야 했다. 일본인들은 브와소나드를 '창업기의 잊을 수 없는 은인'으로 평가하고 있는데, 이는 단순한 외교적 언사나 과장이 아닌 진심에서 나오는 고마움의 표현이다.

　브와소나드는 단순한 법률 고문이 아니라 외교 교섭에 있어서도 일본의 국익을 신장시켰던 훌륭한 외교 고문이었다. 1874년 일본의 대만 출병 때, 브와소나드는 국제법 지식을 유감없이 발휘하여 그의 진가를 높이 평가받게 되었다. 대만 동남 해안에 표착한 일본인 선원 66명 중 54명이 토착민에 의해서 살해된 사건이 일어났다. 일본에서는 이 사건과 관련해 오쿠보(大久保利通) 내무상을 파견하여 청국 측과 교섭에 임하게 하였다. 이때 브와소나드가 자문역으로 동행하여 서양의 법 이론으로 청국 측을 궁지에 몰아넣고 일본의 의도를 관철시켰다.

　일본 측은 먼저 일본인 살해 책임 문제를 거론하였다. 이에 청국은 토착민에 대해서는 청국의 권한이 미치지 않는다는 책임 회피적 태도를 보이면서도 대만은 중국의 영토라고 주장하였다. 또한 청국 측은 일본의 대만 출병은 청일 수호조약의 위반이라고 항의하고 나섰다. 일본은 기다렸다는 듯이 만약 청국 측이 대만 토착민에 의한 일본인 살해에 대해 배상하지 않으면, 그것은 곧 대만은 청국의 영토가 아니라는 것을 스스로 반증하는 것이라고 반박했다. 권리에는 반드시 의무가 따른다는 법리로 윽박질렀다.

명치 정부가 외교고문으로 초빙한
브와소나드(메이지 대학
사료센터 제공)

권리에 의무가 따른다는 법리는 청국 측에 분명 낯선 이론이었다. 브와소나드의 훈수에 따른 일본 측의 유럽적 발상과 법리가 청국의 중화주의와 첨예하게 대립하였던 장면이다. 청국은 서양 법리와는 상관없다는 태도를 고집하였으나 결국 일본의 요구에 굴복하여 50만 량의 배상금을 지불했다.

따라서 1871년 청국과 동등한 수호조약을 체결함으로써 수백 년간 계속되어 왔던 열등감을 어느 정도 극복한 데 대한 만족감에 이어 청국으로부터 배상금까지 받아 낸 일본은 쾌재를 불렀다. 일본이 1895년부터 1945년까지 반세기 동안 대만을 식민지로 할 수 있는 자신감을 느끼게 해준 외교 교섭이었다.

일본의 지도자들은 국제법의 신통력에 어안이 벙벙해졌다. 중국이나 조선과 같이 중화사상의 포로가 되어 있는 교섭 상대에게는 서양 국제법 원리로 밀어붙여야 한다는 것을 새삼스럽게 터득하게 되었다.

메이지 천황이 브와소나드를 직접 불러 훈장과 함께 2,500엔의 하사금을 주어 그의 노고를 격려한 데서도 이들이 대만사건 교섭 결과에 얼마나 만족했는가를 알 수 있다. 외무대신의 월급이 500엔이었던 것을 감안하면 2,500엔의 하사금은 대단한 금액이다.

브와소나드는 1875년 12월 강화도 사건 발발 시에도 일본 측에, 강화도를 강점하여 공법상의 보상을 받아 내는 방안을 강구하라고 권고했다.

1882년 임오군란 발생 시에는 청국과의 교섭에서 톡톡히 재미를 본 손해 배상의 원리를 적용하였다. 즉 강화도 조약 제1조 '조선의 자주국 조항'을 거론하여 일찌감치 청국 개입의 여지를 차단한 다음에 조선 측에 일본 공사관의 피해 보상을 요구하였다. 청국과의 무력 대결은 당분간 뒤로 미루고 조선에 무력적 시위를 하는 방법으로 최대한의 일본 국익을 확보키로 했다. 이 모든 교섭 방법은 브와소나드가 연출한 것이다.

당초 3년간의 계약기간으로 초빙되어 온 브와소나드는 일본을 제2의 조국으로 삼고 일본에 봉사했다. 48세 장년의 나이에 일본에 와서 70세가 될 때까지 자그마치 22년간 근무했다. 브와소나드가 계약을 갱신하지 않고 귀국한 배경은 고령 탓이라기보다는 일본이 독일법 쪽으로 기울어 가던 시류 때문이었을 것이다. 그는 귀국해서는 15년을 더 살다가 1910년 타계했다.

브와소나드의 헌신도 경탄할 만하지만 지금부터 120년 전에 이 같은 인재를 발굴하고 거금을 투자하여 초빙한 저들의 배포도 알아줄 만하다. 비싼 보수를 주는 그 이상으로 그를 적절히 활용하여 근대 일본의 국익 신장을 꾀한 그들은 결코 만만한 상대가 아니라는 생각이 든다.

어설픈 외교 고문, 목인덕

1880년대 조선에서는 외교에 대한 관심이 과거 어느 때보다도 고조되고 있었다. 그러나 당시 조선에는 어학력과 외교에 대한 지식을 겸비한 외교관이 단 한 명도 없었다. 그렇다고 서양인 외교 고문을 초청한 것도 아니었다. 다만, 선교사 약간 명이 잠입하여 비밀리에 선교 활동을 하고 있었을 뿐이었다. 조선으로서는 인재양성에 시간이 소요됨을 알고 중국과 일본이 하는 것처럼 서양인 외교 고문을 초청하는 문제를 고려하게 되었다.

1882년이 다 저물어 갈 무렵, 조선 정부의 초청으로 독일인 묄렌도르프(P. G. Von Moellendorff, 1847~1901)가 외교 고문 자격으로 은둔의 왕국 조선에 부임해 오는 일대 사건이 일어났다. 묄렌도르프는 다 알려진 대로 우리 역사에 목인덕이라는 이름으로 등장하고 있다.

조선을 자기 집 뒤뜰 쯤으로 여기고 있던 청국은, 조선이 미국, 영국 등 서양 국가와 조약을 체결함에 따라 자주 독립국으로서의 주권이 새삼스럽게 부각되고 있는 현실에 당황하게 되었다. 독립국가 간에 맺을 수 있는 조약의 성질상 서양과의 조약 체결을 조선에 권고했던 청국으로서는 조선의 주권 독립성의 문제 처리에 고심하지 않을 수 없었다. 청국은 조선에 대한 영향력을 계속 행사하기 위한 방안을 강구한 끝에 이홍장과 개인적인 친분 관계가 두터운 목인덕을 조선에 외교 고문으로 추천하게 된 것이다.

목인덕은 중국어에는 능통하나 정식 외교관이 아니었던 관계로 제대로 대접을 받지 못하고 통역원으로서 좌절과 갈등의 세월을 보내고 있었다. 중국에 도착한 지 10년이 된 1879년에야 32세의 나이에 때늦게 천진 주재 독일 부영사에 임명되었으나 눈에 보이지 않는 동료들과의 갈등이 끊이지 않았다. 이런 불만의 생활을 보내고 있던 차에 이홍장의 제의를 받은 목인덕은 조선행을 기꺼이 수락하였다. 조선과 청국 그리고 목인덕 등 3자의 이해 관계가 일치하여 조선 최초의 서양인 고문 초청이 이루어지게 된 것이다.

이홍장은 목인덕을 조선에 추천하면서 일본인들은 독일인을 무서워하므로 목인덕이 외교 고문으로 활동하게 되면 일본은 조선을 얕보지 못할 것이라고 너스레를 떨었다. 조선은 어리숙하게 청국의 권고를 받아들일 수밖에 없었다.

고종은 1882년 12월 26일, 목인덕의 알현을 받고 대단히 만족하여 그를 일거에 외무차관에 중용하는 파격적인 조치를 취하였다. 강화도에서 조선 팔도 포수까지 다 동원하여 외세에 대항하여 피비린내 나는 항쟁을 벌였던 때로부터 불과 10년밖에 지나지 않았는데도 서양인에게 외무차관이라는 고위직을 준 배포는 가히 놀랄 만하다.

1882년 12월에 입국하여 1885년 10월 조선을 떠날 때까지 목인덕은 외무차관직 이외에 관세청장, 조폐 최고 책임자, 상공차관, 국방차관을 역임하였으니 지금 생각하면 기가 찰 일이다. 목인덕은 조선 관복 차림을 하고 한껏 기세를 펴고 궁중을 제집 드나들 듯하면서 바야흐로 막혔던 운세가 확 트이는 행운에 감격스러워했다. 목인덕은 청국의 조선에 대한 배타적 영향력 행사를 배제하기 위해서는 조선이 가급적 많은 국가와 수교를 맺어 두는 것이 상책이라고 생각했던 것 같다. 조선을 둘러싼 청일 간의 아귀다툼으로부터 벗어나기 위해 러시아와 제휴하는 책략도 한 가지 방안으로 고려되었다.

조선 정부의 초빙으로 외무 · 상공 · 국방차관 등을 역임한 독일인 외교고문 묄렌도르프

목인덕은 천진에 주재하는 칼 이바노비치 베베르 러시아 영사와 한러 수호통상 조약 체결 교섭을 시작하였다. 이 접촉은 목인덕으로 하여금 조선을 친러 방향으로 몰고 가는 계기가 되었고 한편 조선에서의 자신의 영달을 끌어내리는 비극의 시작이었다. 독일계 혈통을 지닌 베베르 영사는 말할 나위도 없이 우리 외교사에 자주 등장하는 제정 러시아 최초의 특명 전권 공사 웨베르이다.

목인덕과 베베르는 독일인의 피를 나눈 탓인지 의기투합하여 한러 조약을 쉽게 마무리했다. 조선에 한발 늦게 얼굴을 내민 러시아 정부는 목인덕에게 1797년 제정된 성 안나 훈장을 수여하여 조선의 외교를 좌지우지하고 있던 그의 환심을 사려고 했다.

한편 한러 조약을 성사시킨 베베르는 29세 되던 1885년 11월에 대리공사 겸 총영사 자격으로 서울에 부임하여 적극적인 활동을 개시하였다.

이때 데리고 온 처제 존타크를 명성황후에게 접근시켜 조선 지도부의 러시아에 대한 인식을 바꾸어 놓았던 계략은 특기할 만하다. 베베르 공사 부임 다음해에 독립국의 국왕 고종이 러시아 공사관에서 1년 동안이나 머물면서 국사를 본 해괴한 아관파천이라는 광상곡은 그렇게 시작되었던 것이다.

1885년 2월, 갑신정변의 사후 처리로 서상우 전권 대신과 함께 일본을 방문한 목인덕은 비밀리에 동경 주재 러시아 외교관을 접촉하여 러시아 군사교관 초청 문제를 협의하였다. 그는 서상우 전권 대신에게 보고조차 하지 않고 임의로 교섭하는 월권을 행사하였다. 그러나 군사교관 초청은 불발탄으로 끝나고 한러 밀약이라는 국제적 파문만을 일으킨 꼴이었다. 결국 목인덕은 청국의 압력으로 조선에서 아쉬운 마음으로 물러나게 된다.

목인덕은 처음에는 자신을 천거한 청국의 의사에 반하는 행동을 삼가려고 하였으나 점차 러시아에 기울어 감으로써 이홍장의 눈밖에 나게 되었다. 조선 외무 당국자에 비하여 다루기가 만만치 않은 목인덕을 영국과 일본을 비롯한 열강 역시 백안시하고 그가 하루빨리 실각되기를 은근히 바라고 있던 차였다. 특히, 그는 한독 수교를 성사시킨 청국 주재 독일 브란트 공사와도 끝내 불편한 관계를 벗어나지 못하여 자국 외교관으로부터도 경원시되었다.

목인덕은 청국으로 소환되어 간 뒤에도 조선으로부터의 부름을 애타게 기다렸다. 목인덕의 후임 고문으로 조선에 온 미국인 데니(德尼)가 〈청한론〉이라는 논문에서 조선의 자주독립을 역설한 바 있다. 그때 목인덕은 데니가 한청 간의 역사적 배경과 국제법 술어조차 제대로 모른다고 비난하면서, 조선은 중국에 종속되어 있으며 제한적으로 주권을 행사하는 국가라는 파렴치한 반론을 제기하기도 했다.

한때는 조선의 외무차관으로서 대외 교섭을 관장했던 목인덕의 청국 입장 옹호는 이홍장의 환심을 다시 사서 조선으로의 화려한 복귀를 갈망했던 탐심의 발로였다. 그러나 목인덕의 소망은 끝내 이루어지지 않았다. 그는 1901년 4월 20일, 44세의 한창 나이에 이국 땅에서 쓸쓸한 최후를 마치고 말았다.

물론 목인덕이 조선의 외교 고문으로 활동했던 1882년 말부터 1885년 10월까지는 갑신정변 발생, 영국의 거문도 점거 등 참으로 다사다난했던 시기였다. 따라서 그는 일본의 외교 법률 고문과 같이 고문의 고유한 기능을 수행하면서 조선의 식자들에게 한가롭게 국제법과 외교 교섭술을 가르칠 정신적, 시간적 겨를이 없었을지도 모른다. 그러나 일개 통역원일 뿐인 그에게 막중한 외교 고위직을 하사한 배포는 역시 가게 기둥에 입춘 격이었던 것이다.

다른 이야기지만, 1990년 1월부터 3년 남짓 모스크바에 근무하면서 필자는 초대 주한 러시아 공사 베베르의 궤적을 찾으려고 상당한 시간과 정력을 쏟았지만 뜻을 이루지 못했다. 이상스러운 점은 베베르는 조선에서의 외교적 공로로 멕시코 공사에 영전되었다고 하는데, 그의 이름은 러시아 백과사전에도, 외교학 사전에서도 찾아볼 수 없었다. 정동 소재 제정 러시아 공사관의 부지에 관한 자료가 러시아 외무성 외교 문서 보관소에 고스란히 남아 있는 것을 보면 베베르에 관한 기록도 분명히 어딘가에 보관되어 있음직하다.

자질 없는 외교 고문들

　1882~1908년간 조선의 외교 및 법률 고문으로 초청받은 자는 7명인데 국적별로는 미국인 5명, 독일인과 프랑스인이 각각 1명이었다.

　미국인 데니(德尼)는 1877년 5월 이래 천진과 상해 미국 영사관에서 근무하던 중 이홍장과 친교를 맺은 것이 인연이 되어 묄렌도르프의 후임으로 1886년 5월에 조선의 정치 · 외교 고문으로 부임하였다.

　데니는 1890년 3월까지 약 4년간 근무하면서 이홍장이 파견한 29세의 방약무인한 원세개와 끊이지 않는 알력을 되풀이해야만 했다. 데니는 선교의 자유 문제를 둘러싸고 난항에 빠져 있던 한불 수호조약 체결 교섭을 타결시켰으며, 청국의 반대를 무릅쓰고 1887년 7월 조선 최초의 구미 사절단 파견을 실현시키는 데 기여하였다.

　데니는 중국과 일본에서 널리 익히던 휘튼의 국제법 저서를 인용하여 조선의 독립성을 강조하였다. 조선이 청국에 조공을 바친다고 해서 조선이 반드시 중국의 속국을 의미하는 것은 아니라고 했다. 주권 국가를 판가름하는 기준은 한 나라가 다른 독립국가와 독자적으로 조약을 체결할 수 있는 능력의 유무라고 하고, 조선은 이미 일본, 미국과 근대적인 조약

을 체결함으로써 자주 독립국가임이 분명하
다는 사실을 증명했다고 하였다.

조선의 독립성을 강조하기 위해 〈청한론〉
이라는 논문을 저술하여 서양 각 공관에 배
포하기도 하였다. 이와 같은 데니의 활동은,
조선의 내정과 외교를 간섭하고 있던 원세
개의 비위를 건드려 끝내는 자신의 의사에
반하여 외교 고문직을 그만두어야 했다.

미국인 외교 고문 데니(德尼)

데니의 후임으로 온 프랑스계 미국인 르
장드르(李善得) 고문은 남북 전쟁에 참전한 군인 출신으로 중국 하문에서
영사로 근무한 적이 있다. 이선득은 중국에 근무하던 중 대만 문제에 유
별난 관심을 갖고 나름대로 연구하여 대만통으로 널리 알려졌고, 당시
일본 소에지마 타네오미(副島種臣, 1828~1905) 외상 역시 대만 문제에
관심이 많았던 관계로 귀국길에 일본에 들른 이선득을 설득하여 외교 고
문으로 주저앉혔다.

1873년 2월 대만에서 일본 표류민이 살해된 사건이 발생하였을 때, 이
선득은 소에지마 외상을 수행하여 청국을 방문하여 많은 자문에 응했다.
뿐만 아니라 일본의 대조선 우위 확보 외교 정책 수립에도 적극 기여하
였다. 이 같은 공로를 인정한 소에지마는 그를 일본에 오랫동안 붙들어
두기 위하여 일본 여성과 결혼하도록 주선하였다. 메이지 천황이 그의
한자 이름을 당초의 李仙得에서 李善得으로 고쳐 줄 정도로 일본 외교의
은인으로 인정받았다.

그러나 대만 문제가 해결되고 소에지마 외상이 물러간 다음에는 일본

정부로부터 소외되어 1889년 계약기간 만료와 더불어 미국으로 돌아갔다. 더위가 가면 그늘 덕을 잊기 쉬운 것인가?

일본 외교 고문을 지낸 이선득이 조선의 외교 고문으로 부임한 배경은 확실치 않다. 일설에는 주일 공사로 부임한 김가진이 데리고 왔다고도 하고 이토 히로부미(伊藤博文)가 조선 정부에 추천하였다고도 한다. 전후 사정으로 보아 일본 측의 추천설이 유력하다.

한마디로 말해서 친일적 인사라고 할 수밖에 없는 이선득이 1890년 3월 데니의 후임으로 조선의 외교 고문으로 부임하게 되었으니 기가 막힐 일이다. 한 가지 주목해야 할 사실은 조선의 외교 고문 추천이 청국으로부터 일본으로 옮겨졌다는 것이다. 이와 같은 변화는 조선 내에서의 청 세력의 퇴조, 일본의 득세를 의미한다.

그러나 다행히 이선득은 고문 취임 후 당초의 친일적 태도를 버리고 1899년 조선에서 사망할 때까지 조선을 위해 나름대로 헌신한다. 동학혁명 중에는 조선 주재 외교사절을 초치하여 정부의 입장을 설명하였으며, 청일전쟁 시에는 조선의 중립 유지를 위해 나름대로 애를 썼다.

그러나 그는 군인 출신으로 외교 업무 수행에 일정한 한계가 있었으며 또한 업무량이 대폭 늘어났던 관계로 일본 외무성 추천으로 미국인 그레이트하우스(具禮)가 추가로 초청되었다. 구례는 판사 출신으로 요코하마 영사를 지낸 경력의 소유자였다.

그는 1899년 10월 조선에서 사망할 때까지 약 10년간 외교, 법률 고문을 지냈으며 명성황후 시해사건의 재판에도 간여하였다. 조선 주재 미우라 공사가 자행한 명성왕후 시해 사건은 조선의 주권을 침해한 엄청난 폭거였다. 그럼에도 불구하고 당시 조선에 재직하고 있던 이선득과 구례

1886년 조선 정부 초청으로 정치·외교 고문으로 부임한 미국인 데니(德尼)의 저택.

가 일본의 국제법 책임을 제대로 추궁한 흔적이 없는 것은 실로 유감이라 아니할 수 없다.

1899년 10월 구례가 사망하자 조선 정부는 주한 미국 공사관 서기관으로 근무 중이던 샌즈(山島)를 외교 고문으로 맞아들였다. 25세에 불과한 청년 외교 고문은, 프랑스어에 능통했으나 조선을 둘러싸고 러시아와 일본의 대립이 날로 첨예화되고 있는 상황에서 그 활동은 위축될 수밖에 없었다. 그는 조선의 중립 보장 조약 체결에 진력했으나 뜻을 이루지 못하고 일본의 압력으로 사임하고 만다.

샌즈의 사임을 목격한 주한 프랑스 플랑시 공사는 일본에 의한 조선의 외국인 고문 독점을 반대하고 프랑스인 외교 고문 초청 실현을 위해 활약한 결과 크레망지(金雅始)가 초청되었다.

김아시는 조선에 초빙된 고문 중 법률적 지식을 제대로 구비한 유일한 인물이라고 할 수 있다. 63세의 나이에 부임하여 5년 남짓한 근무를 통해 조선의 법 문화 발전에 많은 공헌을 하였다. 전술한 대로 당시 일본에는 김아시의 스승인 브와소나드 교수가 일본의 고문으로 맹활약하고 있었다. 브와소나드는 1873년부터 22년간 일본의 서양법 수용에 헌신하였다. 김아시도 스승을 본받아 조선의 서양법 수용에 진력하고 있던 차에 1904년 8월 조선과 일본 간에 '외국인 초빙에 관한 협정'이 체결되자 귀국하지 않을 수 없었다.

조선이 초빙한 외국인 고문 중 최후를 장식한 자는 미국인 스티븐스(Durham W. stevens). 워싱턴 주재 일본 공사관에 근무하던 그는 1904년 8월, 제1차 한일협정에 따라 조선의 외교 고문이 되었으나 사실은 일본 정부의 앞잡이였다.

그는 원래 1873년 8월에 주일 미국 영사로 부임했으나 1882년 10월 외교관직을 사임하고 일본 외무성 고문이 되어 워싱턴에서 근무하게 되었다. 조선에 대한 일본의 강점을 합리화시키는 스피커 노릇을 하던 그는 1908년 3월 23일 장인환 열사에게 저격당할 때까지 실로 25년간에 걸쳐 일본의 하수인으로서 시종하였다.

조선의 외국인 고문은 시기적으로 일본에 비해 30년이나 뒤지고 있을 뿐만 아니라 자질 면에서도 뒤떨어진 인사들이 대부분이었다. 그런데 그들이 외교 교섭을 도맡았다. 게다가 조선 외무 당국자들은 그들로부터 국제법과 외교술을 배우려 하지도 않았다. 안타깝고 답답한 일이 아닐 수 없다.

어느 중국 개혁가의 비애

근세 조선의 대외 관계사 특히, 개국 외교에 있어서 반드시 언급되어야 할 외국인이 있다면 청 말의 이홍장과 원세개를 꼽지 않을 수 없다. 이홍장(李鴻章, 1823~1901)은 조선에 대한 중국의 종주권 행사가 어렵게 되자 조선으로 하여금 미국, 영국 등 서구 여러 나라와 조약을 맺도록 강력히 권고했던 장본인이다.

나폴레옹이 유배지에서 쓸쓸히 죽어 간 1823년에 태어난 이홍장은 청 말의 군사 전략가이자 정치가, 외교관으로 명성을 날렸다. 그러나 대학사, 북양대신, 총리아문대신, 직예총독 등 화려한 높은 관직에 비해 그의 인생은 결국 실패로 끝났다는 것이 일반적인 평가이다.

이홍장, 그는 고독한 개혁 주도자의 길을 걷다가 "갈길은 먼데 해는 서산에 걸렸다."고 자탄하며 생을 끝내야 했다. 그는 당시 중국이 처한 상황을 3,000년 이래의 대변혁기에 직면해 있다고 진단하고 구시대적인 미봉책으로는 파도와 같이 밀려오는 서양 세력에 대항하기에 역부족으로 보았다. 그는 중국의 사상과 문명이 세계 제일이라고 굳게 믿으면서도 서양 과학기술이 중국의 그것을 훨씬 능가하고 있는 현실을 직시했던 것이다.

이홍장은 20세 전후에 목격한 아편 전쟁의 굴욕을 생각하면 밤잠을 제대로 잘 수가 없었다. 중국이 서양의 세력에 대항하기 위해서는 중국 자신이 근본적으로 달라지지 않으면 안 된다. 그는 '변법자강(變法自强)'을 통한 부국강병만이 유일한 해결책이라고 믿었다. 특히, 1864년 홍수전이 일으킨 태평천국의 난을 영불 연합국의 도움으로 진압한 후에는 서양 무기의 우수성을 피부로 느낄 수 있었다.

서양 과학 기술의 선진성에 대한 인식을 바탕으로 그는 양무운동(洋務運動) 즉, 중국의 근대화 특히 공업진흥 촉진운동을 적극적으로 추진하였으나 한손으로 손뼉치기였다. 중국인이 서양 오랑캐의 기예를 수용하기에는 너무나도 훌륭한 문명을 누려 왔던 탓일까.

이홍장은 1870년 그의 상관인 증국번의 사후부터 1895년 청일 전쟁 패전에 이르기까지 장장 25년간을 직예총독 겸 북양대신으로서 외교 실권을 장악하고 있었다. 조선 개국 이후 조선에 파견된 묄렌도르프, 마건충, 원세개는 이홍장의 하수인에 불과했다.

이홍장은 이들을 통해서, 때로는 자신이 직접 조선의 조정에 서찰을 보내어 조선의 대내외 정책에 막강한 영향력을 행사하였다. 이홍장은 죽는 마지막 순간까지 조선을 청국의 속국으로 붙잡아 두기 위해 부심했으나 결국 청조도, 조선 왕조도 그리고 그 자신이 평생 쌓아 올린 명망마저도 제대로 지키지 못했다.

이홍장은 중국의 근대화 촉진을 위하여 1860년대 초부터 중국 최초의 기선회사 설립, 병기공장 건립, 북양 해군 건설 등을 의욕적으로 추진하는 한편 해외 유학생 파견, 군인의 독일 시찰 등을 밀고 나갔다. 육해군의 육성과 중국의 공업화, 그것은 이홍장의 일생을 통해 정력을 쏟은 숙원 사업이었다.

서양의 대포와 군함의 위력을 알고 있는 그는 영국으로부터 군함 4척을 구입하기도 하였으며 서양의 법 논리인 국제법에 대한 지식을 얻기 위해 마건충을 프랑스에 유학시키기도 하였지만 청조는 속절없이 기울어만 가고 있었다.

청나라 말기의 군사 전략가이자 정치가, 외교관. 고독한 개혁주의자의 길을 걷다가 실각한 이홍장.

이홍장은 중국보다 늦게 서양과 접촉한 일본이 급속도로 문명개화가 되어 가고 있는 변신을 부러움으로 바라보면서 '중국은 어째서 근대화 될 수 없는가?' 하고 장탄식을 늘어놓곤 했다.

왕년에 왜구로 불렸던 일본이 도도한 언사로 조선과 중국의 국제법적 관계에 대해 질문을 던져 왔다. 중국으로서는 기가 찬 일이었으나 조선은 중국의 속국이지만, 내정과 외교에는 간여하지 않는다는 자가당착적인 답변이라도 하지 않으면 안 되었다.

일본은 이 같은 중국 측 답변에 내심으로 쾌재를 불렀다. 일본은 청국과 국가 대 국가로서 쌍무적인 수호조약을 맺고 조선에서 청국과 한판 겨루어 볼 만하다는 무모한 생각을 하게 되었다. 일본은 조선에 대한 제일보로서 미국과 프랑스가 실패한 조선의 개국을 성사시키고 수호조약에 조선은 자주국가라는 사실을 명문화했다.

이홍장은 조선에서 발생한 임오군란과 갑신정변 사후 처리 과정에 있어서도 청불 전쟁을 앞둔 탓인지 일본과의 충돌 회피에 급급한 인상이었다. 갑신정변 뒤처리를 위해 천진에서 열린 7회에 걸친 청일 회담을 통해 일본은 조선에서 청국과 동등한 위상으로 격상되었으며 조선에 대한 파병권을 확보하게 되었다.

이는 이홍장의 대조선 외교 실패의 서막이었으며 이 같은 실패는 이홍장 자신의 정치적 위신에도 돌이킬 수 없는 손상을 가했다. 중국의 속국으로 간주한 조선에 사태가 발생했을 때 일본군의 파견을 인정한 이홍장의 외교적 교섭 결과는 두고두고 중국 사가들의 비난을 면치 못하고 있다.

조선에 대한 이홍장 외교의 좌절은 청국이 처한 국제적 여건의 어려움 이외에도 이홍장의 대리인으로 조선에 파견된 원세개의 활동을 제대로 평가하지 못한 데도 그 원인이 있다. 20대인 원세개의 치졸한 권력 놀음에 이홍장은 눈이 멀었다.

이홍장의 파멸은 청일 전쟁의 패전으로 불을 보듯 분명해졌다. 그의 일생을 통한 국가에 대한 공헌과 봉사는 청일 전쟁의 패배로 한순간에 물거품이 되고 말았다. 청일 전쟁은 중국의 싸움이 아니라 이홍장 한 사람의 싸움이었다는 평가가 있다. 일본은 거국적으로 그리고 결사적인 각오로 청일 전쟁에 임한 데 반해 청국은 모든 책임을 이홍장 한 사람에게만 지워 두고 후방에서 제대로 지원도 못하면서 헐뜯기만 한 것을 두고 하는 말이다.

이홍장의 외교 철학은 화평 유지와 오랑캐로서 오랑캐를 무찌른다는 중국의 전통적인 방책이었다. 청불 전쟁 때는 영국과 독일을, 청일 전쟁에서는 러시아와 영국을 움직이려는 술책을 쓰다가 실기했다는 지적이 있다. 흔히들 그의 외교를 과단성이 결여된 연약 외교라고 혹평하기도 하지만, 노대국 청국의 무력함에서 비롯된 어쩔 수 없는 궁여지책이었다고 생각된다.

1895년 4월 청일 전쟁 강화 교섭 전권 대표로 일본을 방문한 이홍장은 자객의 습격을 받아 죽을 뻔하였으나 다행히 목숨을 간신히 건져 완쾌되지 않은 노구를 이끌고 교섭을 계속하였다. 그는 가까스로 시모노세키(下關) 조약으로 청일 전쟁을 마무리 짓고 면직과 우울한 생의 마지막이 기다리고 있는 북경으로 돌아왔다.

1896년 5월 이홍장은 73세의 병구를 이끌고, 객사에 대비하여 목재로 만든 관을 분해하여 손수 휴대하고 러시아 니콜라이 2세 대관식에도 직접 참석하여 일본을 견제하려는 묘책을 써보았으나 그것마저 빗나가고 말았다. 1901년 그는 미완의 중국 근대화에 대한 아쉬움과 신흥 일본의 득세를 걱정하면서 79세의 생을 마감했다.

초청 외교의 숨은 뜻

일본 정부는 명치 유신 이후 한일 수호조약 체결에 이르는 과정에서 조선 측이 보여 준 완강한 태도를 고려하여 볼 때, 수호조약 후속 조치인 통상조약의 체결 교섭도 원만히 이행될 수 없으리라 판단하였다. 따라서 조선 측과의 교섭을 원활히 진행시키기 위해서는 일련의 외교 공작이 필요하다고 생각했다.

구체적인 방법으로 조선의 고위 사절을 초청하여 유신 이후 괄목할 만한 발전을 거듭하고 있는 일본의 모습을 과시함으로써 조선의 일본에 대한 인식을 바꾸도록 한다는 술책이 제시되었다. 또한 조선 정부 내에 친일파를 심어 두자는 장기적인 포석도 고려되었다.

이와 같은 저의를 품고 일본 정부는 강화도 조약 체결 직후부터 조선정부에 사절 파견을 끈덕지게 요청하였다. 일본 측의 사절 파견 요청 구실은 이미 일본으로부터 강화도 사건을 전후로 하여 전권 대신이 조선을 방문하였으니 이에 대한 조선 측의 답방이 있어야 한다는 논리였다. 외교 교섭에 있어서 표면에 내세우는 명분(建前, 다테마에)과 그 명분 뒤에 숨겨져 있는 본심(本音, 혼네)은 으레 다르게 마련이지만 특히 일본인에

있어 그 차이는 심한 편이라 하
겠다.

조선 정부는 명치 유신 이후
의 달라진 일본의 정세도 파악
할 겸 강화도조약 체결로부터
한 달이 채 안 지난 1876년 3월,
김기수를 수신사로 파견키로
하였다. 일본 측의 사절은 전권
대신이라는 직명이었으나 조선
은 에도 시대의 사절을 연상시
키는 수신사를 사용하고 있음
에 유의할 필요가 있다. 김기수

1876년 병자수호조약 체결 후 최초의 수신사로 일본
을 방문한 김기수(金綺秀, 1832~18?).

(金綺秀, 1832~18?)를 단장으로 한 사절단은 통역, 서기, 약공 등 총 75명
으로 구성되어 1876년 5월 29일 조선을 출발하여 한 달 정도 머물다가 6
월 28일에 귀국했다.

일본 외무성은 양국 간의 근대 외교관계 수립 후 처음으로 방일하는 사
절단임을 감안하여 김기수 일행의 영접에 각별한 배려를 하였다. 영접원
을 일본 정부 소유의 기선 황룡호와 함께 부산까지 파견한데다가 그 배
에는 조선어 통역, 의사까지 탑승시켜 항해 중에 불편이 없도록 만반의
준비를 다하였다.

체일 중에는 예정에도 없던 천황 예방을 주선하였고 성대한 연회를 주
최하였으며, 이 자리에는 이토(伊藤博文), 구로다(黑田淸隆), 야마가타(山
懸有朋), 이노우에(井上馨) 등의 정부 고관과 조선 외교 실무자들이 총출

동하였다.

연회에 참석했던 면면을 살펴보면 하나같이 조선에 대해 지대한 관심을 갖고 있던 자들이며, 후일 일본의 조선에 대한 외교 정책에 깊이 관여하거나 외교 교섭의 현장에서 활약한 인물들이다.

일본 측은 연회를 통하여 조선 최초의 외교 사절인 김기수의 인물 됨됨이를 관찰하고 개국 조선의 외교 담당자로 등장한 그의 자질을 평가함과 동시에 금후의 조선과의 교섭에 대비하여 미리 개인적인 친분 관계를 맺어 두려고 하였다. 특히, 강화도조약 체결 교섭에 특명 전권 부대표로 참가한 이노우에는 김기수를 자택으로 초대하여 그를 감격케 하였다. 이노우에는 후에 외상을 역임했으며 갑신정변 사후 처리로서 한성조약을 체결한 장본인이다.

일본이나 우리들은 국제 관계에 있어서 개인적 친분 관계를 중요한 요소로 간주하는 경향이 있으나 구미의 외교 교섭 상대자들은 이를 대수롭게 여기지 않는 듯하다. 그들은 원칙에 따라 움직일 뿐이다.

1980년대 초에 일본 정부는 조선 총독부 사무관 경력을 지닌 외교관을 지한 인사라 하여 주한 대사로 파견, 고소를 자아내게 했다. 또한 태평양전쟁 개전을 앞둔 1941년 2월에는 루즈벨트 대통령과 친분이 있는 해군 대장 노무라 키치사부로(野村吉三郎, 1877~1964)를 주미 대사로 파견하였으며 노무라 대사를 도와주기 위하여 미국인 부인을 둔 구르스 사부로(來栖三郎, 1886~1954) 대사를 보강하였다.

일본 측이 미국과 개인적 연고가 깊은 소위 친미 인사들을 파견한 속셈은 결과적으로 그들의 전쟁 준비를 은폐하기 위한 얄팍한 속임수에 불과했다는 인상을 남겼으며 일본의 외교 행태에 대한 부정적 이미지를 심어 주었다.

이노우에는 김기수에게 지구의를 기증하면서 러시아가 조선으로부터 불과 얼마 떨어지지 않은 곳에 위치하고 있음을 지적하고 일본과 조선은 다 같이 러시아의 남하 움직임에 각별히 경계해야 할 것이라고 충고했다.

이토 히로부미(184~1909)

이노우에는 조선으로 하여금 러시아의 남하정책에 주의를 돌림으로써 조선의 뿌리 깊은 일본에 대한 경계심을 다소라도 희석시키고자 하였다. 사실 경계해야 할 대상은 일본이 아니고 러시아라고 말하고 싶었을 것이다.

그는 송별의 자리에서, 강대국은 단독으로 자립할 수 있지만 약소국은 2개 국이 서로 의존해야 자립할 수 있으며 조선과 일본은 지척에 있는 이웃으로서 입술과 치아와 같은 관계라고 설명함으로써 한일 양국이 공동 운명체임을 일깨우려 하였다.

야마가타 아리토모(1838~1922)

또한 그는 사절단 일행이 귀국하여 조정에 잘 보고하여 강화도조약에 규정되어 있는 여러 가지 사항을 지체 없이 실시하도록 당부하였다. 이는 바로 방일 초청 본심의 일단을 드러낸 것이었다. 김기수 일행이 귀국한 후에 통상조약이 별다른 지장 없이 일본 측 의도대로 빠른 시일 내에 체결된 결과를 보면 일본의 초청 외교는 초반부터 성공을 거둔 셈이었다.

김기수 일행은 일본에 머무는 동안 분주한 일정을 보내야만 했다. 그들은 군사학교, 의사당, 외무성, 교육기관 등을 시찰하였으나 너무 꽉 짜인 일정과 일본에 대한 예비지식 부족으로 피곤하기만 하였다.

이들의 귀국 후, 고종은 김기수로부터 일본 방문 결과에 대하여 복명을 받은 자리에서 일본의 근대화와 관련하여 많은 질문을 하였다. 예컨대 일본의 각국과의 통상 여부, 일본에 서양인들이 살고 있는지, 서양 국가 중 어느 국가가 가장 우수하고 강한지, 러시아와 아라사는 같은 나라를 지칭하는지 등을 상세히 물었다.

이 같은 점으로 보아 국왕 고종도 개국의 불가피성을 인식하고 개국한 이상 근대화의 방법을 모색할 수밖에 없다고 판단한 것으로 보인다. 실로 우연히도 고종은 일본 명치 천황과 같은 해인 1852년에 태어나 사직의 종말을 보아야 했던 비운의 국왕이 되었고 메이지 천황은 명치 유신으로 상징되는 일본 근대화의 중흥의 군주가 되었던 것은 운명이라 할 수밖에 더 달리 설명할 방도가 없다.

왕성한 국왕의 지적 호기심에 물을 끼얹는 식으로 김기수는 일본의 학문이 경전 중심이 아니라 전적으로 부국강병술을 숭상하고 있으며 학풍은 이단적인 성격을 띤 것이라고 부정적으로 평가했다. 중화사상에 중독되어 있던 김기수는 명치 정부가 추진하고 있는 부국강병책을 "소위 부강술은 통상에 치중하는 것으로 겉으로는 막강해 보이나 실은 그렇지 못하다."고 비판했다.

김기수는 외무성 시찰과 외무 관리들과의 접촉을 통하여 국제법, 전권공사, 조약 등의 신시대 외교에 쓰이는 말들을 들었으나 결국 자기가 경험하고 알고 있는 범위 내에서 이해할 수밖에 없었다. 국제법 즉, 만국공법이라는 것은 중국의 합종연횡책과 같은 일종의 세력 균형의 원리로 이해하고 일국이 곤경에 처할 때는 만국이 협력하여 약소국을 구해 주는 법의 원리로 받아들였다. 당시의 국제법이 식민지화를 정당화시켰던 강자의 논리였는데도 불구하고 마치 강자가 약자를 괴롭히는 행패를 막아 주는 법쯤으로 치부한 자세는 조선 외교에 있어서 실로 불행한 일이라 아니할 수 없다.

국제법에 대한 김기수의 안이한 인식은 조선의 위정자들에게 다소 강약을 달리하면서 이어졌던 것으로 보인다. 깊이 연구하지도, 읽지도 않고 핵심을 꼬집어 낸다고 하면서 자기 나름대로 단정해 버리는 이런 양태, 그와 같은 독단에 쉽게 빠져 드는 버릇이 지금은 없어졌다고 할 수 있겠는가.

전술한 바와 같이 고종은 김기수의 복명에 상당한 기대를 걸었던 것으로 보이며 최초의 사절 파견을 통하여 그동안 궁금하게 여기고 있던 주변 국제정세 특히, 일본의 근대화 과정들을 알고 싶어했으나 김기수는 부정적으로 대답하거나 "상세한 것은 모르겠다."는 상투적인 답변으로 얼버무리고 말았다.

조선 최초의 근대적 외교 사절이었던 수신사 김기수는 전통을 중히 여기고 구습을 묵수(默守)하는 유교적 교양을 지닌 지식인에 불과했으며, 결코 근대적 외교관으로서는 적합한 인물이 아니었다고 말하지 않을 수 없다. 김기수는 결국 수신사를 끝으로 외교 업무에서 손을 떼고 황해도 곡산 군수로 전출되고 말았다.

《만국공법》의 전래

김기수 수신사의 일본 방문 후, 한일 간 현안의 하나였던 통상조약이 체결되자, 일본은 이번에는 인천 개항을 끈질기게 요구하기 시작하였다.

조선 측으로서는 수도 서울로부터 불과 30여 km밖에 떨어지지 않은 항구를 일본에 개방한다는 것은, 목 밑에 칼을 들이대는 것과 다름없었다. 따라서 조선 측은 100년간을 싸운다 하여도 인천 개항은 양보할 수 없다는 결의를 분명히 했다.

조선 측의 강경한 입장을 알아차린 일본은 정면 대결을 회피하고 김기수 수신사의 방일 초청 성과가 가져온 외교적 효과를 재현시키기 위하여 다시 조선 측에 수신사 파견을 요청하기에 이르렀다. 한편 조선도 인천 개항의 불가 입장을 일본 정부에 직접 설명하고 일본의 실정도 탐색할 겸하여 수신사 파견 요청을 수락하였다.

김홍집(金弘集, 1842~96)이 수신사에 임명되어 수행원 57명과 함께 1880년 8월 일본이 제공한 기선을 이용하여 일본 방문길에 올랐다. 수신사 일행이 한 달 남짓 일본에 체류하는 동안 일본 정부는 이들을 극진히 대접하면서 기회 있을 때마다 인천 개항의 필요성을 강조하였다. 그러나

인천의 개항 문제는 김홍집의 일본
방문 후에도 안 풀리다가 1882년 8
월 임오군란을 겪은 이후에야 실현
된다.

일본 측은 김홍집이 일본까지 와
서 청국 공사관원과 잦은 접촉을
갖는 낌새를 알아차리고 이를 견제
하기 위하여 동경 주재 서양 외교
관의 면담 주선을 제의했으나 김홍
집은 이를 받아들이지 않았다. 그
런 태도는 제1차 수신사 김기수와
마찬가지로 초기 조선 외교 당국이

제2차 수신사로 일본을 방문한 김홍집(金弘集).

일본에 대한 불신을 아직도 버리지 못하고 있음과 청국에 대한 의존적
자세를 보여 주는 것이었다.

김홍집은 조선의 빈번한 권력 다툼에도 불구하고 강화도조약 체결 직
후 외교와 인연을 맺기 시작하여 외교 교섭의 실무자 또는 책임자로 활
동하여 인천 개항 문제, 제물포조약, 한성조약, 한미수호조약을 체결하
였다. 화려한 외교 활동과는 대조적으로, 그는 제2차 수신사로 일본에
방문한 것을 계기로 '친일의 거두'라는 모욕적인 별명을 듣게 된다.
1894년 일본의 내정개혁 요구에 따라 김홍집 내각의 탄생을 보았으나,
1896년 아관파천으로 새로운 정부 수립과 함께 광화문 네거리에서 살해
되는 처참한 종말을 맞이해야 했다.

개국 초기 조선의 고위 당국자로서 김홍집만큼 근대 외교와 국제법,

즉 《만국공법》에 큰 관심을 보인 인물은 없었다. 그는 생전에 병인양요와 신미양요를 경험하여 서양에 대한 막연한 두려움 같은 것을 갖게 되었을지도 모른다. 김홍집이 국제법에 대한 이해와 지식의 필요성을 피부로 느끼게 된 계기는 일본 측이 끊임없이 무리한 요구를 할 때는 으레 '공법에 의하면' 또는 '외교 관례에 따르면' 하는 식으로 자신들의 요구를 합리화시키면서 이의 수락을 강요하였기 때문이었다. 그렇다고 일본에 물어 보는 것은 조선 양반의 체면이 허락하지 않았다.

따라서 김홍집은 일본에 머무는 기회를 이용하여 일본과 중국에서 신시대 외교의 지침서로 받아들여졌던 《만국공법》과 국제정세에 관하여 청국 외교관들로부터 한 수 배우려고 작심했던 것 같다. 김홍집은 주일 청국 공사관을 방문하여 하여장 공사, 장사계 부사, 황준헌 참사관 등과 6회에 걸쳐 필담을 갖고 주변 정세, 일본 실정 등을 논의하고 그들에게 평소 궁금하게 여기던 국제법상의 여러 가지 문제에 대해 비교적 솔직하게 질문하였다.

예컨대 김홍집은 조선 정부의 미곡 반출을 금지하는 조치가 과연 국제법에 저촉되는지를 알고자 하였다. 김홍집은 또한 일본이 조선의 만국공례의 무지함을 악용하려 하고, 특히 하나부사 공사는 조선 측이 국제법에 몽매함을 악용하여 속이려 든다고 하면서 자신의 답답한 심경을 토로했다. 당시 청국 공사관 차석으로 근무하고 있던 장사계는 동양 최초의 국제법서인 《만국공법》의 서문을 쓴 개국론자였다.

현재 기록상으로는 《만국공법》이 일본에 도입된 지 17년 후에야, 그것도 초대 주한 공사 하나부사가 자신의 수도 상주 요구를 관철시키기 위하여 1877년 조영하 예조판서에게 기증함으로써 조선에 소개된 것으로 알려져 있다. 그러나 1864년에 중국에서 간행된 《만국공법》은 하나부사의 기증 훨씬 이전에 이미 조선에 유입되었을 것이다.

왜냐하면 당시 조선 정부는 매년 여러 차례 정기 사절을 파견한 관계로 사절이나 수행원들에 의해 유입되었을 가능성을 배제할 수 없다. 《만국공법》이 간행된 1864년부터 강화도 조약이 체결된 1876년까지, 즉 12년 동안에 무려 20여 회의 조선 사절이 청국에 파견된 사실만 보더라도 《만국공법》의 전래는 훨씬 빨랐다고 보아야 할 것이다.

일본인 학자들은 마치 자신들이 근대적 서양법 지식을 처음 전래한 것처럼 일본 외교문서에 하나부사가 조영하에게 전달하였다는 기록을 부각시키고 있다. 그동안 일본 측 기록을 뒤엎을 만한 문헌적 기록을 찾지 못해 안타깝게 생각하였는데 다행히 최근에 서울대 김용구 교수가 영국 외교 문서에서 중요한 기록을 발굴해 내었다.

주일 파크스 영국 공사가 1876년 3월 27일 본국 정부에 보낸 보고서에

인천 개항 후 하역작업을 벌이고 있는 부두 정경. 눈앞에 월미도가 보이고, 바다 위에 외국 상선들이 정박해 있다.

의하면, 역관 오경석은 중국이 외국과 체결한 모든 조약 사본과 함께 《만국공법》을 입수하여 갖고 있었다고 명시되어 있다. 그러나 《만국공법》이 1876년 이전에 조선에 이입되었다고 하더라도 조선의 식자들이 그 책을 호기심 이상의 관심을 갖고 연구했을지는 의문시된다.

일본 체류 시 김홍집은 중국 하여장 공사로부터 최근 서양 각국에는 19세기 후반의 국제 관례에 통용되고 있는 균세, 즉 세력 균형에 관한 법이 있다는 설명을 들었다. 이에 김홍집은 장사계가 서문을 쓴 《만국공법》을 읽었다고 하면서도, 조선은 옛 규범을 준수하여 외국 대하기를 마치 홍수나 맹수같이 한다는 반응을 보였다. 중국 측은 조선에서의 일본 세력의 확장을 견제하기 위하여 세력 균형의 원리를 설명함으로써 조선의 서구 열강과의 조약과 통상을 간접적으로 종용하였다.

장사계가 《만국공법》에 쓴 서문의 내용은 중국 중심의 세계관에 집착하면서도 스위스, 벨기에와 같은 소국이 강대국의 틈바구니에서 자주독립을 유지하는 것은 《만국공법》이 있기 때문이라는 주장을 담고 있었다. 장사계는 김홍집에게 《만국공법》에 의한 조선의 자주독립을 모색하는 방안을 권유했을 터이지만, 이는 어디까지나 청국의 국익 확보 관점에서 나왔던 이이제이(以夷制夷)의 외교정책의 일부에 불과했다.

이상에서 보는 바와 같이 김홍집은 일본과의 외교 교섭을 앞두고 국제법과 외교 관행에 관한 지식의 필요성을 뼈저리게 느꼈지만, 그 자신이 체계적인 국제법에 관심을 표명한 흔적은 없다. 또한 국제법과 외교 문제를 다루어 가기 위한 인재 양성에도 관심이 없었던 것은 유감이 아닐 수 없다. 김홍집 방일의 최대 성과는 《조선책략》을 황준헌으로부터 얻어와 고종에게 헌상하였다는 점이다.

정치군인 원세개의 인생 유전

조선의 개국, 그리고 서양 각국과의 조약 체결로 인해 조선에 대한 종주권을 주장해 왔던 청국은 당황할 수밖에 없었다. 특히, 강화도조약을 체결한 이래 조선 진출이 두드러진 일본 세력을 견제하는 데 부심하였다.

1882년 7월, 조선의 구식 군대를 중심으로 한 반일 쿠데타적 성격을 띤 임오군란이 발생하였다. 청국은 이를 일본 세력을 제거할 수 있는 절호의 기회로 판단하여 마침 그때 청국을 방문 중에 있던 영선사(領選使) 김윤식(金允植, 1835~1922)의 요청을 받아들인 형태를 취하여 북양함대 제독 정여창과 오장경이 인솔하는 육해군 2,000여 명을 조선에 급파하였다. 청군은 군란을 진압함과 동시에 군란의 배후 인물로 지목되고 있는 대원군을 청국으로 납치하였다.

정여창 제독은 1860년대 초에 군함 구입을 위해 영국에 파견되어 귀로에는 독·불을 시찰한 개명된 군인이었다. 청불 전쟁과 청일 전쟁에 참전하였으며 1895년 일본군의 공격으로부터 부하와 주민들의 생명을 구하기 위하여 항복을 하고 그 책임을 지고 음독자살하였다. 정여창과 함께 온 오장경은 이홍장의 추천으로 광동 수사제독에 오른 군인인데 오장경

휘하의 새파란 청년 장교 원세개(遠世凱, 1859~1916)가 문제의 인물이었다.

1859년 하남성 하급 관리의 아들로 태어난 원세개는 7세 때 숙부 집안으로 입양되어 오장경과 인연을 맺게 되었다. 원세개의 양부와 오장경은 절친한 친구로서 성격이 거칠고 술과 도박으로 방종된 나날을 보내고 있던 원세개를 오장경이 맡게 되었다. 원세개는 관리에 뜻을 두고 향시에 세 번 응시했으나 낙방한 끝에 세월을 보내고 있던 차라 기꺼이 오장경의 휘하에서 군인의 길을 걷기로 했다.

임오군란 발발에 즈음하여 오장경이 조선에 파견되자 원세개는 자청하여 200명 정도의 병사를 이끌고 선봉에 서서 조선으로 오게 되었다. 원세개와 조선의 악연의 시작이었다. 원세개는 군란에 관계되었던 자들을 색출하여 무자비하게 처형하고 조선 장정 2,000명을 선발하여 훈련시키는 등 안하무인격으로 날뛰었다.

원세개는 단순한 군인이 아니라 야심이 있는 교활한 정치군인이었으며 정보수집과 조작에 능했다. 원세개는 자신이 수집한 정보를 바탕으로 이홍장의 구미에 맞게 보고서를 꾸며 상관들을 제치고 직접 이홍장에게 보고하여 그의 총애를 받게 되었다. 청불 전쟁으로 조선 주둔 오장경 사령관이 1,500명의 병력과 함께 철수하자 객기와 치기에 넘친 원세개는 병마실권을 장악하였으며 조선의 수구파와 개화파의 대립을 교묘히 이용하는 술수를 부려 어부지리를 얻었다.

1884년 김옥균을 중심으로 한 개화파에 의한 갑신정변이 일어나자 원세개는 일시 귀국하여 청국에 억류되어 있던 대원군을 앞세우고 조선으로 다시 돌아와 더욱더 방약무인(傍若無人)하게 굴었다. 원세개는 이홍장에게 조선의 정세가 청국에 유리하게 전개되어 가는 양 과장된 보고를 되풀이하였으며 이홍장은 믿는 도끼에 발등이 찍힐 것을 모르고 그의 보고를 곧이곧대로 믿었다.

1886년 3월에 이홍장은 조선의 국왕 고종에게 원세개는 이미 조선 사정을 잘 알 뿐 아니라 조선 조야의 신임이 두터운 것으로 알고 있다는 어처구니없는 서한을 보내왔다. 이에 덧붙여

청나라 말기의 군벌 정치가로 중화민국 초대 총통을 역임한 원세개(遠世凱, 1859~1916)의 화상.

이홍장은 앞으로 조선 내치외교의 일체에 관해 원세개와 협의하고 그의 보좌를 받도록 강력히 권장했다. 이에 따라 원세개는 그해 5월에 '주한 청국 통리교섭 통상사의'라는 긴 직함을 가지고 정식 부임하게 되었다.

27세의 원세개는 조선을 중국의 하나의 성(省)쯤으로 여기고 조선에 주재하는 청국의 총독으로 행세하기 시작하였다. 게다가 청국 상인들의 작폐 또한 원세개의 전횡과 농간에 비례하여 더욱 심해졌다. 원세개는 비단장사들이 조선 팔도를 어디든지 갈 수 있도록 무기명 여행증명서를 발급해 주도록 강요하였다. 이에 격분한 조선의 민중들이 청국인 상점을 습격하고 방화, 약탈하는 사건을 저지르자 원세개는 청국인들을 남대문

부근의 장소에 모여 거주토록 하였다. 그렇게 해서 서울의 차이나타운은 탄생했다.

원세개는 한러 밀약설을 구실로 방자하게도 고종 폐위를 이홍장에게 건의하기도 하였으나 받아들여지지 않았다. 더욱이 원세개의 전횡과 횡포에 분개한 서울 주재 각국 공사들이 본국 정부를 통하여 이홍장에게 원세개의 송환을 여러 번 촉구하였다.

그러나 이홍장의 눈에는 원세개의 방약무인한 태도가 패기 있고 과단성 있는 것으로 보여 어떤 힘구에도 끝까지 그를 감싸고 돌았다. 이홍장 개인의 파탄과 청국의 조선에 대한 정책적 실패를 자초하는 판단 착오였다.

원세개는 조선 정부가 박정양 공사를 미국에 상주시키려고 하자 이를 극력 저지하려고 했으나 역부족이었다. 조선의 위정자들은 원세개의 독단과 간섭에 신물이 날 지경이었다. 이 같은 상황하에서 조선에서 1894년 동학혁명이 발생하자 청국에서는 서태후, 이홍장을 중심으로 한 주화론과 소장 관료의 지지를 받은 황제파들의 주전론이 대립하는 양상을 보였다.

원세개의 달콤한 보고는 이홍장의 눈을 멀게 하였다. 회갑을 앞둔 서태후는 일전불사의 강경론보다는 외교적 타협을 모색하는 주화론에 마음이 쏠리는 것을 어쩔 수 없었다. 이와 같이 청국 측이 우물쭈물하고 있는 사이에 청일 전쟁이 일어나게 되었으며 원세개는 신병을 핑계 대고 10년간 체류하였던 서울을 탈출하여 본국으로 돌아가고 말았다. 청일 전쟁으로 조선에 대한 중국의 영향력은 결정적으로 붕괴되었으며 대내외적 위신은 땅에 떨어지고 말았다.

청일 전쟁에서 패한 후 이홍장은 면직되었고 원세개는 좌천되어 사병 양성으로 세월을 보내야만 했다. 그러나 정치적 술수에 능한 원세개는 좌천의 신세에도 불구하고 서태후 측근에게 교묘히 줄을 대어 재기하였으니 실로 그의 정치적 감각은 스승인 이홍장을 능가하는 면이 있다 하겠다.

원세개는 이홍장 사후 그의 후계자가 되어 직예 총독 겸 북양대신으로 발탁되었다. 원세개는 기울어져 가는 청국을 근대화시키기 위하여 일본으로부터 농업 및 공업 전문가들을 대거 초빙하기도 하였으며 경찰제도를 개혁하고 중국의 전통적인 관리 채용 제도인 과거제도를 폐지해 버렸다.

원세개는 스승 이홍장과는 달리 배러, 친일정책을 견지하였으며 러일 전쟁 발발 시에는 일본의 승리를 예언하였다. 원세개는 황제가 되려는 야심이 있었다. 신해혁명 시 혁명세력 타도를 명령받았으나 황제의 퇴위와 손문의 대총통 사임을 조건으로 혁명군 측과 타협하였고 끝내는 그 자신이 대총통의 직위에 올랐다.

그는 손문을 국외로 쫓아 내고 황제가 되려 하였으나 국내외의 반대에 부딪쳐 황제의 꿈은 좌초되고 1916년 57세가 되던 해에 병사하고 말았다. 이홍장과 원세개의 관계를 음미해 볼 때 예나 지금이나 정치의 요체는 용인술에 있는 것이라는 생각을 새삼 되새기게 된다.

황준헌의《조선책략》

김홍집이 1880년 제2차 수신사로서 일본을 방문하여 일본 주재 청국 외교관들로부터 국제정세에 관하여 귀동냥을 하고,《조선책략(朝鮮策略)》과《이언(易言)》이라는 서적을 얻어 고종에게 헌상한 것은 일대 사건이었다. 특히,《이언》은 청나라의 쇠퇴를 염려하여 서양의 정치 · 제도 · 국방 · 경제 등을 소개하고 국력을 만회하고자 한문으로 저술된 책으로 그 후 1884년(고종 21년)에 번역본《이언언해(易言諺解)》가 출간되었다.

김홍집의 일본 방문 보고와 서양 사정에 관한 서적의 헌상을 계기로 이단시해 오던 서학 서적들이 급속히 보급되었던 것 같다. 조선의 위정자들은 서학 관계 책들을 통해서 조선이 열강의 각축장이 되어 가고 있다는 현실에 어렴풋하게나마 눈을 뜨게 되었고, 이러한 위기를 극복하기 위해서는 서양 오랑캐에 대한 개국이 불가피하다는 생각으로 기울어졌다.

서학서에 대한 관심이 높아지고 있는 분위기와 관련하여 보수적인 유생들로부터는 격렬한 비난이 쏟아졌다. 유생들은 시중에《만국공법》,《조선책략》과 같은 사서(邪書)들이 허다하다고 개탄하고 이들을 일일이

색출하여 종로 네거리에서 불살라 버려야 한다는 상소를 올렸다. 뿐만 아니라 소위 명사라고 자처하는 일부 유생들과 신기함을 좋아하고 숭상하는 무리들이 《만국공법》과 같은 사악한 책에 빠져 서로 좋아하며 칭찬하고 있다고 통렬히 비난했다.

상소문의 내용으로 보아 분명해진 것은, 1880년대에 들어와서는 지식인들 사이에 국제법에 관련한 책이 상당히 넓게 퍼져 있음을 짐작할 수 있고, 또한 서양 문물 흡수에 관심이 고조되어 있었다는 것을 알 수 있다. 유생들이 들고 일어나 서양에 대한 지식과 견문을 적은 책을 사서라고 규탄한 것은, 그들의 경직되고 단선적인 사고방식에 비추어 조금도 이상한 일이 아니다.

조선의 유생들이 사서라고 규탄해 마지않았던 책들은 구체적으로 무엇을 말하는가? 마틴이 번역하여 조선에 최초로 전래된 《만국공법》 이외에도 《성초지장》, 《공법편람》, 《공법회통》 등이 있으나 《만국공법》 운운할 때는 일반적으로 마틴의 저서를 지칭한다. 필자는 마틴의 저서와 서양의 국제법서를 총칭하는 것으로 만국공법이라는 개념을 쓴다.

조선의 지식인들을 발칵 뒤집어 놓은 《조선책략》은 어떤 경위로 도입되었는지 살펴보기로 하자. 일본을 방문한 김홍집이 황준헌(黃遵憲 1848~1905)을 만나서 국제 정세에 개안했던 것은 조선 근대화에 큰 의미를 지닌 계기가 된 것으로 평가할 수 있다. 황준헌은 1877년 청국이 일본에 공사관을 개설하자 참찬관(지금의 참사관 정도의 직위)으로 부임하여 샌프란시스코 총영사로 전임될 때까지 일본에서 근무한 시문에 능한 외교관이다.

김홍집은 귀국 시 황준헌으로부터 《사의 조선책략(私擬 朝鮮策略)》이라는 책을 기증받아 고종에게 바쳤다. 황준헌 자신이 개인의 입장에서 저술한 논문이라는 점을 강조하기 위하여 《사제 조선책략》이라고 하였지만, 실은 청국의 대조선 외교 정책 주도 방향을 명시한 풍향계로서 순수한 개인적 의견을 정리한 것이라고 보기는 어렵다. 청국은 1880년대의 조선을 둘러싼 국제 관계의 위상을 조선 측에 설명하고 그 반응을 두고 보겠다는 속셈이었다.

황준헌은, 유럽에서는 군웅이 여기저기서 일어나 호시탐탐 기회를 탐하여도 기회를 얻을 만한 틈이 없다, 따라서 그 뜻이 반드시 동양으로 향할 터이고 동양을 향하는 경우에는 반드시 조선으로부터 러시아를 엿볼 것이라고 하면서 지정학상 조선의 서양에 대한 개국은 시대의 큰 흐름이라고 설파했다.

황준헌은 이어 서양이 조선과 공법상의 조약을 맺으려 하는 연유는 러시아를 견제하기 위한 책략이라 설명하고 조선을 보전하는 것은 곧 서양 국가를 보전하는 길이라고 하였다. 서양의 공법, 즉 국제법은 남의 나라를 완전히 멸망시키지 못하게 되어 있으며 조약을 맺으면 세력 균형 유지를 도모한다는 식의 황준헌의 설명에 조선의 위정자들은 솔깃해졌으며 급기야는 '국제법 만능'의 생각을 갖게 되었다. 국제법은 조약이고 타국과 조약 관계에 들어가면 조선의 영토가 보전된다는 논리는, 외국 침략에 시달려 온 조선의 지도자들에게는 신통력을 지닌 도깨비 방망이쯤으로 여겨졌을 것이다.

조선의 근대 외교에 있어 하나의 문제점은, 중국의 경우도 마찬가지만 한자 문화가 가져온 역기능을 지적하지 않을 수 없다. 예컨대 《조선책략》상의 조선 결맹(結盟)은 조약 체결을 의미하는 것이나, 춘추전국 시대의 역사적 배경에 익숙한 조선의 지도자들은 결맹을 군사동맹쯤으로 받아들였다.

서양과의 교섭, 협정문의 해석을 전적으로 한문본에 의존해야만 했던 조선으로서는 해석상의 오류를 피할 수 없었으며, 이와 같은 오류에 대해서 값비싼 대가를 치르지 않으면 안 되었다.

황준헌은 "조선이 오늘 항구를 폐쇄하더라도 모레는 반드시 개통할 것이니 절대로 관문을 닫고 스스로 지키지는 못할 것이 분명하다."고 함으로써 개국의 불가피성을 강조하였다. 이어 황준헌은, 미국은 동서양 사이에 끼여 있기 때문에 항상 약한 자를 돕고 공의를 유지하여 유럽인으로 하여금 악을 함부로 행사하지 못하게 한다며 미국을 글자 그대로 아름다운 나라로 미화시켜 설명했다.

신미, 병인양요라는 서양과의 무력 충돌을 경험한 조선인의 서양인에

청일 전쟁 승리 후 조선을 차지하려는 주변국들의 책략을 그린 풍자화로 청국을 탈락시킨 일본의 위세가 당당하다.(G. 비고 작)

대한 의심이 대단하다는 점을 익히 알고 있는 황준헌은, 미국과 조약 체결 주선에 앞서 미국인에 대한 이미지를 바꾸는 사전 정지작업이 선행되어야 한다고 생각했을 법하다.

청국은 조선에서 일본을 견제하고 자신의 종주권을 계속 유지하기 위한 하나의 방편으로 조선을 가급적 많은 서양 각국과 조약 관계에 들어서도록 유도하고자 하였으며 우선적으로 한미조약을 청국의 주도 아래 성사시키려는 저의를 품고 있었다.

황준헌은 러시아의 남하정책에 대비하기 위해서는, 미국과의 조약 체결이 필요하다고 논하고 동아시아에서 조선과 중국 그리고 일본 3국 간의 협력의 중요성을 거듭 강조하였다.

즉, 조선은 청국과 친하고, 이웃 나라 일본과는 과거의 작은 미움을 버리고 대국적인 견지에서 맺어져야 하며 미국과 연결되는 정책을 취하여야 한다는 이른바 친중국(親中國), 결일본(結日本), 연미국(聯美國) 정책을 권유하기에 이르렀다.

결론적으로 말하면 황준헌의 《조선책략》은 조선의 위정자들의 국제법과 국제 정세에 대한 관심을 높였으며 조선의 미국관을 크게 수정시켜 한미조약 체결의 분위기를 조성했다.

한편 《조선책략》의 부정적 측면은 청국이 조선에 미국과의 근대적 조약관계 수립을 권하면서도 여전히 '친중국' 운운했던 것이다. 친중국이란 개념은 국제법상 근대 국가 간의 관계를 지칭하기보다는 전근대적인 종속관계를 다른 말로 표현한 것에 불과했다. 청국이 조선을 속국시하는 태도는 청국이 청일 전쟁에서 패배할 때까지 계속된 고정관념으로 조선의 소중화사상과 더불어 조선의 내정, 외교의 자주적 발전에 있어 극복해야 할 큰 과제였다.

황준헌의 《조선책략》이 단순한 개인적 저술이 아니었으며 이 책자에 담긴 청국의 저의가 무엇인가를 보여 준 것은 1880년 11월 11일자의 하여장(何如章) 공사의 이홍장에 대한 보고서였다. 하 공사는 본국의 지시에 따라 김홍집의 방일 기회에 조선의 외교 문제를 훈도하려는 생각에서 황준헌에게 《조선책략》 저술을 명하였으며 친중국, 결일본, 연미국은 중국의 자강을 위한 책략이었다고 분명히 밝히고 있다.

이러한 청국 측의 깊은 뜻을 헤아릴 길 없는 김홍집을 비롯한 조선의 지도자들은 황준헌의 외교적 훈도에 감격하였다. 특히, 주목해야 할 점은 1880년대의 조선의 대외정책이 《조선책략》의 노선을 이탈하지 않은 점이다.

조선의 근대 외교가 청국의 가르침에 의존하고 있는 한 조선 정부의 소중화사상의 청산은 기대할 수 없었으며 아무리 많은 만국공법서를 읽는다 하여도 근대 국제법에 의한 자주 외교의 전개는 한낱 환상에 지나지 않는 것이었다고 하겠다.

한문본 조약의 함정

1871년 8월에 미국 상선 제너럴 셔먼호가 대동강을 거슬러 올라와 개국과 통상을 집요하게 요구하다가 조선의 관민에 의해 선박이 소실된 사건이 일어났다. 이를 계기로 미국은 무력으로 조선을 개국시키고자 자그마치 1,200명으로 구성된 극동함대를 파견하여 강화도를 점령하였다.

조선의 관민은 대동단결하여 40일간 끈질기게 항쟁함으로써 마침내 미국 함대를 격퇴시켰다. 그러나 이 사건이 발생한 지 10년 만에 조선은 결국 한미 수호조약을 체결하기에 이른다. 당시 주변 정세의 급격한 변화를 보여 주는 일이다.

한미 수호조약의 체결은 조선의 명실상부한 개국을 의미한 것이었으나 이 조약 체결 교섭의 과정에서 조선 측 대표는 아예 참여할 수 없었고 미국과 청국 양국 대표자들이 직접 문안을 작성하고 협의하였다. 특히, 청국 측에서는 이홍장의 심복인 마건충이 조약 체결 교섭 업무를 사실상 도맡았다.

마건충은 이홍장의 추천으로 1877년부터 3년간 프랑스의 외교관, 행정관 양성소인 정치학원에서 국제법과 외교사를 전공한 국제파로서 당시 이홍장의 휘하에서 외교업무를 담당하고 있었다. 그는 국제법이란 결국 구미 여러 나라가 자기 이익이나 주장을 내세우는 도구라는 인식을 갖고 있었으면서도 한 건의 조약 체결을 위해서는 철저한 국제법 지식이 불가결하다고 강조하였다.

한미 수호조약은 마건충의 안을 중심으로 교섭이 진행되었고 조선 전권 대표 신헌은 조약 체결 마지막 단계에서야 참석하여 서명했다. 따라서 조선 측의 조약문 해석은 청국으로부터 교섭 배경의 설명을 듣거나 한역본으로 된 문면에 따라 가능했을 뿐이다.

이 조약 체결 교섭 과정에서는 양측이 거론하였던 주요 관심사나 미국 측의 진의를 충분히 파악할 여력이 없었던 관계로 결국 조선 측 조약 해석은 교섭 당사자의 의도와는 동떨어진 데가 있었다. 일례를 들면 조약문을 확대 해석하거나 조선 측이 미국에 기대하는 바에 따라 유추 해석하였다. 이와 같이 조약문을 제대로 해석할 수 없었던 관계로 조선의 대외 정책상의 차질은 불가피했던 것이다.

가장 문제가 되었던 부분은 조약 제1조에 있는 필수상조(必須相助)라는 문구였다. 조선은 필수상조를 만약 조선이 위태로운 지경에 빠지면 미국이 반드시 도와주겠다는 확실한 약속으로 믿었다. 남아의 한마디 말은 중천금이라고 믿고 있던 조선의 사대부에게 필수상조의 약조가 의미하는 바는 상상외로 컸다.

필수상조에 큰 기대를 걸고 있는 조선의 무지를 비웃기라도 하듯 정작 영문본에는 이에 해당하는 단어가 보이지 않았으나 누구 하나 그것을 알아차릴 재주가 없었다. 조선 측이 영문 조약문을 대하는 것은 봉사 거울 보기나 다름없었다. 조약의 영문본과 한문본을 대조하여 읽을 수 있는 어학력을 구비한 외교관이 당시 조선에는 단 한 명도 없었다. 더욱이 조약 교섭에 참여하지 않았던 관계로 조선 측은 전적으로 한문본에 의존할 수밖에 없었다.

일본의 경우 이미 지적한 대로 미일조약 체결 시 일본 대표들은 난학을 통해 연마하여 자신들이 충분히 구사가 가능했던 네덜란드어로 교섭을 행하였으며 조약문은 영문 이외에 네덜란드어를 병용하여 작성하였던 관계로 조약 해석에 있어서 오류를 범할 가능성이 조선에 비해 훨씬 적었다.

한미조약 체결을 권고한 청국은 미국이 항상 약자를 돕는 공의로운 나라임을 기회 있을 때마다 역설했다. 이와 같은 청국 측의 설명에 조선의 위정자들은 부지불식간에 미국에 대한 높은 기대감을 갖게 되고 나아가서는 한미 조약에 대해 환상을 품게 되었다고 본다. 황준헌의 《조선책략》이 짐승만도 못한 서양 오랑캐를 공의로운 국가로 바꾸어 놓은 데 크게 기여했음은 두말할 나위도 없다. 극에서 극으로 치닫는 우리의 성정은 어제오늘의 일이 아닌 것 같다.

당시 미국의 조선에 대한 관심은 미국과 조약을 맺을 수 있는 자주, 독립성의 확인과 아시아에 있어서의 구미 열강 간의 세력 균형 유지에 있었다. 미국은 조선이 청국과 특수한 역사적 관계에 있으며 청국의 압도적인 영향 아래 놓여 있다고 믿으면서도 조선의 자주, 독립을 의심하지는 않았다.

그런 까닭에 미국은 조선과 수호조약을 체결하였다고 본다. 미국이 초대 주한 공사 푸트(Lucius H. Foote, 1826~1913)를 일·청 주재 미국 공사와 동격의 특명 전권 공사로 임명한 사실만 보아도 조선의 주권과 독

1883년 내한한 최초의 주한 미국공사 푸트(Lucius H. Foot)가 사인교를 타고 등청하고 있다.

립성에 대한 하등의 의문을 갖고 있지 않았음을 알 수 있다.

그러나 조약을 체결한 지 불과 2년밖에 경과하지 않은 1884년부터 미국은 조선을 교역 상대국으로 대우하기에는 아직은 시기상조이며 정치적으로는 청의 속국과 다름없다는 생각을 하기 시작하였던 것 같다. 조선에 주재하고 있던 푸트 공사가 한미 수호통상조약은 한 장의 휴지에 지나지 않는다고 극언할 정도로 미국은 조선의 조약 이행 능력에 강한 의문을 갖게 되었다.

미국으로서는 조선의 정변 시, 국제법상의 보호를 받아야 할 외국인의 생명과 재산이 공권력에 의해 제대로 보호되지 못하고 위험한 상태에 놓이는 현실을 목격하고 조선의 국제법 준수 능력에 대한 의문을 구태여 숨기려 하지 않았다.

1884년 7월, 미국 정부는 서울 주재 미국 특명 전권 공사를 변리 공사 겸 총영사로 강등시켜 버렸다. 이에 푸트 공사는 본국의 조치에 불만을 품고 사직하였으며 후임에는 포크 해군 무관이 공사대리로 근무하게 되었다. 포크 공사대리는 일본의 근대화 추진 노력을 높이 평가하고 김옥균 등의 반청 개화파 인사들을 음양으로 지원하였던 관계로 끝내는 청국의 압력으로 1887년 6월 기피인물로 조선에서 강제 출국당하였다. 일본 측 자료에 의하면 포크는 그 후 일본 여성과 결혼하여 일본의 어느 대학에서 수학을 가르치며 여생을 보냈다고 한다.

　　조선 정부가 미국 외교관을 청국의 압력으로 출국시킨 조치는 조선의 독립주권에 대해 심각한 의문을 제기하게 하였다. 조선 외교에 대한 청국의 영향력 행사와 이에 순응하는 조선을 목격한 미국은 조선을 완전한 독립국가로 인정했던 과거의 태도로부터 후퇴하지 않을 수 없었다.

　　서울 주재 미국 공사가 한미조약을 한 장의 휴지에 불과한 것이라고 극언하고, 조선의 국제법상의 지위에 대한 미국의 인식이 달라지고 있었음에도 불구하고 조선의 미국에 대한 짝사랑은 더 깊어 가고만 있었다. 조선의 위정자는 미국이 조선으로부터 공사관을 철수할 때까지 미국에 대한 기대를 버리지 못했으며 필수상조를 굳게 믿고 미국에 의한 일본의 침략 저지에 일말의 희망을 걸고 있었다.

　　그 후의 역사가 보여 주는 바와 같이, 미국은 처음에 한반도에 대한 불간섭, 중립을 정책의 목표로 하였으며 나중에는 일본의 침략적인 팽창주의에 호의적인 태도를 보여 주는 친일정책으로 전환하였다. 이것을 보면 조선의 미국에 대한 인식은 너무나도 안이했고 순진했다고 말하지 않을 수 없다.

청조의 선각자, 마건충

우리 근대사에도 등장하는 마건충은 청조 말의 우울한 개혁가이다. 서구 세력이 도도하게 동으로, 동으로 밀려오는 와중에서 중국은 마침내 영국과 굴욕적인 남경조약을 1842년에 체결하지 않으면 안 되었다. 남경조약, 그것은 세계의 중심은 중국이라는 중국인의 전통적 자부심에 큰 흠집을 낸 치욕적인 사건이었으며 중국의 반식민화라는 적신호였다.

마건충은 남경조약이 체결되어 3년이 경과할 무렵 천주교 신자 가정에서 태어나 유아 세례를 받았다. 태어날 때부터 중국의 전통적 문화와 상충되는 유럽통의 길을 걷도록 되어 있었다. 그는 중국 초등교육의 일반과정도 이수하였지만 철들면서부터는 상해의 프랑스계 가톨릭 학교에서 7년간에 걸쳐 서구식 교육을 받았다. 졸업 후 프랑스어를 자유자재로 구사하게 된 마건충은 이홍장의 휘하에서 통역 겸 교섭 조수로 활동하면서 국제정세에 대한 지식과 관심을 넓혀 갔다.

마건충은 33세 되던 해에 이홍장의 추천으로 프랑스 고등 정치대학원에 유학하여 1877년부터 3년간에 걸쳐 국제법, 외교사, 회사법, 민법 등을 공부하였다. 그는 프랑스 유학 중 틈이 있을 때마다 영국, 독일, 오스트리아, 이탈리아 등을 직접 여행하여 유럽 정치에 대한 식견을 넓혔다. 서구 견문을 통해 그는 새삼스럽게 중국이 얼마나 퇴영적인가를 깨닫게 되었다. 유럽 여행기와 외교제도 개선에 관한 자신의 주장을 한데 묶어 《적가제기언 기행(適可濟記言 記行)》을 저술하기도 하였다.

마건충은 구미 서양 제국이 중국의 개방을 강요한 법 이론인 국제법에 대해서 비상한 관심을 보였다. 서양은 대포와 국제법이라는 수단을 동원하여 그들의 요구를 관철시키고 있다고 보았다. 마건충은 서양의 국제법이라는 것은 그 이론이 분분하나 이는 학리상의 차이 때문이 아니고 국가 이익 추구 관점의 상이 때문이라고 했다.

또한 그는 서양 열강들은 외교 교섭 시 국제법을 견강부회(牽强附會)식으로 해석하여 자신들의 이익 확보를 위한 수단으로 사용하고 있다고 갈파했다. 유럽 권력정치 지도에 세력 균형이 어느 정도 성립되어 있다고 하지만, 국가 간의 상호 신뢰 결여로 결국 역관계와 이해관계가 중요한 변수라고 지적했다.

이 같은 상황하에서 국제법은 결국 열강의 국익 확보에 봉사하는 어용학문에 불과하다고 했다. 그럼에도 불구하고 국제법에 대한 연구를 게을리해서는 안 될 것이라고 경고했다. 국제법 이론에는 국제법이라는 법리로 맞서야 한다는 선각자적인 깨달음도 갖고 있었다.

프랑스 유학을 마치고 귀국한 마건충은 이홍장에게 팔방미인 격의 보좌관 역할을 했다. 프랑스어 통역, 법률 고문, 해군 법무관, 항만 관리관, 그리고 이홍장의 개인 특사로 조선, 안남, 인도 등을 방문하기도 하였다. 1884년 청불 전쟁 시에는 유창한 프랑스어를 구사하여 이홍장의 보좌관 노릇을 잘 해냈다고 한다.

1882년 한미수호 통상조약 체결 시에 조선 측을 대표하여 사실상 전면 교섭에 나섰던 인물이 바로 마건충이었다. 같은 해에 일어났던 임오군란 사후 처리를 위해 하나부사 일본 공사와 교섭에 나서기도 하였다. 정여창, 오장경 제독과 함께 대원군을 군영으로 유인하여 청국으로 압송하는 데 한몫을 하였다. 대원군과 두 시간여에 걸쳐 필담을 했던 작자가 바

열강의 중국 분할. 연회에 참석한 영국 빅토리아 여왕과 독일 빌헬름 2세, 러시아의 니콜라이 2세, 청일전쟁의 승리로 기회를 엿보는 일본과 프랑스, 열강들의 흉계에 당황하는 중국의 표정이 회화적이다.

로 마건충이었다. 마건충은 조선에서의 경험을 《복의수사서(覆議水師書)》라는 기록으로 남겼다.

마건충의 동북아 정세 평가는 러시아 안전 확보를 염두에 두고 러시아와 일본을 중국 안보를 위협하는 세력으로 결론지었다. 따라서 중국은 러시아의 배후를 위협할 수 있는 영국에 접근하는 한편 일본을 견제할

수 있도록 조선을 강화시키는 것이 긴요하다고 보았다. 조선 강화의 한 방편으로, 조선으로 하여금 미·영·불·독 등과 조약을 체결토록 한다는 구상이었다.

마건충은 서양과의 교섭 경험을 통해서 중국의 전문 외교관 양성이 절실함을 깨닫게 되었다. 중국의 교섭 대표는 정치적 임명 케이스가 주류를 이루고 있을 뿐더러 빈번하게 교체되는 관계로 교섭에 실패하는 예가 허다하다고 지적했다. 1877년 그는 전문 외교관 양성학교를 세워 학생들에게 국제법, 서양 외교사, 경제정책, 경제 지리, 영어, 독어 등을 가르쳐야 한다는 획기적인 제안을 내놓았다.

또한 그는 중국 근대 해군 창설에 관한 건의를 내놓았으나 어느 것도 받아들여지지 않았다. 마건충이 구상한 전문 외교관 양성은 1911년 손문이 주도한 신해혁명 이후에야 어느 정도 구체화되었으며, 해군 개혁은 청일 전쟁에 돌입할 때까지 이루어지지 않았다. 개혁의 실패로 청국은 결국 반식민의 길로 전락하고 말았다.

마건충은 개방적이고 서구 견문도 넓은 진보적 지식인이었으나 청조 말기의 보수 성향에 젖어 있는 지도자들로부터 올바른 평가를 받지 못하였다. 그는 1890년 초부터는 일선에서 물러나 은거 생활에 들어가 좌절된 개혁의 울분을 달래다가 결국 45세의 한창 나이에 타계하고 말았다.

마건충이 프랑스 유학을 통해서 얻은 지식과 경험을 외교 분야에서 제대로 발휘하여 본 것이 한미조약 체결과 임오군란 사후 처리 정도였음은 당시의 국제정세를 고려할 때 안타까운 느낌이 든다.

내정간섭에 저항한 외교관들

새벽 호랑이같이 이미 기세가 꺾인 주제에 사사건건 조선의 외교에 감 놓아라, 배 놓아라 하는 청국의 간섭에 염증을 느낀 조선의 지도자들은 청국의 영향력으로부터 벗어나기 위해 고심하였다. 그래서 서양 열강과 이미 체결한 조약의 이행, 즉 외교 사절의 파견을 통해서 조선이 자주국 가임을 명실공히 내외에 과시하고자 했다.

조선 정부는 일본의 초대 상주 대표 하나부사가 1880년 3월 대리 공사로 부임하였으나 일본에 상주 사절을 파견치 않다가 그해 8월에야 도승지 민영준을 변리 공사로 임명하여 초대 상주 대표로 파견하기에 이르렀다. 조선 정부는 일본뿐만 아니라 서구 열강과의 조약상에 사절 교환의 규정이 있으나 미·영·불 등의 사절을 일방적으로 접수하였을 뿐 재정상의 이유 등으로 사절을 상주시키지 않았다.

막연하나마 조선의 지도자들은 사절의 교환이 청국의 영향력을 배제하는 데 도움이 되는 수단이라는 생각을 하게 되었다. 이와 같은 연유로 해서 1887년 8월, 박정양을 주미 전권 공사에, 심상학을 유럽(영·불·러·이) 전권 공사에 각각 임명하였다. 동시에 주미 공사관에 이완용 참찬관, 이하영, 이상재 등을 서기관으로 발령하였다.

이와 같은 조선의 전권 공사 임명에 대하여 조선에서 상전 노릇을 하고 있던 원세개는 청국과의 사전 협의를 거치지 않았음을 트집잡아 사절 파견 계획을 백지화시키라고 으름장을 놓았다. 원세개의 안하무인격의 항의는 조선의 주권을 무시하는 처사일 뿐만 아니라 청국 자신이 권고한 조약 이행을 스스로가 방해하는 모순적인 행위이었다. 청국은 조선의 사절이 해외에 상주하게 되면 한청 종속 관계에 치명적인 손상이 불가피할 것이라는 것을 알고 이를 극력 저지하려고 했다.

그러나 조선에 대한 영향력이 점차 상실되어 가고 있던 1887년경에는 이를 완전히 봉쇄하기에는 조선의 의지가 너무 강했다. 따라서 청국은 종속 관계라는 기본적 틀을 해치지 않는 범위 내에서 조선의 사절 파견을 허용하는 방안을 궁리하여 조선 측에 내놓았다.

조선의 외교 사절이 주재국에 부임하면 우선 청국 공사관을 예방하고 청국 공사관의 안내를 받아 주재국 외무성에 부임 인사를 간다. 국제회의나 사교 행사의 경우에는 청국 사절보다 낮은 자리에 앉는다. 중대한 외교 교섭은 청국 공사와 사전에 협의하고 자문을 받는다는 영약삼단(另約三端)의 조건을 붙여 조선의 사절 파견을 마지못해 용인했다.

그러나 1888년 1월, 워싱턴에 도착한 박정양 공사는 청국 측의 주권 모독적인 조건을 깡그리 무시하고 국무성을 직접 방문하여 신임장 사본을 제출하게 된다. 오랜 한청 종속관계가 보기 좋게 박정양 공사에 의해 부정되는 순간이었다.

이와 같은 조선 측의 자주적 행동에 당황한 청국 공사는 박 공사의 면담을 요청했으나 박 공사는 이에 응하지 않았다. 청국의 항의에도 불구

'아관파천' 시 러시아 공사관 건물 발코니에 서 있는 왕족들. 앞줄 오른쪽이 고종황제, 그 옆이 순종이고 왼쪽 끝에 영친왕의 모습이 보인다.

하고 박정양 공사는 그해 1월 18일 미국 제22대 클리블랜드(Crover Cleveland) 대통령에게 신임장을 제정하여 독립 조선국의 위상을 드높였다.

박 공사가 신임장을 제정한 후에도 청국은 약속 위반에 대한 조선 측의 책임을 따지고 조속한 시일 내의 사절 소환을 끈덕지게 요구했다. 조선 측은 어쩔 수 없이 1889년 1월에 청국의 요구대로 박공사를 소환하고 말았다. 1년 이상 청국의 강압을 버티어 낸 뱃심은 종래의 한청 관계에 비추어 볼 때 획기적인 일이라 하겠다.

청국 측은 박 공사가 귀국한 후에도 미국에서의 자주적 행동에 대한 조선 정부의 해명을 요구하고 나섰다. 이에 조선 측은 전권을 부여받은 공사의 직책상 박 공사의 처신은 옳았으며, 주재국 외무성을 타국 공관원과 같이 방문하여 신임장 사본을 제출한 외교적 관례가 없다고 당당히 맞섰다.

한편 유럽 5개 국 전권 공사로 임명된 심상학은 원세개의 강력한 반대 의사 표명에 병을 이유로 전권 공사직을 사양하고 말았다. 후임에 조신희가 임명되어 부임을 위해 홍콩까지 갔으나 청국의 압력을 두려워하여 왕명을 기다리지도 않고 신병 치료라는 핑계를 만들어 임의로 귀국해 버렸다. 조선 정부는 국명을 무시하고 귀국한 조신희를 청국의 강력한 반대를 무릅쓰고 국법에 따라 유배지로 귀양을 보내고 말았다.

청국은 조선의 일본 주재 사절 파견에 대해서는 간섭하려는 움직임이 없었다. 이는 아마도 조선이 김기수, 김홍집, 박영효, 서상우 등의 수신사를 일본에 파견한 바 있으며 일본은 같은 동양 국가로서 오랜 통교의 역사를 가지고 있었던 때문이 아니었던가 싶다. 일본에 파견된 사절들은 대개의 경우 주일 청국 공사관을 예방하여 교섭 사안을 협의한 전례가 있었음에 비추어 민영준 공사의 임명에 별다른 이의를 달지 않았을 터이다.

사절 파견을 통해서 한청 종속 관계를 기본적으로 타파하지는 못했지만 적어도 독립 조선국에 대한 인식이 깊어졌으며 청국의 항의에 당당히 대응했던 자세는 알아줄 만하다.

1891년 11월 조선 정부는 주권국가임을 분명히 할 의도로 미국 워싱턴에 당시로서는 거금인 2만 5,000달러를 투입하여 빅토리아 양식의 적갈색 3층짜리 건물을 주미 한국 공사관으로 구입하였다. 그러나 이 건물은 한일합방 직후인 1910년 8월에 우치다 코사이(內田康哉, 1865~1936) 주미 일본 대사가 단돈 10달러를 받고 미국인 펄턴(Horace K. Fulton)에게 팔아 처분하고 말았다.

조선을 둘러싼 청·러·일의 각축전이 치열하게 전개되던 와중에

1895년 10월, 미우라 공사가 직접 지휘한 명성황후 시해 사건이 일어났다. 원세개의 방자한 내정 간섭과 일본 제국주의의 천인공노할 주권 모독 조치에 치가 떨려 고종은 1896년 2월에 러시아 공사관으로 피신하였다. 이른바 '아관파천'이었다. 고종은 러시아 공사관에서 1년을 보냈으며 이 기간 중에는 소위 친러파가 득세하였음은 물론이다.

1897년 내외의 여론에 힘입어 고종이 러시아 공사관에서 경운궁으로 환궁하고 국호를 대한제국, 연호를 광무로 고친 다음 왕을 황제라 칭하며 자주 독립 국가임을 선포하였다.

세상이 변하니 친러파는 정치 무대에서 밀리기 시작하였다. 친러파의 거두로 알려진 이범진 법무대신이 1900년 6월, 제정 러시아의 특명전권 공사로 부임하였다. 그러나 이 공사는 말이 공사지 그때는 이미 국운이 기울기 시작한 때였던 터라 유배자의 신세와 다름없었다. 1911년 1월 9일, 수구초심의 한을 지닌 채 자결할 때까지 10년 가까이 그는 이국에서 외로움과 추위를 견뎌 가며 조선 독립을 갈망했으나 이미 국권은 상실되고 말았다.

조선의 사절 파견은 당초의 의도대로 조선의 주권과 독립성을 내외에 보여 주었으나 외교 사절 본래의 기능을 제대로 수행한 것이라고 보기는 어렵다. 그럼에도 불구하고 19세기 말 조선이 처한 상황을 고려해 볼 때 청국의 의사에 반하여 사절 파견을 실현시켰던 조치는 평가할 만하다고 하겠다.

누구로부터의 독립인가

조선 개화파들의 좌절은 민중의 이해나 지지 기반 없이 일본이라는 외세의 지원하에 급격한 개혁을 추진한 데 그 원인이 있었던 것이 아닌가 생각된다. 일반인의 눈에 개화파는 곧 친일파와 동의어로 받아들여졌을 것이다. 당시 조선의 지배 계급들은 친일파, 친러파, 친청파로 분열되어 국가의 이익보다 자신의 권익보전과 확대에 급급했다.

민간 신문의 효시인 〈독립신문〉 발행으로 널리 알려진 서재필(徐載弼, 1864~1951)은, 일찍이 김옥균의 지대한 영향으로 개화 의식이 싹텄으며 김옥균의 주선으로 1883년 4월 일본 도야마(戶山) 육군사관학교에서 신식 교육을 받고 귀국하였다. 1884년 12월 갑신정변으로 성립된 신정부의 병조참판에 임명되었으나 쿠데타가 좌절됨에 따라 그는 다른 동지들과 함께 일본으로 망명하였다.

서재필은 일본을 거쳐 미국으로 건너가 고학으로 조지 워싱턴 대학 의학부를 졸업한 후 모교에서 교편을 잡는 한편 제이슨이라는 미국명 의사로서의 사회생활을 하던 중 우연히 과거의 혁명 동지였던 박영효를 만났다. 박영효로부터 그간의 국내 사정을 전해 듣고 서재필은 조국의 근대화에 헌신해야 하겠다는 새로운 결의를 품고 1895년 12월 미국 시민권을 소지한 채로 귀국하였다.

서재필(徐載弼, 1864~1951)

귀국 직후 외무차관직 교섭을 받았으나 이를 사양하고 나라의 보전을 위해서는 일반 국민에 대한 계몽이 급선무라는 생각에서 신문 발행을 결심하였다. 이리하여 1896년 4월 7일을 기하여 우리나라 최초의 민간 신문인 〈독립신문〉을 한글과 영문으로 간행하였다.

〈독립신문〉은 한글 전용, 띄어쓰기 등의 방식을 이미 사용함으로써 국내 언론 발전에 크게 공헌하여 이 신문의 창간일인 4월 7일은 오늘날 신문의 날로 기념하고 있다. 이 신문의 발행 부수는 전성기에는 3,000부에 이르렀다고 한다. 당시 서울 인구가 20만 명이었음을 고려하면 매우 놀라운 부수다.

서재필은 조선의 독립 보전을 위해서는 타국과의 우호관계 유지는 필요하나 미국, 러시아, 일본, 청국 중 어느 한 나라를 전적으로 믿어서는 안 되고 하루빨리 자강책을 마련해야 한다고 강조했다. 서재필은 또한 자주 독립 의식을 고취시키기 위한 구체적 방법의 하나로서 종래 청국 사절을 맞이하기 위해서 세워졌던 사대의 상징인 영은문을 과감히 헐어 버리고 그 자리에 독립문을 세웠다. 이와 같은 조치는 조선의 화이사상(華夷思想)의 청산 의지를 상징적으로 나타내 준 선각자로서의 앞선 결단이라고 하겠다.

문제는 누구로부터의 독립이었던가 하는 데 있다. 이 무렵에 강조되었던 독립은 조선의 명실상부한 독립, 즉 청국이나 일본으로부터의 완전한 자주를 지향한 것이라기보다는 청국으로부터의 독립을 의미하는 것이었다. 청국으로부터의 독립의 강조는 일본에의 예속화라는 의미의 다른 표현에 지나지 않는다는 현실을 간과했던 것은 서재필의 한계이자 조선의 비극이었다.

조선에 대한 일본의 궁극적인 정책 목표가 식민지화를 통한 조선의 지배에 있다는 흑심을 제대로 꿰뚫어 보았다고 할 수 없다. 그가 의욕적으로 세운 독립문이 일제 식민지 36년 동안에도 건재하였다는 사실은 무엇을 말해 주는 것일까.

〈독립신문〉은 당연히 청국에 대해서는 부정적 평가를 내렸고 일본에 대해서는 긍정적임은 물론 한일 간의 돈독한 관계 강화를 내세우기까지 하였다. 예컨대 1896년 4월 18일자의 논설은 일본이 청일 전쟁에 승리하여 조선을 청국의 종속적 지위로부터 벗어나게 해준 은인이다, 뿐만 아니라 일본은 서양 열강의 동양 침략에 대항할 수 있는 유일한 세력이며 동양에서 최초로 서양 근대 문물의 수용에 성공했다고 높이 평가했다. 따라서 조선과 일본과의 관계 강화는 너무나 당연하다는 식의 주장을 내세웠다.

이와 같은 친일적 성향은, 당시 개화를 추진하고자 했던 조선 지도자들의 대부분이 일본을 시찰했거나 일본 유학 경험을 가진 사람들이 주류를 이루었고 일본을 모델로 선택했던 데서 연유한 것으로 생각된다.

청일 전쟁에서 과거 조선의 종주국으로 간주되었던 청국을 패배시킨 일본으로의 선회는 더욱 굳어지게 되었다. 그러나 이러한 〈독립신문〉의 논조에도 불구하고 서재필의 독립 희구 정신은 결코 가볍게 평가할 수 없다. 아관파천으로 고종이 러시아 공관에 머물고 있을 때 환궁을 진언한 점이라든가 제정 러시아의 영도(影島) 조차 움직임에 대해 거국적인 반대운동을 전개하였던 것은 오로지 조선의 독립을 갈구한 데서 비롯되었기 때문이라 하겠다.

그는 입헌 군주제와 의회 설립 등을 주장함으로써 수구파의 미움을 사는 바람에 1898년 5월 미국으로 추방됐다. 서재필은 일본의 침

독립 계몽사상 고취를 위해 창간한 당시의 한글 및 영문판 독립신문.

략적 야심을 확연히 알고 난 다음부터는 반일 입장을 분명히 하였으며 3 · 1운동 이후에도 독립운동에 적극적으로 참가하였다.

그는 1947년 7월 광복된 조국에 미국의 한국 문제 고문 자격으로 귀국했으나 결국 1년 후에 미국으로 다시 돌아가 1951년 1월 그곳에서 향년 85세로 타계하였다. 서재필 박사와 전명운 의사의 유해가 서거 후 40여 년 만에 미국에서 환국하여 최근 국립묘지 애국지사 묘역에 안치된 것은 뜻깊은 일이다.

한편, 서재필의 〈독립신문〉보다 13년 앞선 1883년 11월 〈한성순보〉가 한국 최초의 신문으로 이미 선을 보인 적이 있다. 〈한성순보〉는 근대 일본의 대표적 지식인인 후쿠자와(福澤諭吉)의 제자 이노우에(井上角五郞)가 스승의 명에 따라 일본에서 인쇄기 등을 가져와 발행한 신문이다. 후쿠자와는 일본의 지식인들에게뿐만 아니라 박영효, 김옥균, 서재필 등 조선의 개화파들에게 지대한 영향을 끼쳤던 인물이다.

이노우에는 후쿠자와의 집에 기거하면서 아시아 지배를 위한 후쿠자와의 가르침을 받았으며 후쿠자와를 통해서 박영효와 김옥균을 만나게 되었다. 이노우에는 후쿠자와가 경영하던 게이오 대학을 졸업하던 23세 때, 스승의 지시에 따라 조선을 일본의 지배하에 넣기 위한 준비 작업차 서울에 왔다.

〈한성순보〉는 순한문으로 10일마다 잡지 체제로 발간되었으며, 관보의 성격을 띠고 있었다. 이 신문은 정부의 소식과 해외의 사정을 게재하는 한편 조선 주둔 청국 군인들의 행패 등을 소상히 보도하는 등 은근히 청국을 비난하였다. 이와 같은 보도 경향으로 이홍장은 〈한성순보〉의 편파성 보도를 비난하고, 더 이상 묵과할 수 없다는 고압적인 서한을 보내기도 했다.

신문의 기획을 담당하고 있던 이노우에는 조선의 완전 독립 유지는 어려울 것이며 일본 이외의 어떤 나라도 조선에 손을 뻗치는 것은 결코 용납해서는 안 된다, 조선을 계도하는 일은 오직 일본의 권리이며 의무라는 스승 후쿠자와의 가르침을 잊지 않고 〈한성순보〉를 통해서 조선 민중이나 식자들을 반청 친일 분위기로 끌고 가려 했다.

〈한성순보〉는 갑신정변으로 정간되었다가 1886년 10월부터 이노우에에 의하여 다시 국한문 병용의 〈한성주보〉로 부활되었으나 1887년 그의 귀국과 더불어 폐간되었다.

이노우에는 4년간 조선에 머무는 동안, 후쿠자와의 아시아 경략을 위한 충실한 하수인의 노릇을 해내었다. 그는 동갑의 박영효와 김옥균에게 친일의 불가피성을 개화라는 명분으로 주입시켰다. 이노우에가 귀국하여 조선에서의 경험을 바탕으로 《한성지잔몽(漢城之殘夢)》이라는 저서를 발간하였는데, 이 책의 서문을 쓴 사람은 다름 아닌 박영효와 김옥균이었다.

박영효와 김옥균은 원고를 제대로 읽지도 않고 이노우에의 요청으로 서문을 써준 것 같다. 이노우에는 정감록을 인용하여 500년 후에 천하는 정 씨에게 돌아간다고 되어 있으며 올해(1887년)가 바로 495년째가 되는 해로서 민심이 흉흉하다고 기록하고 있다.

이 같은 이노우에의 조선 사회상의 기술은 조선의 멸망은 어차피 시간 문제이고 정 씨는 일본이라는 것을 말하고 싶었던 것인가. 이 같은 내용의 원고를 제대로 읽지도 않은 채 한바탕 크게 웃고 몇 줄의 글을 써주었노라고 하는 것이 김옥균의 변이고, 한편 박영효는 동양의 기운을 만회하기 위한 백절불굴의 의지를 크게 믿는 바라고 하면서 필을 들었다고 적고 있다.

이노우에는 귀국하여 1890년 제1회 중의원 선거 이래 14회나 당선되는 정치인으로 변신하였다. 1938년 79세로 죽을 때까지 일본의 조선에 대한 지배는 여전히 계속되고 있었으니 그가 서울에 남긴 꿈은 정녕 일본의 길몽이었던가.

소위 평화헌법을 자랑하고 있는 일본의 국방비 지출은 GDP
의 1%인 395억 달러로 세계 5위의 규모인데도 군대는 없
고 자위대가 있을 뿐이라고 강변하고 있다. 그러나 자위대가
사실상의 군대라는 것은 새삼 부연할 필요가 없이 전세계가
다 아는 일이다.

제 **4** 장

일본은 우리에게 무엇인가

순연 (順緣)과 악연 (惡緣)

　　신숙주(申叔舟, 1417~1475)는 경사와 시문에 능하고 정치적 식견이 출중한 조선 최고의 지식인이었다. 그는 드물게 세종, 문종, 단종, 세조, 예종, 성종 등 6조를 섬겼던 정치가이며 알다시피 세종을 도와 민족 최대의 문화적 창조물인 한글 창제에 공헌한 학자이다.

　　세조에 의하여 같은 집현전 학자이던 성삼문 등 사육신을 비롯한 많은 학자와 원로들이 죽임을 당한 뒤에, 신숙주는 세조를 왕위에 추대하였다. 조카 단종을 폐위시키고 세조가 왕위를 계승하는 데, 소위 세조 찬탈에 한몫을 했다. 후세의 사가들이 불사이군(不事二君)의 원칙을 지킨 사육신, 생육신을 높이 평가함에 따라 신숙주의 변절은 부정적으로 부각되는 반면 그의 공헌은 역사 속에 음울한 편린으로 남아 있다.

　　신숙주는 26세 되던 해에 서장관(書狀官)으로 일본의 수도 교토를 방문하였으며 35세 때에는 명나라도 방문하여 견문을 넓혔다. 이를테면 그는 유교적 교양을 지닌 외교관으로서 예조판서를 맡아 조선의 외교와 문교를 관장했다.

　　신숙주가 성종의 명에 따라 조선과 일본 간의 사절 교환의 연혁과 응접

의례 및 일본 견문기 등을 종합적으로 정리하여 1471년에 편찬한 《해동제국기(海東諸國記)》는 일본 지식의 집대성이었다는 평가를 받고 있다. 최초의 일본 견문기인 《해동제국기》는 단순히 신숙주 자신의 방일 견문록이 아니다.

그가 춘추관과 홍문관에서 연구생활을 한 학자의 경험과 영의정, 예조판서를 역임하면서 수집하고 접했던 각종 문헌과 기록을 망라하여 정리한 종합적인 일본 연구서의 성격을 띤 보고서이다. 일본 방문 중에 수집한 일본 측 자료도 광범위하게 원용하고 있는 것을 보아도 신숙주가 이 기록에 얼마나 많은 정성을 쏟았는지를 짐작할 수 있다.

'해동'은 바다의 동쪽, 즉 일본을 지칭하는 것으로서 이에는 일본 본토뿐만이 아니라 유구(琉球)까지 포함되어 있다. '제국', 즉 여러 나라라는 의미는 당시 일본이 8도 66주로 나뉘어 있고 봉건 영주에 의해 다스려지고 있는 상태를 두고 한 말이다.

따라서 《해동제국기》는 일본과 유구의 역사, 지리, 풍속, 언어, 통교의 실정을 상세하게 기술하고 있으며 일본 중세의 대외관계 연구에 빼놓을 수 없는 문헌집이 되었다. 중세 일본어 중 15~16세기의 공백을 메워 주는 귀중한 자료이며 일본에서 이미 유실된 문헌의 내용을 전해 주고 있어 일본 사학계도 후한 점수를 주고 있으며, 중국으로부터도 좋은 평가를 받고 있다.

조선 학자들의 머리에는 일본 하면 으레 대마도를 떠올릴 만큼 대마도가 크게 투영되어 있었다. 척박한 섬 대마도, 조선의 도움에 많이 기대야 했던 대마도를 통한 조선의 일본 인식은 조선을 우쭐하게 했다. 대마도 사신은 조선 국왕 알현 시 이마를 땅에 대고 절하였으며 조선 위정자들

일본 막부가 조선통신사 행렬을 맞이하던 대마도 가라몽(高麗門)이 유적으로 남아 있다.

은 대마도를 조공국쯤으로 여겼다. 조선에서는 대마도 종씨(宗氏)에게
화폐 대용품으로 쓰이던 광목을 연간 10만 m씩 공여했다고 한다. 《해동
제국기》도 대마도에 관해 자세하게 기술하고 있음은 물론이다.

《해동제국기》는 조선과 일본 관계에 있어 하나의 지침서가 되었으며,
특히 신숙주 이후에 일본을 방문한 조선 통신사들에게는 바이블과 같은
존재였다. 일본 방문에 앞서 통신사 일행이 반드시 읽어야 했던 필독서
였다. 기록에 보면 어느 사절 일행의 일본 보고서는 신숙주의 기록을 재
탕한 흔적이 역력하다.

신숙주에 따르면, 일본인들은 차 마시기를 좋아하며 '가타카나'라는
일본어를 남녀 모두가 배우고 승려들은 한자를 이해하고 경서를 읽을 줄

안다고 했다. 일본인들은 멋을 부리기 위해 앞니를 검게 물들이고 있는 점이 특이하다고 적었다.

일본에서는 옛날에 발치(拔齒) 의식이 있었던 것으로 전해지고 있는데, 이는 성인의식의 일종으로 이해되고 있다. 일본에서는 문명 시대에 들어와서도 기혼녀가 이를 뽑는 대신에 앞니를 검게 물들여 왔으며 이 같은 풍습은 1872년에야 금지되었다. 조선통신사 일행의 눈에는 검은 앞니의 여인네들이 아주 상스럽게 보였다.

신숙주는 1446년 훈민정음 반포 후에도 일본에 파견되었다. 세종은 조선의 대학자 신숙주로 하여금 조선의 수준 높은 문화적 역량을 과시하고 싶었던 것일까. 신숙주는 세종의 기대대로 유감없이 실력을 발휘하여 일본 유생들의 경탄을 한 몸에 받았다.

그는 조선 제일의 지일파로서 일본으로부터 사절을 접수하면서 일본의 달라져 가는 모습을 탐지하려고 애썼으며 그의 결론은 일본은 만만치 않다는 것이었다. 1475년 6월 임종을 앞두고 성종에게 일본과의 화평 관계를 깨뜨리지 말도록 유언한 것은, 오늘을 사는 우리도 깊이 음미해 볼 만한 일이다.

신숙주, 그는 불사이군의 충절에 목숨을 건 정치가가 아니라 나약한 지식인의 한 전형이 아니었나 하는 생각도 해보게 된다. 을사 5적을 없애겠다고 참나무 몽둥이를 휘둘렀으며, 일

1443년 신숙주(申叔舟)가 서장관(書狀官)으로 일본을 방문한 후 귀국하여 편찬한 《해동제국기》.

제의 합병에 울분이 터져 자결을 시도하다가 한 눈을 망쳐 애꾸눈으로 평생 일본을 흘겨보며 상해를 무대로 독립운동을 했던 신규식(申圭植, 1879~1922)과 애국적 계몽 사학의 전통을 이은 민족주의 사학 정립에 정열을 쏟고 《조선상고사》 등을 저술한 신채호(申采浩, 1880~1936)가 신숙주의 후손들이다.

일본과의 화평 관계 지속을 유언으로 남긴 신숙주의 가르침은, 일본은 지리적으로나 문화적으로 인연을 맺고 살 수밖에 없는 숙명적인 이웃이 라는 사실을 염두에 둔 것일 것이다. 불교에 인연이라는 말이 있는데 일 본 사람들이 대단하게 여기고 있는 바가 바로 그것이기도 하다. 그들은 한 인간의 삶은 인연에 의해서 크게 달라진다고 믿는다.

국가 관계도 인연에 의해서 설명될 수 있다. 인연에도 두 가지, 즉 순연 (順緣)과 악연(惡緣)이 있다. 순연이 서로에게 플러스가 되는 것이라면 악연은 곤경과 역경을 만드는 연이라고 하겠다.

신숙주의 가르침의 본질은 바로 한일 양국 간의 인연을 순연으로 유 지, 발전시켜 가라는 것이었다. 조선은 일본에 대해 시혜적 태도와 평화 적 기조로 일관해 왔다. 그런데 일본은 신숙주 사후 117년이 경과할 무렵 에는 우리가 잊을 수 없는 임진왜란을 일으켰다. 반복되어서는 안 될 일 이다.

당대 제일의 지일 정치가이자 학자였던 신숙주가 일본과의 화평 관계 유지의 필요성만이 아니라 이를 유지하는 방법 즉, 자강(自强)의 중요성 과 방법론에 대해서도 인식하고 있었더라면 하는 아쉬움이 남는다. 다가 오는 21세기는 한일 양국 간의 인연이 순연으로 발전하는 새로운 시대가 되어야 할 것이다.

일본인의 명분과 본심

지금부터 150년 전에 일본을 개국시킨 미국의 페리 제독은, 일본인은 표리가 부동하다는 비난을 받아도 분하게 여기지 않는다고 적고 있다. 페리에 이어 일본에 온 초대 총영사인 해리스는 단호한 정책만이 일본인에게 실효를 거둘 수 있다고 생각했다. 일본인에게 양보를 하거나 그들의 말에 순순히 따르면 따를수록 그들은 그것을 더욱 악용하는 반면 위협적인 말투를 쓰면 당장에 수그러든다고 하였다.

1세기 전에 이들이 지적한 바는 상당한 설득력을 갖는다. 일본 개국 이래의 근대화 과정, 민주 헌법 채택에 이르기까지의 과정을 볼 때 외부의 강한 압력, 충격이 큰 작용을 한 것이 이 같은 지적을 뒷받침하고 있다.

일본인의 '다테' 사회 의식, 즉 계층사회 의식과 국제 관계의 관련성을 살펴보면 페리 제독이나 해리스 총영사의 말에 수긍이 간다.

개인 간의 인간 관계에 있어서 신분의 상하에 극히 민감한 일본인들, 특히 명치 시대에 일본 지도자들은 국제 관계에 있어서도 각 국가의 서열을 매기는 데 큰 관심을 보였다. 일본은 자신들에게 뿌리 깊게 남아 있는 계층사회 의식을 국제사회의 장(場)에까지 확대하여 국력과 문명화의 기준에 의한 계층적 사회를 상정하고 그 같은 사회에 있어서 일본의 현주소를 파악하려고 하였다. 따라서 수직사회에 있어서 개인이 신분 질서를 상승시키려는 입신 출세에 대한 강한 의욕을 보인 것과 마찬가지로 명치 정부는 서양화, 즉 문명화를 달성하여 국제사회에 있어서의 일본의 지위를 향상시키려는 데 절치 부심하였다.

미국 초대 주일 총영사
타운센드 해리스(1804~1878)

그러나 일본은 콤플렉스가 강하다. 상대방에 비하여 열등한 위치에 있다고 생각될 경우에는 외부에 대해 굴종적이라고 할 만큼 저자세를 견지한다. 반대로 상대방보다 우월하다는 자신감 같은 것을 느낄 경우에는 빠르게 공격적인 자세로 변신한다.

명치 정부도 국제법과 외교의 스승이라고 생각한 서구 열강에 대해서는 필요 이상으로 굴종적이었다고 생각할 수 있다. 한편 그때까지 시혜자였던 조선을 서양 문명의 기준으로 판단하여 완고하고 미개한 나라로 치부하고, 과거 조선이 유교적 기준을 가지고 일본을 경멸한 이상으로 멸시감을 드러내는 데 그치지 않고 침략까지 자행했던 것이다.

일본인의 아시아에 대한 과도한 우월감이 결정적으로 굳어진 데는, 1895년의 청일 전쟁에서의 승리가 큰 역할을 했다. 전쟁 승리로 일본은 역사상 처음으로 이민족을 지배하게 되었다. 즉, 강화조약에는 대만의 할양을 규정하였다. 청일 전쟁 승리에 대해 후쿠자와는 "유쾌하고도 고마운 일이다. 오래 살다 보니 이런 일을 볼 수 있게 되었다. 앞서 간 동지와 친구들이 불행하다. 아, 보여 주고 싶다. 나는 감격해서 여러 번 울었다."고 흔희작약(欣喜雀躍)하였다. 그때까지의 일본 문화가 대부분 중국의 영향 아래 있었기 때문에 중국인에 대한 일본인의 열등의식은 그 전쟁의 승리로 인해 완전히 일변하여 멸시로 바뀌었다.

그리고 이 청일 전쟁에 이은 러일 전쟁에서의 승리는 일본을 결정적으로 탈아(脫亞)의 시대로 나아가게 만들었다. 청일, 러일 전쟁의 승리는 탈아입구(脫亞入歐)가 일본의 대외 정책의 주류를 이루게 된 결정적인 계기였다. 그 후 일본은 1910년에 한국을 합방했고, 1931년에는 만주사변을 일으켰고, 잇따라 중일 전쟁에서 태평양 전쟁으로, 마침내 구화아침(歐化亞侵)의 길을 걷게 되는 것이다.

페리가 지적한 일본인의 표리부동도 역시 일본인의 특질과 밀접하게 관련되어 있다. 일본인은 다테마에(建前)와 혼네(本音)를 교묘하게 섞어 사용하는 까닭에 제3자들은 혼란에 빠지는 경우가 많다. '다테마에'는 표면상의 명분, 방침을 지칭하는 것이고 '혼네'는 본심, 내심을 말하고 있다. 다테마에는 일종의 계약과도 같은 것이다. 일본의 고용제도를 흔히 종신고용제라고 하는데 종신고용이라는 말은 고용 계약서상에서는 눈을 씻고 보아도 찾을 수 없다.

일본 헌법의 경우를 보자. 평화 헌법을 자랑하고 있는 일본은 군대가 없고 다만 자위대가 있을 뿐이다. 그러나 자위대가 사실상의 군대라는 것은 새삼 부연할 필요가 없다. 2001년의 일본의 국방비 지출은 GDP의 1%인 395억 달러로 세계 5위 안에 드는 규모이다. 일본은 마음만 먹는다면 곧바로 핵무기를 개발할 수 있는 기술력을 보유하고 있다. 일본은 분명히 세계적인 군사대국이다. 전후 50년 동안 한 번도 헌법을 개정하지

않으면서도 별다른 지장 없이 착실히 군사력을 강화해 온 일본은 마침내
는 '이라크 부흥 지원을 위한 특별 조치법' 제정을 통해 이라크에 중무장
한 대규모 자위대를 파병하기에 이르렀다. 현실과 유리된 헌법이 전혀
개정되지 않는 불가사의는 바로 다테마에와 혼네의 혼재를 극명하게 보
여 준 예이다. 운영의 묘를 살려 헌법 개정과 다름없는 조치를 취해 왔지
만, 이라크 파병을 계기로 '전쟁 포기와 전력 불소유'를 규정하고 있는

일본은 평화헌법을 자랑하고 있지만 막강한 자위대가 사실상의 군대라는 것을 세계는 다 알고 있다.

헌법 제9조를 개정하려는 움직임이 본격화될 것으로 보인다.

　1876년 2월 강화도 조약 체결 이래 1905년 11월 을사조약에 이르기까
지 한일 간에는 20여 개의 조약이 체결되었다. 이 모든 조약들은 일본 제
국주의 침략의 국가 의지를 여실히 드러낸 것이지만 다테마에로서는 결
코 침략의 의도가 없는 미사여구로 가득 차 있다. 혼네는 물론 조선의 병
탄(倂呑)에 있었다.

제3차 한일회담 시 일본 측 수석대표 구보타 간이치로(久保田貫一郎)는 한국 대표가 식민지 지배에 대하여 배상을 요구하자, 당신들은 일본을 비난하지만 일본은 좋은 일도 했다, 교육에 있어서도 그랬고, 철도도 부설하지 않았느냐는 망언을 한 적이 있다.

일본인 친구들과 이야기를 하다 보면 그들은 세세한 점에 집착하여, 사물을 너무 눈앞 가까이 대고 보느라 숲을 못 보는 식의 논리의 함정에 빠지는 경우를 자주 보게 된다. 이런 점 때문에 일본인 중에는 구보타와 같은 자기 합리화를 아무런 부끄럼도 없이 내뱉는 사람들이 꽤 많다.

한국인들은 이념, 종교적 주장에 대단히 솔직하고 충실한 데 반해 일본인은 극도의 자제력을 보이면서 구체적인 시세 변화에 따라 행동하는 경우가 많다. 그 때문에 일본인 세계는 자신들이 인정하듯 원칙이 없고 감정적으로 행동하기 쉬우므로 자칫 부화뇌동하게 된다고 한다.

집단 의식이 강한 일본인은 특정한 방향으로 쏠리기를 잘한다. 그들에게는 억제 장치가 없는 것 같다. 때문에 승리의 가능성이 거의 없는 전쟁을 일으키는 일조차 서슴지 않았던 것이 아닐까.

개인으로서의 일본인과 집단으로서의 일본인 간에는 커다란 차이가 있다. 일본인은 개인적으로는 친절하고 겸손하며 예의바르지만, 일단 집단화되면 질적 변화를 일으키는 것 같다. 일본인 개개인은 '선한 사마리아인' 같지만, 집단적으로 어떤 정책을 수행할 경우에는 사정이 영 달라지는 경우가 많은 것이다. 따라서 일본과의 선린 관계 유지를 위해서는 그들이 보기에 만만치 않은 존재가 되어야 한다는 것이 역사의 가르침이다. 그런데 사실 이는 일본에만 해당하는 일은 아닐 것이다.

잘못된 편견들

흔히 일본인들은 한국 사람보다 외국어를 못한다는 선입견을 가진 식자들이 많다. 또한 외교 교섭에 있어서도 서투르다고 믿는 경향이 있으나 이는 다 근거 없는 편견이다.

일본은 이미 100여 년 전에 근대적인 외무성을 설치하고 외국어와 국제법, 외교를 열심히 익혔을 뿐만 아니라 지속적으로 역량 있는 외교관 양성에 주력해 왔다. 뿐만 아니라 서구로부터 국제 교섭에서 대체로 성공을 거두었다는 평가를 받아 왔다. 거의 대부분의 경우 일본은 조선과의 외교 협상에서도 기대 이상의 성과를 거두어 왔던 점을 인정하지 않을 수 없다.

반일적 쿠데타 성격을 띤 임오군란과 김옥균 등이 주동이 되어 일으킨 갑신정변의 사후 처리에 있어서도 일본은 그들의 불리한 입장을 외교력으로 잘 만회했다. 1882년 7월에 임오군란이 발생하자 즉각 일본 외무성은 '조선 경성 폭동 사변' 방침에 관한 성명을 영어로 작성하여 동경 주재 각국 공사에게 발송하여 각국의 이해를 구하는 민첩성을 보이기도 하였다.

사실 일본은 강화도조약 제10조에 외국인이 조선에 표착해 올 경우, 이의 송환을 보장한다고 함으로써 일본이 자국의 이익만을 추구하는 이기주의자가 아니라 구미 열강도 충분히 배려하고 있다고 생색을 내었다. 대동강 입구에서 상선을 소실당한 경험을 갖고 있는 미국은 난파 선원의 보호를 일본 측이 확보해 준 조치를 높이 평가했다. 일본의 외교적 생색 내기로 인해 한일 관계에 있어서 미국 측의 호감이 일본 측으로 경사된 예는 부지기수이다.

이와 같이 일본은 조선에 대한 개국을 강제하였던 때부터 합방 시까지 서구의 움직임과 국제 여론에 상당한 신경을 써왔다. 즉, 국제 여론이 일본의 입장을 충분히 이해하도록 견강부회(牽强附會)식으로 해석하여 이를 영어나 프랑스어로 국제사회에 유포시켜 일본을 지지하도록 여러 가지의 외교적 공작을 전개하였다.

그 결과, 조선과 일본 간에 발생하였던 많은 분쟁에 대해 구미 열강들은 대부분 일본의 주장을 묵인하거나 지지하게 되었다. '근거도 없는 거짓말에서 싹튼다.' 는 저들의 속담대로이다.

임오군란 사후 처리와 관련하여 〈워싱턴 포스트〉는 군란의 사후 수습 과정에서 보여 준 일본의 외교적 수완은 근대 서구 외교와 비교하여 전혀 손색이 없다고 격찬하였다. 일본 외교에 대한 구미 제국의 평가가 높아지면 높아질수록 조선에 대한 이미지는 부정적으로 굳어져 가고 있었던 것이다.

갑신정변 시 일본의 쿠데타 세력 지원에 격분한 조선 민중이 일본 공사관을 공격하고 일본인을 살상한 불상사는 우발적 사고로서 어떤 의미에서는 일본 스스로가 자초한 결과라고 할 수 있다. 그러나 당시 조선에 주재하고 있던 서구 외교관들이 이 사고와 관련하여 조선인은 난폭하고 조선 정부는 국제법을 준수할 능력이 없다는 부정적 시각을 갖게 된 것도, 일본의 외교 수완에 기인한 면이 크다. 파크스 주일 영국 공사가 정변 후에 한일 간에 체결된 한성조약은 무리한 내용이 아니라고 평한 것도 이같은 점을 뒷받침해 준다.

또한 일본의 학자들은 동아 3국에서 사태가 발생할 경우, 으레 자국의 입장 정립에 유리한 이론을 개념화하는 데 애썼으며 사태를 서구 문명적 시각에서 다루어 가도록 정부 측을 선도했다. 예를 들면, 임오군란 발발에 따라 조선에서 전운이 감돌기 시작하자 일본 학자들은 《브루셀 육전법규초안》을 번역하여 전쟁 국제법서를 발간하는 기민함을 보이기도 했다. 또한 갑신정변이 일어난 1884년에도 청국과의 일전에 대비하여 《육지전례 신찬》을 간행하여 국제법적인 대응도 게을리하지 않았다.

조선을 노리는 일본 · 중국 · 러시아 등 주변 3개국을 어부에 빗대 풍자한 그림(G. 비고 작).

이미 언급한 대로 갑신정변 당시 일본은 자국 공사가 주재국에 대한 명백한 내정 간섭을 했다는 불리한 상황을 극복하고 사건 처리에 있어서 외교 수완을 발휘함으로써 다시 한번 구미 열강을 놀라게 했다.

1894년 청일 전쟁이 일어나던 때에 일본이 《만국전시공법》, 《육전법규》를 간행한 것은 무력적 대응과 함께 전시 국제법상의 이론적 대응을 염두에 둔 치밀한 외교 책략이었음은 두말할 나위도 없다. 이는 무력과 아울러 무력 행사를 합리화시키는 이론을 갖추자는 저들의 꼼꼼한 성격의 일면을 보여 주는 하나의 좋은 예이다.

우리들은 일본인이 진득하지 못하고 경망스럽다는 이야기를 하곤 하지만, 적어도 일본의 대조선 외교 양태는 그들이 놀라울 정도의 지구력을 갖고 대응해 왔음을 보여 주고 있다. 즉, 일본은 강화도 조약 체결에 따라 그들이 200여 년간 일관되게 추구해 왔던 조선과의 자유무역을 실현하고 식량의 안정적 공급원을 확보하게 되었다. 이것을 보면 일본인은 조급하기는커녕 하나의 외교 목표 달성을 위해 100년, 200년 동안 계속해서 진력해 왔음을 알 수 있다.

일본은 대마도 번주를 통해 조선과 통교한 이래 그 책임자를 짧게는 10년, 길게는 20년 이상씩 종사시켜 조선 사정과 조선인의 특질에 관해 정통하도록 하였음도 결코 간과해서는 안 될 점이다.

조선 외교의 좌절은 빈번한 외교 책임자의 교체에도 그 원인이 있다. 1883년 1월부터 외무아문이 설립된 1894년 7월에 이르는 약 11년 동안에 26회의 외무독변(장관) 경질이 있었다. 또한 1894년 7월부터 1905년 9월까지에는 자그마치 37회의 외교 책임자 교체가 있었다. 약 22년간에 놀랍게도 63회의 외무장관의 이동이 있었으니 평균 재임기간은 반년이 채 못 된다는 계산이 된다. 외무장관을 황아장수 봇짐 옮기듯 했으니 외교가 제대로 되기는 처음부터 어려웠던 것이다.

빈번한 외교 책임자의 교체는 외교를 국내 권력 투쟁에 이용했다는 반증이다. 외교의 비중이 조선의 역사상 가장 높았다고 할 수 있는 격동의 시기에, 외교 책임자를 능력과 경륜에 따라 임명한 것이 아니라 권력자가 정권 유지를 위해 자기 파벌의 인물을 임명했음을 말해 주는 것이라 하겠다.

그런 상황에서 외무 책임자가 가마 타고 시집가는 식의 정상적인 외교를 펼치기는 불가능했다. 강을 건너는 동안 말을 바꾸는 것은 현명하지 못하다는 상식조차 먹혀들지 않는 답답한 지경이었다.

명치 유신 이래 침략적인 대조선 정책을 추진하고 있었으며, 조선의 주요 외교 교섭의 상대였던 일본은, 유신 이듬해 1869년 8월부터 1887년 9월에 이르는 약 20년간 4번의 외무장관 교체가 있었을 뿐이다. 특히, 대원군이 실각한 이후부터 갑신정변의 사후 처리로서 한성조약이 체결되기까지, 즉 일본의 대조선 침략 정책의 기반이 다져진 1873년 10월부터 1887년 9월까지 단 2명의 외상이 6~8년씩 장기간 외교 책임자로서 재임하였다.

이와 같은 장기 재임은 조선의 외무장관이 업무를 채 파악하기도 전에 빈번하게 교체되었던 것과는 참으로 대조적이라고 말하지 않을 수 없다. 조선 외교의 좌절은 구조적이고 복합적인 요인에 기인했던 것이다.

시작은 반이 아니다

도요토미 히데요시(豊臣秀吉)가 하인으로서 오다 노부나가(織田信長)를 섬길 때 천하 제일의 하인이 되겠다는 자세로 주인을 섬겼다는 이야기는 지금도 많은 사람들의 입에 오르내리고 있다.

일본사회에서는 옛날부터 천하 제일을 추구하는 직인정신, 장인정신이 존중받아 왔다. 천하 제일의 명장을 대접하고 아끼는 전통은 오늘의 번영과 깊은 관계가 있음은 물론이다. 260여 개의 작은 봉건 국가로 난립해 있던 시대에 모든 백성들은 자기 직분에 정진하여 달인의 경지에 오르는 것이 삶의 목표였고 보람이었다. 학문과 무술은 말할 것도 없고 꽃꽂이, 차 마시는 법, 춘화를 그리는 데 있어서까지 장인정신을 유감없이 발휘하였다.

임진왜란 때 포로로 잡혀간 심수관(沈壽官, 1926~) 도공의 가문이 15대 400년 가까이 옹기장이의 가업을 면면히 계승해 왔음은 우리에게 불가사의하게 보이기까지 한다. 그와 같은 불가사의가 가능했던 배경은 기술이나 기예를 연마하여 입신(入神)의 경지에 오르는 것을 삶의 보람으로 알았던 일본적 전통과도 무관하지 않다고 본다.

일본에는 400여 년 전에 한 농민이 자신의 경험을 정리하여 펴낸 《친민감월집(親民鑑月集)》이라는 농업책이 있다. 이 책에는 이미 보리는 24종류, 콩은 32종류, 쌀은 96종류라고 기록되어 있다. 이는 신분의 여하를 막론하고 자기 직분에 대한 투철한 장인정신을 농민에게서조차 읽을 수 있는 예라고 하겠다.

근세에 들어와서 쇄국 일본에 중국에서 활동하고 있던 마틴 선교사가 번역한 《만국공법》이 도입되어 일본 조야의 지식인들 간에 폭발적인 인기를 모으고, 이에 관한 불타는 듯한 연구가 이어졌다는 것은 이미 여러 차례 강조했다.

개국 후 조선의 외교적 과제는 거의 예외 없이 국제법상의 문제였다고 해도 과언은 아니다. 도도하게 조선을 향해 밀려오고 있는 포함(砲艦)과 국제법으로 상징되는 서양 세력의 험한 파도를 헤쳐 나가기 위해서 조선 정부는 당연히 국력의 배양과 국제법 지식의 축적을 동시에 이룩해야 할 상황에 처해 있었다. 그러나 청국이나 일본과는 달리 서양 오랑캐에 대해 바늘귀만한 바람 구멍도 열어 두지 않고 지내 온 조선으로서는 두 가지 다 매우 어려운 과제였다.

1876년에 조선이 개국되어 국권이 상실된 1910년에 이르는 30여 년의 기간 중에 조선인 학자에 의한 서양 국제법 원서의 번역은 말할 것도 없고 1877년 12월 하나부사가 조영하 예조판서에게 기증한 《만국공법》에 대한 해설서 한 권 없었다.

그럼에도 불구하고 개국으로부터 주권 상실로 이어지는 기간에 걸쳐 조선은 일 · 미 · 영 · 불 등 11개 국과 총 114개의 양국 간 조약을 체결하였으며 6개의 다국 간 조약에 가입하였다. 국제법 입문서 한 권 제대로 읽지도 않고, 더욱이 조약 원문인 영어나 프랑스어를 해독할 수 있는 외교관 한 명 없이 100여 개가 넘는 조약을 잘도 체결하였으니 대단하다고 해야 할지 한심하다고 해야 할지 모르겠다.

조선 시대의 유일한 전문 지식인 계급은 중인이었다. 중인들은 법률학, 외국어, 천문학 등 소위 잡학이라고 불리는 천덕꾸러기 학문을 연마하고 있었으나 이들은 정치 권력으로부터 배제된 자들로서 사회적 정치적 신분이 낮은 계층이었다.

국가 권력 주변에 있는 엘리트들은 양반 출신의 사대부들이나 이들은 누구보다도 화이사상에 푹 젖어 있었으며 일정 수준 이상의 지식을 구비한 전문인은 될 수 없었다. 전문 지식인이 된다는 것은 사대부들이 평소에 경시하던 중인들에게나 기대되는 잡기에 능하다는 것을 의미하기 때문에 그렇게 할 수가 없었다.

따라서 조선의 지배적 식자들은 백과사전적 지식을 선호할 수밖에 없었고, 잡학에 능하다는 평가는 결코 명예스러운 일이 아니었다. 이는 앞에서 말한 대로 일본인들이 특정 분야에서의 천하 제일에 보람과 긍지를 느끼고 삶 자체를 바치는 자세와는 대조적이라고 할 수 있겠다.

그러한 사회적 분위기 때문에 근세에 들어와서 중국과 일본을 통하여 서양법, 즉 국제법이 만국공법이라는 이름으로 조선에 소개되었을 때 정치 권력과 외교를 장악하고 있던 양반 계층의 지식인이 이에 관심을 갖고 연구할 여지가 없었다.

당시 양반 지식인들은 과거시험을 준비하기 위한 독서에 쫓겨 한가롭게 학문을 위한 학문을 할 겨를이 없었고 더욱이 중인들이나 하는 법률 공부에 관심을 보일 리가 없었던 것이다. 그런 상황은 조선의 국권 상실

때까지 계속되었으며, 결국 조선이 개국되어 20년이 경과하여도 《만국공법》을 제대로 연구하는 사람이 하나도 없었던 것이다.

문제는 조선의 지식인과 위정자들이 국제법을 제대로 모르면서도 그저 오랑캐로 오랑캐를 제압하는 세력 균형의 원리 정도로 안이하게 파악하고 이에 전적으로 의존하려고 했

일본 최고의 도예 명장인 심수관 씨(가운데)와 저자(오른쪽).
심수관 명장은 1989년 대한민국 명예 총영사로 임명되었다.

던 점이다. 서구와 조약을 맺어 두면 조선에 대한 일본의 침략은 저지될 수 있다는 참으로 순진한 생각을 하였다.

그런데 뒤에는 조선의 외교 책임자들이 국제법에 대한 과도한 기대를 가졌던 것이니 그러한 급격한 사고 전환 자체에 문제가 있었던 것이다. 중국의 권유에 의하여 체결한 한미 수호조약의 교섭에 직접 참여하지도 않았고, 또한 체결된 조약 원문을 비교하여 해독할 어학 실력도 없었던 조선 정부가 이 조약을 일본의 침략을 막아 줄 신통력을 지닌 것으로 받아들였으니 얼마나 한심한 일인가.

서구 열강과의 조약 체결에도 불구하고 조선의 일본 예속화가 현실적

으로 나타나자 국제법에 대한 기대는 사라지고 국권이 완전히 상실된 후에는 환멸감까지 느끼게 되었다.

과신과 환멸의 극단 사이에서 헤매고 있던 우리 선조들의 모습을 연출케 한 그 정신적 토양과 분위기는 지금은 완전히 달라졌는가? 일본의 지적 풍토는 여전히 적당주의와 박학다식을 배척하는 분위기이다. 흔히들 우리는 총론에 강하고 일본은 각론에 강하다고들 한다. 김옥균을 비롯한 조선의 개화파들이 후쿠자와의 저서를 조금만 주의 깊게 읽었더라면, 그가 시종일관 추구했던 문명이 무엇을 의미하는지를 충분히 알고도 남았을 것이다.

후쿠자와의 〈시사신보〉는 거의 조선에 관한 문제를 논설로 다루었고 그 요지는 청국으로부터 조선을 격리하고 그 다음 단계에는 조선을 경제적 침략과 문명의 침략 대상으로 삼아야 한다는 주장이었다. 이 같은 후쿠자와의 의도를 간파하지 못한 소이는 총론적 사고를 선호한 우리 자신의 태도 때문이 아니었을까.

21세기 아시아 태평양 시대에 살아남기 위해서는 총론보다는 각론에 좀 더 몰두해야 할 것이다. 시작은 반이 아니고 그야말로 글자 그대로 시작에 불과하다는 인식을 갖고 완전한 전문인이 존경을 받는 사회를 지향해야 할 것이다. 그래야만 각 분야에서 국제적인 경쟁력이 강화될 것이고 국제화라는 시대적 격랑을 무난히 헤쳐 나갈 수 있을 것이다. 중국 속담 중에 '백 리에 구십리가 반'이라는 것이 있다. 의미를 곱씹어 볼 필요가 있다.

미숙한 외교수완의 결과

한청 종속 관계가 붕괴되고 자주 독립에 대한 염원이 높아지던 시기에 조선에서 독일의 법학자 블룬츠리의 《근대 국제법》 한역서인 《공법회통》이 발간되었다. 중국에서 1880년에 선교사 마틴이 한역한 《공법회통》을 그대로 1896년 5월 9일 목판본 3권으로 학부(學部)에서 출판하여 정부 요인들에게 배포하였다.

당시 학부의 편집국장인 이경식은 서문에서 조선은 과거 지리상의 이유로 외교가 없어 고루함을 면치 못했다고 한탄했다. 이어서 그는 서양 각국은 문명화되어 통상을 하고 있으며 공법, 즉 국제법은 나라를 보전하고 교린하는 법도라고 하고 《공법회통》을 스승 삼아 개명의 방향으로 나아가자고 호소했다.

《공법회통》이 간행된 다음해, 1897년 8월 대한제국이 선포되었는바, 대한제국의 근간이 되는 제도는 《공법회통》을 참조하여 작성되었다는 것이 정설이다. 아무튼 청일 전쟁 이후, 조선의 조야에서는 외교에 대한 관심은 한층 높아졌고 자연히 국제법에 대한 기대도 커졌다.

그러나 이 같은 분위기가 조선의 대외 인식에 뿌리 깊게 남아 있던 전통적인 가부장적 사고방식을 불식시키는 데까지 발전했다고는 보기 어렵다. 일례를 들면, 1897년 9월 12일 알렌 미국 공사를 접견하는 자리에서 고종이, "짐은 미국이 큰형처럼 생각된다."고 하였던 것을 보더라도 그렇다.

청국의 종주국 자리에, 이번에는 일본이 비집고 들어와 조선에 대한 침략적 의사를 노골적으로 드러내자 1905년 11월, 조선의 지식인들은 《공법회통》을 인용하여 강박에 의한 조약의 무효를 주장하였다.

그러나 일본의 침략을 규탄하는 조선의 지식인들의 절규는 수도 한양의 성곽을 벗어날 수 없는 일과성의 저항에 그치고 말았다. 조선 문제에 관심이 있는 서구 열강에게 일본의 침략적 행위를 낱낱이 폭로하고 조선의 입장을 이해시킬 수 있는 입과 손이 없었다. 조약 관계를 통하여 열강의 우호적인 개입을 기대하면서도 이들에게 분명한 목소리를 전달할 능력이 없었다.

조선에서 유일하게 영어를 자유자재로 구사할 수 있었던 윤치호는 이불 안에서 활개치는 격으로, 1890년부터 자신의 영어 실력을 후세에 과시라도 하려는 듯이 영어 일기를 남겨 놓았으나 〈뉴욕 타임스〉와 같은 국제 여론 매체에는 단 한 줄의 투고도 안 했다. 안타까운 노릇이라 아니할 수 없다.

이에 반하여 일본은 조선에 대한 침략 행위를 정당화 내지는 합리화시키는 이론을 개발하여 영어와 프랑스어로 구미 각국에 살포하는 등 적극적인 홍보를 했다. 이런 결과로 일본은 제국주의적 팽창을 모색한 청일 전쟁과 러일 전쟁을 도발하였으면서도 결과적으로는 서구로부터 문명국의 대열에 올라섰다는 평가를 유도해 냈다.

조선은 외교권을 박탈당한 뒤에도 여전히 국제법에 대한 관심을 갖고 있었으며 일본의 침략 행위의 시비를 국제법적으로 따졌다. 이토(伊藤博文)를 암살한 안중근 의사는 법정 발언을 통해 자신을 암살범이 아니라 만국공법상의 포로로서 재판해 줄 것을 요청하였다.

주한 미국 전권 공사 H. 알렌

한편 이승만 박사도 〈미국의 영향을 받은 중립론〉이라는 논문으로 박사 학위를 취득하여 귀국한 후에, YMCA 청년학관 전문부에서 일시 국제법을 강의하기도 하였다. 조선의 위정자와 지식인들은 조선이 국권을 상실한 1910년까지는 국제법에 대한 기대를 버리지 않았으나 그 이후에는 국제법에 대한 환멸을 느껴 국제법 무용론에 빠져들었다.

1915년에 간행된 《조선통사》에서 박은식은 조선의 주권이 하룻밤 사이에 없어지는 참혹한 사태를 당하였는데도 우방국들은 방관만 하고 있다고 한탄했다. 또한 그는 이런 상황에서 국제법이란 것이 도대체 무슨 소용이 있으며 금후 독립 회복 과정에 체약국들의 협력을 기대할 수 있을지에 대해 강한 의문을 표명하였다.

문명국의 선봉장이라고 할 수 있는 미국과 영국이 각각 필리핀과 인도를 삼켜 버리고 만 국제적 현실을 보고 바야흐로 약육강식의 시대가 도래했다고 한탄하면서, 그는 자강의 노력과 자립의 능력이 없으면 독립을 유지할 수 없다고 경고하였다.

일본의 지도자들은 일찍이 독일의 철혈재상 비스마르크가 일본의 사절을 앞에 두고 설파한, 국제법보다는 힘의 논리가 우선하나 국제법과 무력을 적절히 상호보완적으로 사용해야 외교적 목적을 용이하게 달성할 수 있다는 가르침을 뼈에 새기고 있었다.

박은식은 비스마르크의 설교로부터 44년이 지난 때에야 비로소 국제법과 외교에 대해 바른 인식을 할 수 있었으니 만시지탄(晚時之歎)도 유분수가 아니겠는가.

국제법 환멸론에 허우적거리지만 말고 지식인들이 차분하게 계속 국제법에 대해 깊이 있게 연구했더라면 조국의 광복 후 일본에 대한 대응은 분명히 다를 수 있었을 것이다. 일제 시대에 법학을 전공하여 고위 관리로 출세한 사람이 적지 않았지만, 민족의 장래를 긴 안목으로 생각하고 나름대로 국제적 대응을 준비했던 지식인은 드물었다.

상해 임시정부가 각국으로부터 승인을 받은 상태에서 선전 포고를 하고 항일 투쟁을 계속했더라면, 한국 정부는 연합국의 대일 평화조약 서명국의 일원으로서 참가할 수 있었을 것이다. 이승만 대통령은 정부 수립 직후인 1948년 9월 30일, 국회 시정연설을 통해 한국이 연합국의 일원으로서 대일 강화회의에 참가할 것을 연합국에 요청한다고 하였지만 행차 뒤의 나팔이었다. 정부는 덜레스 미 국무성 고문에게 이승만 대통령의 요청을 전달했지만 그는 임시정부에 대한 국제적 승인 결여를 지적하면서 난색을 표했다.

대일 평화조약이 1951년 9월 8일에 서명되어 1952년 4월 28일에 발효된 점을 감안하면, 임시정부에 대한 국제적 승인이 없었다고 하더라도 연합국의 일원으로서 서명할 가능성은 있었다. 왜냐하면 북한의 남침에 대해서 같이 피를 흘리고 있던 미국에 대해서, 대한민국 임시정부가 2차 대전 중에 일본에 대해 선전포고를 하고 중국에서 실제로 참전한 사실을 들어 외교적 교섭을 강화했더라면 가능한 일이었던 것이다. 일본은 한국이 연합국의 일원으로 참가할 가능성에 대비하여 요시다 수상이 사전에 치밀한 외교 공작을 해두었다고 하니 더욱 안타깝기만 하다.

가설이지만, 연합국의 자격을 획득하였더라면 전승국의 지위를 인정받아 재일교포 문제, 문화재 반환 문제, 한일 국교 정상화 교섭은 전혀 다

1905년 치욕적인 을사조약이 체결되자 자결로써 일제의 침략에 항거한 시종무관장 민영환(閔泳煥, 1861~1905)

른 방향에서 이루어졌을 것이다.

또한 독립을 위해 부단히 투쟁하였음에도 불구하고 우리의 손으로 얻은 광복이 아니라 연합국의 승리의 산물이라는 일부 일본 지식인들의 모욕적인 지적은 받지 않을 수도 있었을 터이다.

세계 외교사를 보더라도 외교라는 것은 공기와 같은 것으로 평소에는 그 존재 가치를 제대로 인식하지 못하나 국가적 위기에 처하면 그 진가가 발휘되는 것이다. 전쟁에서 잃은 것을 외교에서 찾은 예는 얼마든지 있다.

섬나라 근성의 자기반성

일본인들은 '일본인론'을 좋아한다. 서양 사람들이 쓴 일본인론은 일본에서 불티나게 팔린다. 이 같은 현상 때문에 멀쩡한 일본인이 유대인의 필명으로 일본인론을 저술하여 예리하게(?) 일본을 비판하였다는 평가를 등에 업고 일약 베스트셀러 작가가 된 적도 있다. 여하간 일본 사람들은 스스로를 논하기를 좋아하는 것이다.

봉건적인 인습에서 아직 탈피하지 못한 사람이라는 뜻으로 우리 자신이 자학적으로 "엽전은 할 수 없다."고 한탄하는 경우가 있다. 마찬가지로 일본 사람들도 자기 비판의 언어로서 섬나라 근성 때문에 어쩔 수 없다는 체념적인 푸념을 늘어놓기도 한다.

1893년 《와세다 문학》과 1894년 《국민의 벗》이라는 대중지에 4회에 걸쳐 섬나라 근성에 관한 논문이 게재되어 많은 사람의 주목을 끌었다. 섬나라 근성 때문에 일본인은 국제 관계를 보는 시야가 좁다고 하면서 섬나라 근성의 부정적인 측면으로서 무기력, 독선, 무지, 배외사상 등을 열거했다. 다시 말하면 일본인들은 작은 섬나라 안에서 혼자 씨름을 하고 있는 무리와 같아서 세계 전체의 맥락에서 사물을 보고 생각할 수 없다는 통렬한 자아비판이었다. 우물 안 개구리가 바로 일본인이라는 것이다. 원래 '섬나라 근성'이란 말은 일본과 일본인의 자기비판의 용어로 이용되기 시작하였다.

일본 기독교의 대표적 지도자인
우치무라 겐조(內村鑑三)

명치, 대정기 일본 기독교의 대표적인 지도자인 우치무라 겐조(內村鑑三, 1861~1930)도 일본은 세계의 벽촌으로서 궁벽한 위치에 놓여 있을 뿐만 아니라 국토는 빈약한 섬나라로서 자기 도취에 쉽게 젖는 경향이 있다고 꼬집었다. 이어서 우치무라는 자연 환경 탓으로 일본인의 사상이나 행동은 왜소하게 되고 말았다고 개탄했다. 고작 후지산 정도의 이상을 추구한다는 신랄한 지적이다.

세계적인 고산 준령에 견주어 보면 후지산은 중간에도 못 끼는 정도인데, 일본에서는 후지산을 천하 제일의 명산으로 간주하고 우상시하는 무리까지 있어 한심스럽다고 했다. 그는 일본과 마찬가지로 같은 도서 국가인 영국의 발전상을 보고 배워야 한다고 외쳤다. 섬나라라는 지정학적 위치를 활용하여 해군, 조선, 무역 분야에서 세계적으로 군림하고 있던 영국에 대해 시샘 섞인 부러움을 표시하였다.

일본인 자신들은 모범생적 기질이 다분히 있지만, 어떤 모델을 설정해 두고 이를 추월하는 재미로 세상을 살아가는 사람들이다. 그러다 보니 영국이야말로 그들이 보고 배워야 할 전형적인 본보기로 일본인들의 마음에 자리잡았던 것이 사실이다. 동양의 영국 건설을 향해 매진할 작심을 했다. 작심삼일이란 말을 무색케 하고 일본은 세기에 걸쳐서 분발했다. 섬에서 살 수밖에 없는 운명이라면 섬나라 근성을 적극적으로 개발하고 좋은 방향으로 개조하자는 결의를 다졌다.

일본인들은 어찌할 수 없는 왜소성이라는 숙명을 완벽주의로 극복하고자 혼신의 노력을 다 쏟았다. 왜소한 사상이나 제품에 일본적인 혼을 불어넣어 천하제일이 되는 길을 이상으로 삼았다. 일본 사람들의 학문하는 태도를 보면 지식이라는 망망대해에서 학문이라고 하는 작은 조약돌을 하나 건져 올려 그것을 필생의 업으로 삼고 갈고닦아 구슬로 만드는 것 같다.

일종의 편집광적 완벽주의를 추구한다. 망망대해 자체보다 그곳에서 건져 올린 작은 조약돌에 불과한 학문에 일생을 거는 삶의 태도는 비단 학자에게만 국한된 것이 아니라 장사꾼, 예술인, 제조인 등 누구에게서나 발견할 수가 있다.

일본인들은 이 같은 완벽주의와 장인정신에 의해 외래 문화를 성공적으로 흡수할 수 있었다. 일본에 총이 들어온 것은 1543년 다네가 섬에 표착한 포르투갈인에 의해서였다. 그로부터 40년이 지난 1582년에는 일본의 총은 그 명중도와 우천 시의 기능에 있어 세계 제일을 자랑하게 되었다. 40년 만에 총의 전래국 포르투갈을 양과 질면에서 훨씬 능가하게 되었다.

도쿠가와(德川家康)가 천하를 얻은 세키가하라 전쟁에서는 동서양군 합해서 약 6만 정의 총이 동원되었다고 한다. 그 당시 유럽 최대의 육군을 자랑하던 프랑스 왕의 군대가 소지한 총이 1만여 정밖에 안 되었다고 하니 당시 일본의 총 생산은 가히 경이적이었다 하겠다.

일본은 항상 외국으로부터 기술을 도입하면 40년 내에 그 종주국을 추월하고 만다고 하니 일본인이야말로 청출어람(靑出於藍)의 대표적인 존재라고 하지 않을 수 없다. 제사, 면방기술, 합성섬유, 전기, 카메라, 자동차 등도 모두 그와 같은 예에 속한다.

일본은 제2차 세계대전에서 완전히 손을 들지 않을 수 없었다. 그 이유는 여러 가지가 있었겠지만 섬나라 근성의 부정적 측면이 증폭되었던 탓이 아닌가 한다. 그러나 전쟁의 폐허에서 다시 경제적 기적을 달성케 한 정신적 요인은 역설적으로 보일지 모르겠으나 섬나라 근성에 기초한 것이었다. 패전 직후의 일본은 그야말로 비참했다.

1952년 3월 13일자 〈아사히신문〉의 '천성인어(天聲人語)' 란에는 매춘부의 외화 획득이라는 내용이 실렸다. 일본 전국의 매춘부 숫자는 7~8만 명에 달하며 이들이 연간 벌어들인 외화는 7,000만 달러나 된다고 했다. 이 돈으로 무역수지상의 적자를 보전하고 있는 현실이 비극이라고 한탄할 정도로, 50년대만 하더라도 일본의 경제 사정은 어려웠다. 한국 동란을 계기로 연간 4억 달러의 특수가 없었더라면 외화 부족은 더욱 심각했을 것이다.

〈아사히신문〉의 '천성인어' 1960년 7월 11일자에는 전쟁의 비극적인 상흔이라고 할 수 있는 혼혈아의 사회적 문제가 심각하게 거론되었으며 7월 16일자에는 매춘부의 천국 일본에 깊은 우려와 수치감을 표명했다. 도쿄 올림픽 준비를 위해 애쓰고 있는 마당에 매춘부들이 길거리나 온천 지역에 범람하고 있는 모습은 일본의 수치라고 지적하고 있다. 매춘이 패전과 점령의 부산물이라는 변명이 있지만, 같은 패전국인 서독에는 매춘부들이 들끓지 않는다고 하면서 여성들에게 자중을 호소하고 있다. 지금의 일본과는 참으로 금석지감이 있다.

〈아사히신문〉의 기사를 인용한 의도를 오해 말기 바란다. 이 기사를 인용한 진의는 일본이 무역 적자의 일부를 여성들이 매춘을 해서 번 외화로 메꾸어야 했던 1952년으로부터 불과 30년이 지난 1980년대에 세계 산업 생산량 비중이 15%에 이르렀고 세계 제2위의 경제대국으로 발돋움한 일본인의 근성을 주목하고 싶은 데 있다.

이 같은 경이적인 발전은 섬나라 근성이라는 자조적인 자기비판 속에서 와신상담하는 마음으로 부단히 애써 온 결과이다. 역사적으로 보면 일본이 비판을 겸허하게 받아들이고 일본 자체의 발전을 위해 노력하고 있는 한은 주변이 평화로웠다. 다시 말해서 섬나라라는 인식이 강했을 때는 선린 관계가 유지되었고, 섬나라라는 콤플렉스를 무리하게 극복하려고 하면 자기들이 스스로 비하하는 섬나라 근성의 포로가 될 뿐 아니라 이웃 나라와 문제를 일으키곤 했던 것을 저들의 역사는 보여 주고 있다. 일본인들이 "때를 만나면 쥐도 호랑이가 된다."는 속담에 빠져들 때는 복잡한 상황이 조성되었던 것이다.

일본은 역사적으로 중국 문명이든 서구 문명이든 고작해야 준회원국 정도에 위치해 왔다. 즉 문명의 가장자리, 변경에 머물러 왔다. 이 같은 역사적 인식이 요즈음 일본인에게 필요한 것이 아닐까. 북유럽의 여러 나라가 변경에 위치해 있으면서, 더욱이 세계 문명의 사조를 이끌어 가고 있는 주역은 아니지만 국제 사회에서 존경을 받고 동경의 대상이 되고 있는 예는, 일본의 장래에 있어서 하나의 모델을 시사해 주는 것이라고 생각된다.

일본 사회의 사회주의적 속성

한국인과 일본인은 같은 한자 문화권에 속해 있으면서도 사실은 너무나 다른 점이 많다. 모스크바에 온 유럽인들은 러시아가 아시아적 국가라고 하는 반면에, 아시아의 방문객들은 러시아는 역시 유럽이라는 말들을 하곤 한다. 바로 그렇게 서양인의 눈에는 한일 양국이 일란성 쌍둥이처럼 보일지 모르나, 좋은 의미든 나쁜 의미든 한국인과 일본인은 엄연히 다르다.

일본 공무원 제도에도 한일 국민성의 차이가 여실히 나타난다. 일본 공무원은 원칙적으로 직급이 단일화되어 있고 호봉과 직위제로 되어 있다. 외무성의 경우, 외무성에 들어온 신규 직원으로부터 사무차관에 이르기까지 그들은 공히 외무사무관이다. 다만, 차이점은 호봉과 보직이 다르다는 점이다. 우리나라와 같이 서기보에서부터 관리관에 이르는 직급이 없고 외무사무관으로 통일되어 있다.

공무원 채용은 1종, 2종, 3종 시험으로 구분되는데 이는 우리나라의 5, 7, 9급 시험과 유사하나 그 본질은 지극히 일본적이다. 우리나라의 각종 고시에 해당하는 1종 시험의 합격자만이 실질적 의미의 커리어(career)

공무원으로 간주된다. 우리나라에서는 출발 시의 경력을 기준으로 커리어와 비커리어를 구분하는 것이 일반적이다. 이들은 입부 후, 대체로 16~18년 정도 경과하면 과장이 되고 30년 가까이 되면 국장에 오르게 된다.

특이한 점은 동기생 중에서 직업 공무원의 최고봉이라고 할 수 있는 사무차관이 탄생하면 나머지는 용퇴한다. 사무차관이 동기생 눈치 안 보고 소신껏 그간 닦은 경륜을 펼 수 있도록 한다는 배려일지 모른다. 차관 재목은, 입성 20년쯤 되면 동기생들 간에 암암리에 2~3명으로 압축되고 이들은 다른 기에 차관직을 안 뺏기기 위해 차관 후보를 단일화시켜 공동으로 밀어준다. 사무차관을 배출하지 못한 기(期)는 수준이 낮다는 평을 듣게 되는 것을 극도로 경계하기 때문이다.

2~3종 시험 출신자들은 대개 특정 분야 전문가로서의 길을 걷는다. 진급보다는 자신이 하고 있는 분야에서 20~30년씩 과장이나 국장을 보좌하는 참모 역할을 하는 데 그친다. 요즈음에는 과장으로 극소수가 발탁되지만 이는 어디까지나 예외적인 조치이다. 바로 이 점이 우리와 판이하게 다른 면이다. 그들은 일생을, 소위 출세의 가능성이 거의 보이지 않는 전문가의 길을 20대 중반부터 스스로 택해 걷는다.

공무원을 시작할 때부터 퇴직할 때까지의 길이 훤히 보이는, 단조롭고 힘든 길을 걸어가는 것이다. 공무원 대부분은 전문가의 인생을 보낸다는 결론이 된다. 이들은 그 방면의 제일인자가 되도록 지역 연구 등을 천착하며, 자기가 맡은 분야에서는 대학 교수에 못지않은 이론적 지식에다 현실적인 경험을 구비한 전문가가 된다.

우리나라와는 달리 9급이나 7급으로 시작한 공무원이 국장이 되거나 장관이 되는 예는 전무하다. 우리나라 공무원 제도가 가능성과 미래에 도전할 수 있는 탄력성이 있는 제도라면, 일본의 제도는 봉건 시대의 신분제 냄새가 난다. 앞으로 일본의 신세대가 숨이 막히는 듯한 이 제도에 어떻게 적응해 나갈지 자못 궁금하다.

일본은 관료가 국가를 이끌어 가는 원동력이다. 공무원 집단이 국회와 장관을 움직인

일본 관료사회를 상징하는 도쿄의 가스미 가세키의 오쿠라쇼(大藏省) 건물 입구. 일본의 공무원 사회는 막강한 엘리트 집단이다.

다. 직업 공무원은 장관이 되는 길이 없다. 국장 때쯤 사표를 쓰고 고향에서 국회의원 선거에 출마하여 당선되는 길밖에 없다. 따라서 고급 공무원들은 명예를 다른 무엇보다도 소중히 여기며 자기 소신껏 일을 한다.

일본에는 옛날부터 권력과 명예와 부는 나누어 갖는 전통이 있어 왔다. 막부 시대에 천황은 명예를, 장군과 무사는 권력을, 상인은 부를 차지해 왔고 이들은 남의 영역을 넘보지 않았다. 이 같은 전통은 오늘날의 일본에도 이어지고 있다. 국회의원 30여 년의 경력을 지닌 미키 타키오

(三木武夫) 수상이 서거했을 때, 그가 남긴 재산은 세금도 낼 수가 없을 정도였다.

일본에는 우리 식의 정치 교수가 없다. 교수면 교수고 정치가면 정치가일 뿐이다. 대학 교수들이 거물 정치가의 브레인 역할을 하지만, 이들이 권력의 전면에 등장하는 예는 극히 드물다. 마찬가지로 일본에는 소설과 시를 같이 쓰는 문인이 없다. 만약 그러한 재주꾼이 있다면 그는 분명 일본사회에서 존경을 받지 못할 것이다. 고시 양과 합격을 자랑하는 천재도 없다. 동경 외국어 대학은 설립 이래 지금까지 한결같이 외국어 전문 대학으로 남아 있다. 종합대학으로의 승격(?)은 아예 관심 밖이다.

이것저것 기웃거리지 않고 한 우물만 파는 자세이다. 공무원이든 민간 기술자든, 상당한 수준의 프로로 보아도 과히 틀리지 않는다. 이러한 전통이 일본을 발전시켜 온 원동력이라 하겠다. 그들에게 대강주의는 통하지 않는다. 그들은 뭐든지 손댔다 하면 끝까지 섬세하고 완벽하게 해낸다. 자기 분수를 모르는 사람은 주책으로 취급되어 그 집단에서 소외된다.

일본어에 '무라하치부(村八分)'라는 말이 있다. 마을의 법도를 어긴 사람과 그 가족을 마을 사람들이 따돌린다는 의미이다. 강도, 폭행과 같은 형사적 범법자가 아니라 마을의 규범을 어기고 독선적 행동을 하는 자를 솎아 내는 식이다. "모난 돌이 정 맞는다."는 격일까. 개체의 논리보다는 집단의 논리가 우선이다. 응분의 역할을 기대하는 자기 집단 내에서 불평 없이 최선을 다해야 하는 것이다.

일본에 있을 때, 학생들과 어울려 다니다가 가끔 식사를 할 기회가 있었다. 이때는 물론 각자가 주문한 식사에 대해서는 각자가 지불한다. 주문 시, 각자 다른 종류의 음식을 시키는 것은 무방하나 그 가격이 거의 균일해야 한다는 불문율이 있다.

한 번은 러시아 친구들이 자기들이 70년간 애썼지만 실패한 사회주의 실현을 일본에서 느낄 수 있다고 토로했다. 러시아보다 더 사회주의적인 면이 있는 곳이 일본사회이다. 물론 그 말은 집단화 지향적인 일본을 비꼬는 지적이지만 일면 옳은 점도 있다.

구소련은 '소비에트 공화국'이었지만 사실 '회의 공화국'이었다. 그야말로 붉은 제국의 하루는 회의에서 시작하여 회의로 끝나고, 그들의 영원한 토의 의제는 평등의 실현이었다. 일본 사람들도 회의 좋아하기는 러시아인들과 막상막하이다.

또한, 사실 일본에서는 최하위 소득 계층 5분의 1과, 최상위 소득 계층 5분의 1 간의 소득 격차가 불과 2.9배에 지나지 않는다. 미국이 9.1배, 영국과 프랑스가 10배를 상회하고 있다. 그러니 빈부 격차가 거의 없고 연공서열에 따라 승진하는 일본사회를 러시아인들이 사회주의 천국으로 볼 수도 있었을 것이다. 소련 친구의 지적대로 일본이 생활 공동체적 결합의식이 강해서 균일화되어 있는 면이 있지만, 간과하고 있는 점은 그들의 유연한 사고방식이다. 그건 러시아인들이 쉽사리 흉내낼 수 없는 특징이기도 하다.

이야기가 다소 빗나가지만, 일본은 러일 전쟁을 칭기스칸 이래의 황인종과 백인종 간의 전쟁으로 규정짓고 그 싸움에 이기자 백인에 대한 열등의식을 어느 정도 극복했다고 큰소리쳤다. 그러나 '북방의 곰'의 존재를 가볍게 여길 수는 없었다. 승리와 패배를 주고받는 이웃 사촌 관계가 러시아와 일본 사이다.

1941년 4월 일소 중립조약을 서명하고 난 스탈린이 마츠오카 요스케 (松岡洋右, 1880~1946) 일본 대표의 어깨를 툭툭 치며 '소련은 아시아에 속한 나라'라고 하며 예의 음흉한 미소를 보여 마츠오카를 오싹하게 했다. 하기야 일본의 저명한 문학가 아쿠타가와도 레닌을 일컬어 '그대는 우리와 같은 동방인'이라고 칭송한 바도 있다.

일본 공무원들도 국제화라는 파도를 잘 넘기기 위하여 이미 80년대 중반부터 국제화를 과감히 추진 중에 있다. 정부와 지자체에서는 미국, 영국, 프랑스 등의 대학과 연구소, 정부 및 국제기관에 공무원들을 수백 명씩 파견하고 있다. 2002년 말 현재 3개월 이상 해외 장기 체류자 수는 약 60만 명에 이르고 있다. 물론 이 숫자에는 이주자는 제외되어 있다.

공무원들의 대규모적인 해외 파견도 좋지만, 일본 공무원들이 명심해야 할 바는 '일본 주식회사'를 운영해 온 그 방법이 더불어 살아야 하는 21세기에는 통하지 않을 것이라는 사실이다. "기도보다는 열심히 벌자."는 일본 속담을 이제는 뒤집어서 열심히 벌기 전에 무엇을 위해 벌 것인가를 기도하는 마음으로 생각해 보아야 할 때에 이른 것이다. 생산자 중심으로부터 소비자 중심으로, 국가의 부(富) 중심에서 개인의 복지 중심으로 바꿔 나갈 때에야 비로소 세계 속의 일본을 구현할 수 있을 것이다.

해외에서 만난 선한 일본인들

서울과 동경에서 보고 느낀 일본인과, 아프리카나 모스크바와 같은 험지에서 만난 일본인 사이에는 상당한 차이가 있다. 말도 많고 사연도 복잡한 한일 관계지만 밖에서는 협조가 잘되고 서로 통하는 이웃이라고 생각된다. 특히, 생활이 어려운 지역에서는 개인적으로 많은 신세를 지기도 한다.

동부 아프리카의 탄자니아와 아직 외교 관계가 없었던 1985년에 그곳에서 개최된 국제회의에 참석했을 때였다. 임도 보고 뽕도 딴다는 심정으로 탄자니아 외무 고위 당국과 은밀히 접촉하여 수교 교섭을 시도하였던 우리 수석대표에게 측면 지원을 아끼지 않았던 분은 탄자니아 주재 구로코치 야스이 일본 대사였다.

구로코치 대사는 아프리카의 오염되지 않은 인간미와 자연에 홀딱 반해 아프리카 근무를 자청한 특이한 경력의 소유자이다. 본부의 아프리카 과장을 거쳐 주케냐 참사관, 탄자니아 대사, 나이지리아 대사를 지냈고 1994년 1월부터는 자신의 뜻에 반해서 스위스 대사로 근무하게 되었다고 행복한 불평을 했다. 부인 역시 핀란드 대사를 지낸 외교관이었다.

우리들을 관저에 초청하여 조촐한 저녁을 대접해 주었고 또한 그곳 외무성 차관을 은밀히 초청하여 미수교 국가 간의 접촉 장소를 마련해 주었다. 한국과 탄자니아 수교를 생각할 때는 구로코치 대사를 떠올리게 된다.

1990년 1월, 모스크바 영사처 창설을 위해 부임해서도 일본 대사관의 친구들로부터 물심양면으로 많은 도움을 받았다. 영하 30도를 오르내리는 그곳 추위 속에서 그래도 견딜 만하다고 느낄 수 있었던 것은 도쿄 근무 시절부터 알고 지내던 구면의 외교관 3명이 대사관 총무, 정무, 경제 참사관으로 근무하면서 베풀어 준 따뜻한 호의에도 힘입은 바 컸다.

소련, 소련인에 대한 경험과 지식을 아낌없이 나누어 주었다. 호텔에 서너 달씩이나 묵으면서 식사 때문에 고생을 하던 우리를 가끔 초청하여 도쿄에서 공수해 온 생선회에다 따끈한 정종을 대접하면서 힘을 내라고 격려해 준 우의는 잊을 수가 없다.

젊은 서기관과 둘이서 공관 창설 준비에 눈코 뜰 새 없이 바쁘던 어느 날, 동료 서기관이 심한 복통 때문에 옴짝달싹할 수 없게 된 적이 있었다. 둘이 있다가 한 사람이 덜컥 병이 났으니 여간 걱정스럽지 않았다. 당시의 러시아어 실력으로는 현지 의사를 찾아가 도움을 청해 본들 별 수 없을 것 같아, 염치불구하고 일본 대사관의 다나카 총무 참사관에게 급히 도움을 요청했다.

다행히 일본 대사관에는 간호원 1명과 전문 의사가 도쿄에서 파견되어 관내에 소규모의 의무실을 설치 운영하고 있었다. 고초 요이치(後町洋一) 의무 참사관은 마침 점심식사 시간이었음에도 불구하고 환자를 급히 데려오라고 했다.

신경성 급성 위염이라는 진단과 함께 주사를 놓아 주고 사흘 치의 약을 조제하여 주었다. 환자의 경과를 좀더 두고 관찰하겠다며 필요한 경우에는 시간에 구애받지 말고 전화하라고 하면서 친절하게 자택 전화번호까지 적어 주었다. 그 후 한두 번 더 가서 진찰을 받은 후 동료 서기관은 완치되었다.

대사관 직원뿐만 아니라 서울에서 온 유학생이 응급 치료를 호소해 왔을 때에도 우리는 별수 없이 또다시 신세를 져야 했다. 마음속으로 늘 고맙게 생각은 하면서도 인삼차 한 봉지 갖다 준 것 이외에는 인사도 제대로 못해 지금도 마음이 편치 않다. 그런데도 고초 참사관은 나를 보기만 하면 반색을 하며 무슨 일이 있으면 언제든지 연락하라는 고마운 말을 잊지 않는다.

해외에서 한국인과 일본인과의 상부상조는 어제오늘에 시작된 것이 아니다. 839년 어느 여름 해거름에 입성이 허름한 40대 중반의 일본인

승려가 중국 문등현 적산촌에 있는 신라 법화원의 문을 두드렸다. 법화원은 청해진 대사 장보고가 해상권을 장악하여 일본과

제3국에서 만난 한일 간의 우정은 늘 아름답다. 모스크바 공관 창설시 큰 도움을 준 주 러시아 일본대사관 고초 요이치 의무참사관 부처와 저자(가운데).

중국과의 무역을 독점하여 기세를 날리던 시절에 세운 신라인의 사원이다. 봄, 가을에 열리는 법회에 200여 명의 신라인이 참석하였다고 하니 절의 규모가 꽤나 컸던 모양이다.

신라원에서는 엔닌(圓仁)이라는 생면부지의 일본인 학승을 8개월 동안이나 따뜻하게 보살펴 주었다. 그는 통역이 필요하거나 배고프고 지치면 으레 신라원이나 신라관을 찾았다고 한다. 10년 동안 중국에서 구도 행각을 성공적으로 마치고 귀국할 수 있었던 것은 신라인들이 베푼 물심 양면의 지원 때문이었다고 자각대사 엔닌 자신이 그의 유명한 여행기 《입당구도 순례행기》에 자세히 적고 있다.

그의 사후에 제자들로 하여금 적산선원을 세우게 한 것은, 적산촌의 신라원에 대한 감사의 마음을 오래도록 기리고자함이었을 것이다. 일본인의 꼼꼼한 기록광의 기질이 한껏 발휘된 그의 여행기는 현장법사의 《대당서역기》, 마르코 폴로의 《동방견문록》과 함께 동아시아 3대 여행기로 꼽히고 있다.

하버드 대학 교수와 주일 미국 대사를 역임한 라이샤워가 《입당구도 순례행기》를 연구하여 박사 학위를 취득하고 영문으로 출간하자 학계는 물론 일반인들도 이에 관심을 갖게 되었다. 라이샤워 대사 부친은 30여 년간 일본에서 선교사로 활동하면서 불교를 연구하여 일본 불교에 관한 저서를 남겼다.

아마도 자각대사 엔닌 이외의 많은 일본인 유학승들도 신라인의 신세를 적잖게 졌을 뿐만 아니라 일본이 중국 당나라의 문물을 받아들인 과정에서도 신라인의 도움이 컸을 것이라는 게, 일본의 엔닌 연구가들의 결론이다.

우리는 이국에서의 한일 간의 우정을 일시적인 에피소드로 치부하지 말고 이를 키워 나가야 할 것이다. 말도 많고 바람 잘 날 없는 한일 관계이나 제3국에서는 서로 마음을 터놓고 지낼 수 있는 이웃 사촌과 같은 존재이다.

해외에서 일본 사람들과 사귀었던 경험에 비추어 볼 때 한국과 일본이 해외에서 공동 프로젝트를 추진하면, 다른 어느 나라 파트너보다 성공할 가능성이 높다는 생각이 든다. 한국이나 일본, 다 같이 좁은 땅덩이에 인구는 많고 자원은 없고 해외 의존도가 높은 국가이다. 한일 양국에게는 해외 자원 개발과 시장 확보가 절실한 문제이다.

21세기는 천연 자원의 보고인 시베리아 개발이 크게 부상할 텐데, 바로 이 시베리아 공동 개발이 한일 양국이 협력해 나갈 수 있는 좋은 사업의 하나라고 생각된다.

구소련에는 부지런하고 높은 교육을 받은 50만의 한인들이 있지 않은가. 일러 간에 최대의 외교 현안인 북방 영토 문제도 시베리아 개발 계획이 구체화되면 자연히 해소되고 상호 깎아내리는 소모적인 감정 표출도 줄어들 것이다.

21세기에는 한국과 일본이 시야를 보다 넓혀서 공동 번영을 모색하는 좋은 동반자적 관계를 이루어 갈 수 있을 것으로 믿는다.

버려야 할 유산들

　일본이 1876년 조선을 강제적으로 개국시켜 주권을 완전히 삼켜 버린 1910년에 이르기까지의 30여 년 동안 조선에서 암약했던 일본인들은 실로 다양했다. 비단 외교관들뿐만 아니라 '대륙 웅비'의 뜻을 품은 낭인들의 무리들이 한반도를 휩쓸고 다니면서 침략에 필요한 정보를 수집하고 여론을 조작하는 한편 친일파 양성에 주력했다. 신문 기자, 장사꾼, 민속 연구가를 자처하는 무리가 많았으나 이중 가장 체계적으로 활동했던 자들은 역시 외교관들이었다.

　특히, 스기무라 후카시(杉村濬, 1848~1906)라는 외교관의 활동이 두드러졌다. 그는 1874년 대만 정벌에 참여했으며 귀국 후에는 관리생활을 청산하고 요코하마 마이니치 신문에 입사했다. 대만 다음에는 조선 문제가 중요 현안이 될 것이라는 생각을 하고 조선 정세를 나름대로 연구하고 분석하여 여러 차례에 걸쳐 신문에 이를 게재하였다.

　조선 문제에 대한 유별난 그의 열성이 당시 조선 주재 하나부사 공사의 인정을 받아 외교관으로 특채되어 1880년 4월 조선으로 부임해 왔다. 스기무라는 외교관이 된 후 뱅쿠버 영사관 근무를 제외하고는 부산, 인천

영사관과 서울 공사관에서 10여 년 동안 근무하면서 격동기의 조선에 일본 세력의 부식(扶植)을 위해 진력했다.

스기무라 서기관은 조선 문제에 대한 남다른 열정과 기자다운 예민한 정세 분석 능력이 뛰어나 당시 외무대신이었던 무쓰 무네미쓰(陸奧宗光, 1844~1897)의 신임이 두터웠다. 무쓰 외상은 조선의 동학혁명 발단을 청국을 견제할 호기로 간주하고 청일 전쟁 도발 외교를 감행했다.

그는 외상 재임 시의 경험, 특히 동학혁명에서부터 청일 전쟁 그리고 독·불·러의 3국 간섭에 이르기까지의 경위와 외교 교섭을 《건건록》이란 책자로 상세히 정리하였다. 《건건록》은 외무성에 의해 1896년 한정판으로 간행되어 극소수의 관계자에게만 배포되었다. 외교문서 비공개 시대에 현직 외무장관이 비밀문서를 인용하여 외교적으로 예민한 사항을 다루었던 것이기 때문이다. 《건건록》은 저술된 지 34년 만에야 일반에게 공개되었다. 《건건록》에는 스기무라의 보고서가 자주 인용되고 있으며 그를 쓸 만한 외교관이라고 평하고 있다.

스기무라는 순수한 외교관이라기보다는 일종의 정보활동을 관장하고 있던 첩자로 보인다. 스기무라가 장기간 조선에서 근무할 수 있었던 것은 무쓰 외상의 신임이 두터웠기 때문이기도 했지만, 조선 정세에 대한 폭넓은 견문과 그가 구축해 놓은 정보망에 대한 높은 평가 때문이었을 것이다. 특히, 그는 은밀한 사안에 대해서는 주재 공사를 통하지 않고 직접 외상에게 보고를 하기도 하였다.

임오군란에도 관계하였던 스기무라는 1895년 10월, 일본 공사관이 자행한 명성황후 시해 음모를 실무적으로 기획하고 집행했다. 일본 외교관들이 조선 측과 협상을 벌일 때, 국제법을 운운했지만 그들은 애당초 국제법을 준수할 생각은 아예 없었고 다만 그들의 주장을 합리화하는 강자의 논리로서만 이용했던 것이 분명하다.

스기무라는 동학 교도들의 활동을 청국의 조선에 대한 영향력을 몰아낼 수 있는 좋은 계기로 보았으며 명성황후 세력을 몰아내기 위해서는 반일의 거두인 대원군도 이용해야 한다고 본국에 건의하였다. 자신의 명함 한 장으로 조선을 방문한 일본 기자들을 대원군에게 소개해 주기도 한 실력으로 보아 스기무라는 공작 차원에서 대원군과도 개인적 유대 관계를 맺고 있었던 것으로 보인다.

스기무라는 명성황후 시해 사건으로 본국으로 소환되어 재판에 회부되었으나 증거 불충분으로 고소가 취하되어 1896년 1월에 방면되었다. 그는 다시 대만 총독부에서 근무하다가 1900년에는 외무성 통상국장으로 발탁되어 해외 이민계획을 수립했다. 본격적인 일본인의 남미 이주사업을 추진하기 위하여 브라질 공사로 부임하여 일하던 중 1906년 임지에서 병사하였다. 스기무라는 동학 교도들의 활약이 두드러졌던 1894년부터 1895년까지의 조선에서의 근무 경험을 《재한고심록(在韓苦心錄)》이라는 책자로 출판하였다.

스기무라와 같은 부류의 기자로 청일 전쟁을 취재하기 위하여 조선에 온 〈마이니치신문〉의 사쿠라이라는 작자도 대원군, 원세개 등을 면담한 내용과 조선의 사회상을 종합하여 《조선시사》라는 저술을 남겼다.

지금도 그렇지만 일본은 명치 시대에 있어서도 기자, 상인, 외교관이 삼위일체가 되어 주재국의 정보를 수집하여 서로 교환하고 이에 대한 의견을 교환했다. 지금의 일본 외무성의 외교관들도 법무부 입관국, 지방경찰국 외사과, 무역진흥회(JETRO)에 파견되어 일하기도 한다.

도쿄 부근 사이타마 현에 있는 고려신사(高麗神社). 이 신사는 개운 및 출세에 효험이 있
다는 소문이 있어 참배객과 외국 관광객의 발길이 끊이지 않고 있다.

사쿠라이 기자도 자신이 수집한 정보를 공사관과 군부에 제공했음은
물론이다. 그는 조선의 관리들은 고하를 막론하고 뇌물받기를 좋아하며
조선인들은 게으르고 불결하다는 점을 특별히 부각시켜 일본인에게 조
선에 대한 우월감과 멸시감을 심어 주었다. 이 같은 편향된 보도의 저의
는 문명화되지 않은 조선을 일본이 개화시켜야 한다, 즉 일본이 조선을
개혁하기 위해서는 지배할 수밖에 없다는 견강부회식의 논리를 펴나가
기 위한 수작이었다.

에노모토 주러시아 공사가 1874년, 일본에 의한 조선 개국을 앞두고
프랑스 선교사 달레가 쓴 《조선교회사》를 《조선사정》으로 번역 출판하
였던 것과 그 맥을 같이하고 있다고 하겠다. 에노모토는 원저자의 의도

에도 후기의 국학자 히라타 아쓰타네
(平田篤胤, 1776~1843)의 화상.

와는 다르게 일본의 조선에 대한 편견과 멸시의 이미지를 형성하기 위해 조선의 사회상에 관한 부분을 제대로 번역하지 않았다.

일본 사람들은 조선에서 건너간 문화재에 대해서는 깍듯이 대하지만 그 문화재를 가능케 했던 조선인에 대해서는 가급적이면 깎아내리려는 경향이 강하다. 예컨대, 도쿄에서 과히 멀지 않은 곳에 고려신사(高麗神社)가 있다. 일본인들은 고려 신사를 고마신사라고 한다. 신사는 다 아는 대로 일본 고유의 종교인 신토(神道)의 신령을 모셔 놓고 제사를 지내는 곳이다. 고려 신사가 있는 마을은 고구려의 망명인들이 거주했다는 곳으로 주변의 고즈넉한 분위기가 한국의 산하를 연상시키기에 충분하다. 그 신사는 개운 출세에 효험이 크다는 소문이 있어 사람들의 발길이 끊어지지 않고 있다.

일본의 국학자들 가운데는 이 문자를 왕인 박사가 일본에 한자를 전해주기 이전에 사용했다는 '진다이 모지(神代文字)'라는 당돌한 주장을 하기도 하였다. 도쿠시마 현 아와 마을이란 곳에는 '진다이 모지' 비석이 관광 명소로 소개되어 있기도 하다. 에도 후기의 국학자로 이름을 날린 히라타 아쓰타네(平田篤胤, 1776~1843)는 한글은 '진다이 모지'를 모방한 문자라는 터무니없는 이론을 내세웠는가 하면, 더러는 한글 창제로 인해 전통문화로부터 단절되어 한국의 문화 발전이 더뎌졌다는 어처구니없는 입방아를 찧기도 하였다.

일본 학계에서는 다행히 '진다이 모지'라는 것은 후세에 한글을 본떠 만든 위작(僞作)이라고 결론을 내렸는데도 '진다이 모지 동우회'가 학계의 정설을 뒤엎으려고 열을 올리고 있다. 나는 나가오 신사와 아와 마을에까지 발품을 팔아 그 문자들을 육안으로 확인했는데 한글의 자모를 어지럽게 섞어 놓은 것이 바로 그것이었다.

일본인들은 조선 왕조를 지칭할 때는 늘 '이씨 조선(李氏朝鮮)'이라고 한다. 우리 역사상에 이씨 조선이란 나라는 결코 존재한 적이 없다. 또한 고종을 이태왕, 순종을 이왕이라고 칭하였는데 이 같은 호칭은 그들이 약탈했던 조선은 민중과 유리된 일개 전주 이씨 왕조에 불과하다는 논리를 애써 강조하기 위한 심보에서 비롯된 것으로 보인다. 그렇다면 고려는 어째서 '왕씨 고려'라고 부르지 않는가.

19세기 말 일본은 조선을 지배하기 위해서 조선에서 활동하던 외교관, 군인, 신문기자, 낭인, 장사치들이 혼연일체가 되어 계획하고 활동했다. 지식인들은 일본인의 조선 문화에 대한 경외심을 경멸감으로 바꾸기 위해 편견과 악의에 찬 저술과 강연을 계속했다.

이 같은 일본의 공세에 제대로 대응하지 못한 책임을 누구에게 일방적으로 전가시킬 수는 없다. 조선의 지도층은 정권 독식을 위해 개혁파, 보수파 또는 친청파, 친일파, 친러파 등으로 분열되어 정권 다툼으로 정신이 없었다.

100년 전 당시의 분열상에 가슴 아파하고 망국을 조상탓으로 돌리기도 하면서 오늘을 살고 있는 우리들이 아직도 분단을 극복하지 못하고 모두 지방색의 포로가 되어 있는 것은 슬픈 역사의 유전이라고 하지 않을 수 없다.

미래를 위한 시작

　우리의 전통적인 관념으로 보면 일본은 호전적이고 교활한 약탈자로서, 가능하면 일정한 거리를 두고 필요한 최소한의 관계만을 유지해야 할 위험스럽고 변덕스러운 달갑잖은 이웃이다. 〈동아일보〉와 〈아사히신문〉의 시사 주간지 〈아에라(AERA)〉가 지난 93년 말 공동 조사한 여론 결과에서도 '일본이 싫다.'는 비율이 76.2%나 되었다.

　그러나 다행스럽게도 성공적인 월드컵 축구대회 공동 개최와 한국의 일본 대중문화 개방 등을 반영하여 2003년 5월의 공동 조사에서는 한일 양국 모두 60% 이상이 상대국에 대해 친밀감을 갖고 있다고 응답하였다.

　오랜 한일 간의 문화 교류사에 있어서 한국은 분명히 가르치는 입장이었고 일본은 배우는 입장이었다. 일본 고대국가 형성에 있어서 조선인의 문화와 기술이 큰 기여를 했음은 물론이다. 사실 고대뿐만 아니라 근세에 들어와서도 조선의 문화적 우위는 계속되었다.

　조선이 배출한 최대의 주자학자인 이퇴계의 저작은 에도 시대의 일본 유학자들에게는 성서와 같은 것이었다. 일본은 일찍이 조선의 예술이나 종교에 의해 그 최초의 문명을 낳았다 해도 지나친 말은 아니다. 쇄국 시대에도 조선은 무역이라는 형태를 통해서 쌀과 서적을 일본에 측은지심으로 공어했다. 즉, 근대 이전의 조선은 일본에 대해 시혜자였으며 일본은 수혜자였다.

한편, 일본인들은 조선을 문화적인 선진국으로 인식하는 경향이 없는 바는 아니지만, 중국의 영향을 빼고 나면 조선의 문화라는 것은 별것이 아니라고 치부하는 견해가 지배적이다. 일본 교과서에 한국 역사에 관한 맨 처음의 기술이 조선은 낙랑군의 지배에서 시작되었다고 되어 있다. 한국의 역사를 한사군의 지배로부터 시작하고 있는 저들의 태도는 일본인이 우리 역사와 우리 민족을 어떻게 생각하고 있는가를 단적으로 보여주는 예이다.

특히, 일본의 지배층 인사들은 조선 문화의 선진성을 인정하기보다는 단순히 대륙 문화의 전래자에 불과하다는 부정적인 인식을 갖고 있으며 심한 경우에는 조선을 일본보다 한수 아래의 문약한 국가라고 평가하는 일을 서슴지 않는다. 《일본서기》도 중국은 대등한 나라, 조선은 조공국이라는 시각으로 일관되어 있다. 또한 그들은 조선을 일본의 경제적 욕구나 영토적 야망을 충족시켜 주는 제1차적인 대상으로 간주하는 경향을 보여 왔다.

요컨대, 한국 측이 고대 일본에 대해 문화적 스승이었다는 역사적 과거에 향수를 느끼면서 일본의 실체를 제대로 연구하기는커녕, 인정조차 하지 않으려는 데 문제가 있다. 일본에는 독특한 문화가 없고 일본인은 외래문화의 섭취에만 급급한 모방의 천재라고 한마디로 일축해 버리는 우리식의 일본관은 분명히 균형 감각이 결여된 것이라 지적하지 않을 수 없다. 한때 우리를 지배했다고는 하지만 어차피 '섬나라 쪽발이' 라고 간주해 버리고 싶은 심리에는 일제 식민지로 상처받은 자존심이 내재해 있을 것이다.

한국 문헌에 일본과 일본인에 관계되는 부분은 왜국, 왜인, 왜관, 왜란 등 왜로 시작되는 것이 상례인데, 사실 일본은 삼국통일 이래 땅덩이가 한국의 1.7배나 컸으며, 인구도 결코 우리보다 적지 않았다. 그런데도 일본이 한국인에게 왜국으로 받아들여져 온 것은 어인 일일까. 왜소한 몽골에 훈도시 차림을 한 왜구의 무리가 일본인의 전부라고 생각했던 것일까, 아니면 3세기경의 일본의 상황을 기록한 중국의 《위지 왜인전》의 영향이었을까.

일본에서는 조선의 시혜적 역할과 우수성을 솔직히 받아들이지 않고 오히려 실재하지도 않았던 임나 일본부설을 들고 나와서 고대 일본이 한국 남부에 식민지를 영유했다는 터무니없는 주장을 하는 사람이 상당수에 이르고 있는 형편이다.

일찍이 조선총독부가 유령의 임나 일본부를 필사적으로 발굴하려고 하였지만 결국 헛수고로 끝나지 않았던가. 그런데도 일본인은 한국의 문화적 영향을 과소 평가하고 자기네들이 중국에 파견한 견당사를 통해 대륙 문화를 직접 배워 왔다고 주장하고 싶은 심정이다. 견당사(遣唐使)라는 호칭은 일본서기에 의한 것이고 중국 측의 사료에는 조공사(朝貢使)로 되어 있음도 간과할 수 없는 점이다.

오늘날 독도 문제를 둘러싼 양국 국민 간의 인식의 차이는 상상외로 큰 것을 느낄 수 있다. 연전에 일본에서 개최되는 국제법학회에 참석했을 때의 일이다. 어느 일본인 국제법학도가 한국은 어째서 독도 문제를 국제사법재판소에 가져가기를 거부하는가 하고 기고만장한 태도로 물어

세계적인 지휘자 겸 피아니스트인 한국의 정명훈 씨와 일본의 나루히토(德仁) 황태자가 한일간 '우정의 가교' 연주회를 앞두고 리허설에 한창이다.

왔다. 필자가 말하기를, 만약 당신 부인이 정말 당신 부인인가 아닌가를 판가름하기 위해서 재판소에 가자고 하면 응하겠는가 하고 간단히 응수한 적이 있다. 이와 같은 한일 간의 서로에 대한 생각의 차이는 역사의 전개 과정에서 형태를 달리하면서 계속 투영되어 오고 있다 하겠다.

일본과 우리는 문화 면에서도 닮은 점이 많고, 또한 말의 구문도 같고 얼굴도 거의 구별되지 않는다. 실로 일본은 우리와 같으면서도 다르고 다르면서도 같다.

한일 양국은 싫으나 좋으나 이웃 나라로서 관계를 맺고 살아가야 할 숙명을 지니고 있다. 그렇다면 우리는 서로에 대한 이해의 폭과 깊이를 넓혀 가면서 진정한 의미의 좋은 이웃 관계로 발전시켜 나가도록 함께 노력하는 방법 이외에는 별다른 뾰족한 수가 없다고 생각된다. 다행히 최근에 양국 간의 인적 교류가 대폭 증가하고 있는 현상은 바람직스러운 일이 아닐 수 없다.

2002년 한국을 방문한 일본인은 231만 명, 일본을 방문한 한국인도 144만 명이나 되었다. 일본 중·고등 학생의 수학여행도 5만 명 가까이나 되었다. 일본 수학여행은 우리 측 사정으로 희망 학교를 다 받아들일 수 없을 정도로 인기가 좋다.

한일 국교가 정상화되던 1965년 당시에는 연간 인적 교류가 고작 1만 명 정도이었으며, 그것도 주로 정치가, 공무원, 사업가들이 주류를 이루었다. 그러나 최근에는 하루에 1만 명의 사람들이 오가고 있으며 젊은이들이 왕래가 급격히 늘어나고 있다는 현상은 주목할 만한 일이다.

이 시점에서 보다 중요한 사실은 양국 국민이 서로를 보는 의식의 변화이다. 의식의 변화는 시간을 요하는 문제이지만 교육을 통해서 이루어지는 것이 효과적이다. 교육에 있어 중요한 시발점은 교육 자재 곧 교과서 문제로 귀착된다. 이런 의미에서 한일 양국 학자들이 역사 교과서 편찬을 협의해 나갈 수 있는 공동의 장(場)을 마련하는 것도 필요한 일일 것이다.

버려야 할 것과 지켜야 할 것

　1973년 8월, '김대중 사건'이 발생하자 일본 측은 정부, 국회, 매스컴이 총동원되어 자국에 대한 주권 침해를 맹렬히 규탄했다. 이 사건은 그해 11월 김종필 총리가 일본을 방문하여 일본 국민에게 유감의 뜻을 표명한 다나카 카쿠에이(田中角榮) 수상에게 박 대통령의 친서를 전달함으로써 일단 정치적 해결을 보게 되었다.

　주권 침해를 외치는 저들은 1895년 10월 8일 새벽에 조선 주재 특명 전권 공사 미우라(三浦梧樓, 1846~1926)가 일본 군대와 낭인들을 동원하여 경복궁에 난입, 명성황후를 시해한 을미사변에 대해서는 여전히 침묵하고 있다. 한 나라의 황후를 그 나라에 상주하는 외교관이 살상하는 일을 저지른 것은 세계 외교사에도 그 예를 찾아보기 어려운 최악의 만행이었다.

　육군 중장 출신인 미우라 공사가 자행한 시해 사건에 대해 일본 측은 정부와는 무관하다는 궁색한 변명을 늘어놓았다. 일국의 황후 살해를 현지 공관장이 임의로 자행할 수 있다고 강변하는 그 후안무치의 일본인이 우리의 이웃이라는 것을 생각하면 우울해진다. 이제 명성황후 시해 사건이 일어난 지 100년이 넘었지만 그 깊은 골은 쉽사리 메워질 것 같지 않다. 앞으로 한국인들의 피해의식을 불식하고 과거의 역사가 남긴 상흔을 치유하여 미래 지향적인 양국 관계를 구축할 수 있느냐의 여부는 게이오 대학 오코노기 교수 말대로 남북한의 통일 과정에 일본이 여하히 기여하느냐에 크게 달려 있다 하겠다.

일본 정부는 사태의 심각성을 알아차리고 대추씨같이 당차기로 소문난 외무성 정무국장 고무라 쥬타로(小村壽太郎, 1855~1911)를 서울에 급파하여 미우라 공사를 비롯한 관련자 전원을 본국으로 급히 소환시켰다. 일본 정부는 국제 여론의 악화를 의식하여 이들을 히로시마 지방재판소의 재판에 회부하였으나 1896년 1월, 증거 불충분으로 면소, 석방하고 말았다. 미우라는 그 후 추밀원 고문과 학습원장이라는 명예로운 직위에 올랐으며 자작 칭호도 받았다.

한일 간의 오랜 관계를 돌이켜 볼 때, "때는 밀수록 나온다."는 일본 속담을 들먹거릴 필요도 없이 일본은 언제나 오늘을 기점으로 해서 한일 간의 문제를 논하자고 한다. 임진왜란 이후 도쿠가와는, 자신은 전쟁과 직접적 관련이 없음을 강조하면서 조속한 국교 회복을 요청했다. 일본은 역사적 문제 의식이 결여되어 있는 탓인가. 한국인의 논리적 출발점은 적어도 일본에 관해서는 원칙과 도덕성에 기초를 두고 있다.

일본에게 있어서 역사는 과거의 일로서 문자 그대로 지나간 사실에 불과한 것일까. 일본인들은 흘러간 물에 벚꽃을 떠내려 보내듯이 과거를 물에 씻어 버릴 수 있다고 믿는 반면에 한국인에게 과거는 뚜렷한 역사의 기억으로 생생하게 남아 있다. 바로 이 같은 역사 인식의 차이점에 양국의 단절이 있는 것이다.

패전 후의 과거 청산과 관련하여 독일과 일본의 자세를 살펴보자. 독일이나 일본 양쪽 모두 파시즘의 충동과 민족적 편견에 입각한 역사관에 휩쓸려 전 유럽의 독일화, 전 아시아의 일본화를 무모하게 획책하다 비극적인 종말을 맞이하였다. 불행 중 다행스럽게도 전후 독일은 전쟁 책임을 명확히 인식하고 유럽의 일원으로서 거듭나려는 결의를 다지고

제2차 세계대전 A급 전범자들이 합사되어 있는 도쿄의 야스쿠니 신사 전경.

이를 행동으로 보여 주었다.

1970년 12월 바르샤바의 유태인 위령비 앞에서, 빗물이 질퍽한 땅바닥에 무릎을 꿇고 기도하는 브란트 수상의 모습은 모든 폴란드 사람들의 마음을 움직였다. 이 감동적인 모습은 폴란드를 비롯한 동구 사회주의 국가들과 화해를 실현하는 촉매제가 되었다.

독일의 지도자들은 역사적 기념일을 포착하여 세계를 향해 진솔한 사죄의 메시지를 계속 보내왔다. 유명한 예로는 1985년 5월 8일 독일 패전 40주년 기념식에서 바이츠제커 대통령이 행한 "과거에 대해 눈을 감는 자는 현재와 미래에 대해서도 눈먼 장님이 된다."는 연설은 세계를 감동시켰다. 독일은 전후 50년에 걸쳐 막대한 고통을 주었던 이웃 나라들과 진정한 화해의 근본적인 여건을 만드는 데 성공하였다.

일본은 실패했다고 지적하지 않을 수 없다. 여러 가지 원인이 있겠으나 일본이 외래 문물 습득 과정에서 언제나 그 본질이나 정신보다는 외양, 즉 기술적 측면에 관심을 두어 왔던 자세에도 연유한다고 하겠다. 일본은 독일의 제도나 철학을 수용했으면서도 역사를 직시하는 독일의 자세에서 교훈을 얻으려 하기보다는 자기 합리화에 급급한 인상이다.

1995년 6월 일본 중의원은 '전후 50년'을 맞아 역사를 교훈으로 평화에의 결의(決意)를 새롭게 하는 결의(決議)를 하였다. 이 결의문에 있어 "세계 근대사에 있어서 숱한 식민지 지배와 침략적 행위를 상기하고 일본이 과거에 행한 이러한 행위와 다른 나라, 특히 아시아 여러 나라 국민에게 준 고통을 인식하고 깊은 반성의 뜻을 표한다."는 것이 핵심이라 하겠다.

이 문안만 보더라도 일본은 자기들뿐만 아니라 서양 제국주의 국가도 침략적 행위를 했다는 투이며 한술 더 떠서 '침략'이 아니라 '침략적'이라고 하여 자신의 책임을 얼버무리는 말재주를 부리고 있다. 뿐만 아니라 지난 95년 6월 이래로 간간이 불거져 나온 일본 정치가의 '망언'과 역사 교과서 검정 소동은, "일본의 식민지 지배로 한국 국민에게 다대한 손해와 고통을 끼친 역사적 사실을 겸허하게 받아들여, 이에 대해 통절(痛切)한 반성과 마음으로부터 사죄한다."고 한 1998년 10월의 한일 공동선

과거사 청산에 따른 국제적 논란에도 불구하고 야스쿠니 신사 참배를 강행한 고이즈미 준이치로 일본 총리.

언의 정신을 훼손시키고 있다.

독일의 패전 기념일은 나치스 독일이 1945년 5월 7일 무조건 항복문서에 조인한 다음날, 즉 항복 문서가 발효한 5월 8일이다. 독일의 5월 8일 기념일 행사는 국회에서 국회의원들이 참석한 가운데 국가 원수인 대통령이 국가를 대표하여 기념연설을 한다. 전몰자를 추모하는 행사가 아니라 과거의 잘못된 행위에 대한 역사적 인식을 미래 지향적으로 표명한다.

전몰자 추모일은 제1차 세계대전 휴전협정에 서명한 11월을 기념하여 11월의 제3일요일을 '국민추도일'로 하고 있다. 이에 대해 일본은 무조건 항복을 요구한 포츠담 선언을 수락한 날이자 쇼와 천황의 '종전조서'가 공표된 8월 15일을 전쟁이 끝난 날로 간주하고 있다. 일본이 항복문서에 조인한 날은 8월 15일이 아니라 9월 2일이다.

일본에서는 매년 8월이 되면 매스 미디어는 다투어 전쟁 특집을 쏟아내는데 십중팔구는 8월 6일과 9일의 히로시마 및 나가사키 원폭 투하와 시베리아 억류 등 전쟁 피해자로서의 일본에 초점을 맞추고 있다. 전후 일본의 평화운동이나 평화교육 역시 가해자의 일본의 모습은 애써 외면한 채 피해 체험의 발굴과 계승에 주력해 왔기 때문에 국제적인 공감을 받지 못하고 있는 실정이다.

일본은 8월 15일을 패전 기념일이라고 하지 않고 '종전 기념일'이라고 부르며 전몰자 추도의 날로서 정착시켜 왔다. 공교롭게도 일본의 8월 15일은 조상을 추모하는 '오봉'과 겹쳐지는 관계로 8월 15일이 추도의 날로 굳어지는 면도 있다. 일본의 전쟁 책임이 모호하게 된 요인의 하나로 패전 전의 일본 정치 지도자 등의 인맥들이 그대로 온존되어 왔다는 점도 지적할 수 있다.

일례를 들자면 A급 전범 혐의로 수감되었던 기시 노부스케(岸信介, 1896~1987)는 석방된 후 정계에 복귀하여 마침내는 수상직에 올랐는가 하면, 현재 그의 외손자가 여당인 자민당의 간사장으로 한창 이름을 날리고 있다. 독일에서는 상상도 할 수 없는 일이다.

일본인 중에는 '도대체 몇 번이나 사죄하라는 말인가?' 하고 투덜거리는 부류도 있으나, 우리는 사죄의 진솔성과 그것을 뒷받침하는 행동을 보고 싶을 따름이다. 메이지 정부 지도자들이 130년 전 장장 22개월씩이나 서양 여러 나라를 돌아보면서 국가의 진로를 고민했듯이, 전후 세대에 속한 일본의 지도자들도 유럽과 이스라엘에 직접 가서 독일이, 어떻게 그들과 화해했는지를, 일본인다운 철저한 탐구심을 가지고 살펴보면 해답은 의외로 간단하게 얻을 수 있으리라고 본다.

한일 관계의 과거를 생각하면 일본인의 신의에 자신이 없어지지만, 인간으로서의 일본인에게는 희망을 걸고 싶다. 나는 한일 양국 간에 진정한 우정이 공유될 수 있다는 것을 믿는 낙천주의자로 남고 싶다. 우리가 한때 일본의 식민지가 된 것은 사실이지만 오랜 역사의 흐름에서 본다면 그것은 한낱 순간적인 해프닝에 불과하며 수백 년간의 한일 관계가 조선에 의해 주도되어 왔다.

그러나 이제 우리는 이런 사실에 대해 너무 집착하지 말아야 한다. 그야말로 새로운 세기에는 의연하게 대처해 나가야 할 것이다. 한국은 수천 년간을 중국이라는 강대국을 옆에 두고서도 민족의 얼을 결코 빼앗기지 않고, 동화되지 않은 위대한 민족이기 때문이다.

조선 시대의 탁월한 대일 외교가라고 말할 수 있었던 신숙주(1417~1475)는 임종 시에 제9대 성종에게 "일본과의 평화 관계를 잃지 않는 것이 중요하다."는 유언을 남겼다. 새로운 세기를 앞둔 한일 양국은 이 유언의 깊은 뜻을 음미해 보아야 할 것이다. 한일 간은 유감스럽게도 상대방을 격하시켜 온 비뚤어진 역사적 유산을 지니고 있다.

에도 시대의 대표적 가인 마쓰오 바쇼(松尾芭蕉, 1644~1694)가, 시대에 따라 변할 것은 변하되 변하지 말아야 할 것은 결코 변하지 말아야 한다고 강조했는데 불역(不易), 그것은 곧 신의를 두고 한 말이 아니겠는가.

남은 과제들

1990년 초부터 3년 남짓 모스크바에 근무하면서 착잡한 마음으로 러일 간의 여러 가지 외교 교섭을 지켜보아야 했다. 한일 관계의 긴 역사를 되돌아볼 때, 그들이 이중 기준을 곧잘 적용해 왔던 사실을 새삼 되새겨 보게 하는 경우가 많았다.

91년 4월, 고르바초프 대통령의 방일에 앞서 일본 측은 2차 대전 시 시베리아에 억류 중 세상을 떠난 일본인들이 묻혀 있는 하바로프스크 묘지에 헌화할 것을 집요하게 요청하여 뜻을 관철시켰다. 하바로프스크 바로 건너편 사할린에, 일본의 편협한 이기주의에 희생된 한인들이 귀환을 손꼽아 기다리고 있는 안타까움을 아는지 모르는지 일본 정부와 언론의 관심은 온통 그들의 묘지에 쏠렸다.

사할린에 세 번 가보았다. 그곳에서 망향의 한을 가슴에 묻고 지내는 사고무친의 동포 노인들을 대할 때마다 어쩔 수 없이 일본의 속 좁은 재일 한국인 정책을 곱씹어 보지 않을 수 없었다. 오늘날 사할린에 잔류하게 된 한인들의 존재는 일본의 전후 정책, 특히 재일 한국인 정책의 일환으로서 파생된 미해결 문제의 대표적 케이스이기 때문이다.

1939년 9월 〈조선인 노동자 모집 요강〉, 1942년 2월 〈반도인 노무자 활용에 관한 방책〉, 1944년 9월 〈조선인에 대한 징용령 직용〉 등으로 한 인들은 강제, 반강제적으로 연행되거나 동원되었다. 말이 모집이지 사실 은 군(郡)과 면(面) 단위에까지 할당된 징용과 다름없는 조치였다. 1994 년 5월, 일본 외무성이 보관 중인 문서 속에서 확인된 바에 의하면, 일본 이 2차 세계대전 당시에 강제 연행한 조선인은 166만 8,000명으로 밝혀 졌다. 실로 엄청난 규모라고 하지 않을 수 없다.

사할린에는 6만 명 정도의 한인 노무자들이 주로 탄광에 투입되어 열 악한 작업 환경 속에서 하루 10~12시간 정도의 노역에 시달려야 했다. 일당 4~6엔의 형편없는 보수를 지급하면서, 게다가 이중에서 식대 등을 공제한 나머지는 강제 저축시켰다. 계약 기간을 멋대로 연장하여 귀국할 수도 없었다.

30여 만 명의 일본 노동자들도 있었지만 이들은 한인들보다 좋은 조건 에 보다 높은 임금을 받았다. 광산과 임업장에서 혹사당하던 한인 중에 다수의 사상자가 발생하였는데, 일본 측의 기록으로도 3만 2,000명이 사 고를 당했다고 한다.

1945년 8월 일본의 패전과 더불어, 그해 8월 24일 소련군이 사할린의 중심지 유주노 사할린스크에 진주하였다. 한인들은 당연히 꿈에도 그리 던 고향길에 나서기 위하여 짐을 꾸려 코르사코프 항구로 몰려들었다. 그러나 예상치 못한 사태가 벌어져 그대로 발이 묶이고 말았다. 자포자 기에 빠진 많은 한인들이 독한 보드카로 망향의 시름을 달래야 했다.

일본을 점령한 연합국 사령부는, 1945년 11월 재일 한국인을 '해방된 사람(Liberated People)'으로 간주하였으며, 1948년 6월에는 '특별한 지위를 가진 국민(Special Status National)'으로 취급하였다. 이 같은 사실로 보더라도 점령 당국의 초기 재일 한국인 정책은 분명하지 못했다. 일본은 점령 당국의 재일 한국인에 대한 무관심과 무원칙을 이용하여 재일 한국인을 해방된 사람으로부터 특별한 지위를 가진 국민으로 변질시켰다. 재일 한국인의 지위를 애매모호하게 해놓았던 셈이다.

1952년 일본 법무성 민사국장은 샌프란시스코 평화조약 발효와 더불어 재일 한국인의 종래까지의 일본 국적을 일방적으로 박탈하는 통달을 시달했다. '내선 일체' 운운하면서 징용과 징병을 강요하던 일본 당국이 행정부의 일개 국장 명의의 공문서 한 장으로 일본에 거주하고 있던 한인들의 국적을 일방적으로 상실시켜 버린 것이다.

국제법 원칙상 평화조약 체결 시까지는 전쟁 전의 법적 지위를 유지시켜야 했으며 적어도 재일 한인들에게 국적 선택의 기회는 부여했어야 했다. 이같은 일본의 자의적인 행정 조치에 따라 재일 한국인은 말할 것도 없고 사할린에 남아 있던 한인들도 일본 국적의 신분을 박탈당했다. 한국의 독립에 따라 민족의 자결권을 존중한다는 취지에서 일본 국적을 상실시켜 한국 국적을 회복할 수 있는 조치를 취한 것이라는 일본의 논리는 제법 그럴 듯했다.

백 번 양보해서 일본이 한민족의 자결권을 존중해서 취한 조치였다고 하더라도 사할린에 징용 간 한인들의 귀환 노력에는 앞장서야 했다. 그럼에도 불구하고 일본은 사할린에 남아 있던 일본 호적상의 일본 포로와 국민, 즉 혈통적으로 일본인 29만 3,000명을 1946년부터 1949년 7월 사이에 귀환시키면서도 그들이 강제로 끌고 간 4만 명의 한인 노무자들은 그대로 방치해 버렸다. 혈통상의 일본인은 자기 의사에 따라 잔류한 소수의 인원을 제외하고는 진원을 귀환시키면서도 한인들의 귀환은 국적이 조선이므로 일본이 간여할 여지가 없다는 궁색한 변명을 늘어놓으며 발뺌을 했다.

사할린 잔류 동포들은 조국의 광복에도 불구하고 귀국하지 못하고 시베리아의 부족한 노동력으로 충원되어야 했다. 시베리아의 혹독한 자연환경 탓으로 러시아인들조차 취로

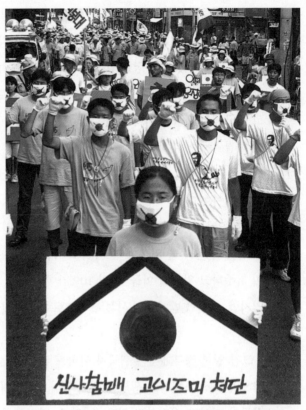

한총련 소속 대학생들이 서울의 일본 대사관 인근 거리에서 고이즈미 총리의 신사 참배 항의와 역사 교과서 왜곡을 규탄하는 침묵 시위를 벌이고 있다.

를 피하는 실정이었다. 임금도 2~3배나 많고 특별 가산점도 부여하여 일찍부터 연금 혜택을 부여하지만 한사코 싫다고 하는 땅이 시베리아 중에서도 사할린이다. 고맙게도 사할린의 우리 동포들은 꿋꿋하게 한인으로서 기상을 지키며 비교적 유복하게 살고 있다.

1956년 일소 국교 정상화가 이루어지자 이번에는 한인과 결혼한 일본인 처와 그 가족 2,000여 명을 다시 귀환시켰다. 사할린에 남아 있어야

했던 한인들의 귀환 호소에는 냉담한 반응을 보이면서도 제 피붙이만 챙겨 실어 나르는 일본의 처사는 유감이 아닐 수 없다.

반세기가 지났다. 무정한 망향의 세월의 흐름 속에서 한인들은 러시아 국적, 북한 국적, 무국적으로 갈라져야 했고 나이 든 분들은 끝내 한을 품고 이국에서 뼈를 묻어야 했다. 우리 정부의 사할린 동포 귀환 문제에 대한 해결 촉구에 대해 일본 측은 한소 간에 국교가 없는 점을 들어 난색을 표명하는가 하면 소련 측에 한국 측의 희망을 전달하겠다는 방관자적 태도를 보여 왔다.

일부 양식 있는 일본인들이 사할린 한인들의 일시 귀국과 영주 귀국을 위해 애써 온 것을 인정한다. 아직도 사할린에는 3만 6,000명의 한인들이 거주하고 있으며 이들 중 약 10%가 한국으로 영주 귀국을 희망하고 있지만, 이들을 받아들일 시설 부족으로 차일피일 미루어지고 있는 실정이다.

그간 일본 정부에서는 귀국자 아파트 건설 등을 위해 30억 엔을 지원하고 인도적 조치라고 생색을 내고 있다. 이는 뭐가 잘못되어도 단단히 잘못된 것이라 지적하지 않을 수 없다. 결자해지 차원에서라도 일본은 영주 귀국 희망자 전원이 조기에 귀국하고 아울러 잔류자의 복지시설 건립을 위해 과감한 조치를 취해야 할 것이다.

행위 그 자체에 대한 솔직한 반성 없이, 멜로 드라마 차원으로 객관화시켜 인도적 고려를 거론하면서 눈감고 아웅 하는 식으로 해서는 안 될 것이다. 사할린 한인 문제를 포함한 재일 한국인의 인권 문제는 인권대국을 지향하려는 일본에게 하나의 리트머스 시험지와 같다는 점을 분명히 인식해야 할 것이다.

일본식 풍요로움의 미래

일본은 명치 유신 이래 100여 년 동안 그야말로 절치부심의 노력으로 구미형의 근대 공업사회 실현을 위해 달려왔다. 일본어 중 우리말로 옮기고 나면 그 뜻이나 어감이 제대로 전달 안 되는 대표적인 어휘가 '감바루(がんばる)'라는 말이 아닐까 한다.

굳이 우리말로 번역해 보면 강경히 버티다, 참고 계속 노력하다, 견인불발(堅忍不拔)한다는 뜻이다. 수험생도 감바루하고, 운동 선수도 감바루하고, 생산 노동자들도 감바루하고, 정치가들도 감바루하고, 말하자면 일본은 감바루 민족이다. 운동 선수를 응원할 때는 반드시 감바루의 명령형인 '감바레, 감바레(がんばれ)'라고 외쳐 댄다. 이 감바루는 소속 집단의 분위기에 동조하여 자기의 최대 힘을 짜내려는 비장감마저 드는 분발심을 말하는 것 같다.

감바루는 같은 집단에 속하는 구성원끼리 서로를 격려하는 의미로도 쓰이고 스스로에 대한 다짐으로도 쓰인다. 일본에서는 소위 우리가 생각하는 수완가는 존경의 대상이 못 된다. 수완가는 잽싸고 약기는 하나 감바루 정신이 결여되어 있다는 선입견 때문이다. 일반적으로 바람직한 인물상으로는, 자기 분수를 알고 별다른 불평 없이 묵묵히 맡은 일에 감바루하면서 땀을 흘리는 사람을 꼽는다.

일본은 감바루 정신으로 동양에서는 유일하게 문명개화에 성공했다. 저들은 1853년 페리 제독에 의한 개국 이전까지의 일본을 비문명, 비개화로 규정하고, 청일 전쟁 승리 직후를 3등국, 러일 전쟁 후를 2등국, 1차 대전 후를 1등국이라고 분류하기도 한다. 태평양 전쟁 패전으로 항복문서에 조인하던 1945년 9월을 4등국으로 자리매김하면서 전 국민의 감바루를 호소했다.

1946년 6월 19일자 〈아사히신문〉의 기사 한토막을 통해 당시의 참담한 일본 사정을 유추해 보자.

장마철의 만원 지하철 속에 국민학교 학생으로 보이는 여자 아이가 가슴에 꾸러미를 하나 꼬옥 끼고 서 있다. 문득 그 소녀가 눈을 빛내며 옆의 엄마에게 "내일 부터 비가 아무리 내려도 학교에 갈 수 있겠네요."라고 들뜬 목소리로 묻는다. "넌 참 좋겠구나." 행복에 찬 어머니의 목소리가 그 소녀가 든 고무장화 꾸러미 속으로 빨려들어 갔다. 장화 한 켤레가 귀했던 시절이다.

일본 언론과 정부는 국민들에게 점령군의 비위를 상하게 하면 일본은 국제적 금치산자로 전락하고 만다고 경고하면서 예의 감바루 정신을 호소했다. 전후 감바루 정신의 금메달감은 1949년에 일본인으로서는 최초로 노벨상을, 그것도 물리학 분야에서 수상한 유카와 히데키(湯川秀樹, 1907~1981)일 것이다.

전쟁 중 일본에 있어서 실험 물리학은 공백 시대였다. 유가와는 돈도, 설비도 없이 연필과 종이만을 가지고 교토대학 연구실에서 긴 사색 끝에

〈이론 물리학의 진보〉라는 수상 논문을 완성했다. 유가와의 노벨상 수상은 패전으로 지친 일본인들을 크게 고무시켜 주었으며 자신감을 갖게 했다. 유카와의 노벨 물리학상의 수상을 시작으로 일본은 2002년까지 자연과학 분야에서만 9명의 노벨상 수상자를 배출하였다.

1949년 일본인 최초로 노벨상을 수상한 유카와 히데키. 그의 노벨물리학상 수상은 패전으로 지친 일본인들을 크게 고무시켜 주었다.

특히 2000년, 2001년, 2002년 3년 연속으로 일본인이 물리 및 화학상을 수상하여 일본 열도를 들끓게 하였다. 기고만장해진 일본 정부는 향후 50년간에 걸쳐 30명의 수상자가 나오도록 적극적인 지원을 하겠다고 기염을 토했다.

흔히들 일본인은 모방은 잘 하나 창의성이 부족하다고들 하지만, 그것은 구미 선진국들이나 할 수 있는 이야기이지 자연과학 분야에서 단 한 명의 노벨상 수상자도 배출하지 못한 나라 사람들이 할 소리는 아니지 않은가. 일본은 명치 유신 이래, 구미 선진국의 기초기술을 이입하여 그들을 따라잡기에 여념이 없었다. 그런 와중에는 독창성이 높은 연구를 기대하기는 어려웠을 것이다. 일본인이 독창성을 발휘한 과학 연구는 제2차 세계대전 이후부터 시작되었다고 하겠다. 일본의 수상이 우리의 젊은 과학자들에게 촉매제가 되기를 기대한다.

1960년 수상에 취임하여 4년 4개월간 집권한 이케다 하야토(池田勇人,

1899~1965)는 경제성장 정책이야말로 일본에 평화와 번영을 가져온다고 하면서 소득 배가 정책을 밀고 나갔다. 소득 배가도 좋지만 사회적인 약자에 대해서도 관심을 쏟아야 한다는 여론에 대해 그는 "가난한 사람은 보리밥을 먹으면 될 것이 아닌가."하고 반문했다. 유럽 순방 시 영국의 맥미란 수상, 프랑스의 드골 대통령, 독일의 아데나워 수상을 만나 미국과 유럽 그리고 일본은 세계를 지탱하는 3대 기둥이라고 자신감을 피력했다.

이에 대해 일본 언론들은 이케다의 3대 기둥론과 관련하여 국민들의 정신이 해이해지고 구미 열강으로부터 통상 압력이 거세어질 것을 우려하여 일본은 강대국도 소국도 아닌 그저 중간 정도의 국가이며 그로써 만족해야 한다는 소위 중간 국가론을 들고 나섰다.

요즈음 일본 사람들은 툭하면 1990년대는 '잃어버린 30년'이라고 개탄한다. 낮은 출산율이 지속되는 가운데 1980년대 말 거품경제 붕괴를 전후로 하여 패전 후 일본경제 성장을 연구해 온 관료기구와 정치, 금융 제도가 개혁이라는 수술대 위에 무려 10년 동안이나 누워 시술을 마냥 기다리고 있다고 야단법석이다.

고이즈미 준이치로(小泉純一郎) 수상이 명의가 되어 줄 것으로 기대했지만 아직은 이렇다 할 업적을 못내고 있다. 최근 조사에 따르면, 은행의 신용도는 11%로 폭락하고, 정치가에 대한 신뢰도는 15%로 점쟁이에 대한 신뢰 수준 20%에도 미치지 못한 참담한 상황이다. 그래도 일본은 여전히 세계 제2의 경제대국이다. 7천 4백 억 달러의 외화 보유고, 14조 달러를 넘는 개인 금융자산에, 연간 1,500만 이상이 해외 나들이를 한다. 평균 수명은 남자 78세, 여자 85세로 세계 제1의 장수국이다. 패전 후 50

여 년 동안의 비장한 노력에 의해 참담했던 시대를 극복하고 일본인이 그토록 염원하여 마지않았던 경제적인 풍요로움이 실현되있다.

그런데 이것은 어찌된 영문인가. 경제대국이라는 근사한 너울을 쓰고 사는 이들은 생활 속에서 윤택함을 느끼기는커녕 2003년 1월 〈아사히신문〉의 조사에 의하면 국민의 66%가 노후의 불안에 떨고 있다. 만원 전차를 타고 장거리 통근에 시달리고 늦게까지 일하면서 실직의 불안을 떨치

경제대국이 되었지만 일본사회는 아직도 고용안정을 요구하는 시위가 끊이지 않고 있다.

지 못하고 있다.

국민의 77%가 종교나 신앙에는 무관심하다. 일본은 세계 제1의 장수국이지만 연 3만 명 이상이 스스로 목숨을 끊는 자살 대국이기도 하다. 물질 지상주의가 판을 치는 한 인간은 풍요로움 속에서도 결국은 공허해질 수밖에 없는 존재이다. 전후 일본의 정치와 행정이 전적으로 확대 지

향, 성장 지향의 경제 제일주의에 집중되어 온 결과이다. 근면 · 정직하고 예의 바르다는 일본인의 자화상이 흔들리고 있다.

개체로서의 일본인은 존경할 만한 사람이 많다. 그러나 그 개체가 합쳐진 집단은 전혀 다른 성질의 무리가 되고 만다. 때문에 개체가 갖는 진실의 목소리는 집단의 논리에 매몰되는 경향이 강하다. 일본인의 특징의 하나는 내외(內外), 즉 '우리'와 '남'을 확연히 구별하여 '우리'라는 공동체에 대해서는 강한 집착력과 충성심을 보인 반면에 '남'에 대해서는 배타적 태도를 나타낸다.

극단적으로 말하면 일본인의 도덕 관념이나 정의 개념은 끼리끼리의 울타리 내에서만 통용되는 것으로 보편성이 결여되어 있다. 일과 조직을 위해서는 무슨 짓을 해도 무방하다는 식이다. 일본에서는 입춘 전날에 '복은 안으로, 귀신은 밖으로'를 외치며 콩을 뿌리는 습속이 있다. 일본에서 쫓겨 나온 귀신들은 한반도와 중국으로 와야 하는가.

나와 남을 준별하는 사고는 국제화 · 세계화가 큰 흐름으로 굳어지고 있는 세기와는 걸맞지 않을 것이다. 일본은 역사상 언제나 당시의 보편적 사상이나 주류에 재빨리 편승하여 일본적 유형을 변화시켜 왔다. 이제 다시 싫든 좋든 간에 변해야 할진대 보편적 가치를 중요시하는 좋은 이웃 나라로 변모하기를 기대한다.

재일 한국인의 인권 문제

오늘날 우리가 살고 있는 세계는 그야말로 지구촌이라는 말이 실감날 정도로 경제, 사회, 문화 면에서 급속한 국제화가 진행되고 있다. 수년 전에 국제화라는 캐치프레이즈가 일본 열도의 대유행어가 된 바 있다. 이 같은 경향은 혈통주의 국적의 신화에 집착하고 있는 일본사회에 지대한 영향을 파급시킬 것이 명약관화하고 아울러 이러한 일본사회의 질적 변화는 필경 그곳에 거주하고 있는 우리 동포들의 장래와도 결코 무관하지 않다.

재일동포 수는 약 70만, 이중 민단계가 50만 정도이며 조총련계가 약 16만 명으로 집계되고 있다. 세대별 구성은 민단계나 조총련계를 불문하고 2,3세가 전체의 93%를 차지하고 있다. 더욱이 교포 2,3세 중 80% 정도가 일본인과 결혼하고 있다. 귀화자 수도 점차 증가 추세에 있어 연간 7,000명 정도가 귀화하고 있으며 이 같은 7,000명이라는 숫자는 재일 동포의 1%에 해당하는 숫자로서 동포들의 자연 증가수에 맞먹는다.

재일동포들의 일본과의 지연적, 혈연적 유대는 해를 거듭할수록 밀접해지고 있는 것을 쉽게 알 수 있다. 우리 동포들은 한국인이라는 정체성

(identity)을 지니고 살고 있지만 사실상 지역 사회의 일원으로서 납세 등 의무 면에서는 일본인과 하등의 차이가 없다.

정부에서는 이 같은 특수성을 염두에 두고 그간 재일 한국인의 법적 지위 향상에 부단한 관심을 갖고 일본 정부와 끈질긴 협상을 계속해 왔다. 이 문제는 한일 과거사 관련 최대의 현안이었으며 미래 지향적 한일 우호협력 관계 구축에 있어 커다란 과제로서 인식해 왔던 것이 사실이다. 다행히 그간의 노력의 결과 지문 날인 제도의 철폐, 국·공립 교원 및 지방 공무원 채용, 민족교육 등 사회 생활상의 처우개선에 있어 괄목할 만한 개선을 보게 되었다. 이는 1965년 재일 한국인의 법적 지위에 관한 협정을 대폭 개정한 조치와 다름없다.

한국과 일본은 싫든 좋든 영구히 이웃해서 살아야 하는 숙명적 관계에 있다. 따라서 서로에 대한 굴절 없는 인식과 상호 신뢰와 존경의 관계를 설정해 나가는 것이 서로에게 바람직하다.

한일 관계에 있어 글자 그대로의 선린 우호 관계를 저해하는 요인으로 여러 가지를 거론할 수 있으나 재일동포에 얽혀 있는 복잡한 사정에 기인한 바 크다고 하지 않을 수 없다. 광복 이후 일본 땅에 그대로 남아서 삶을 영위하지 않으면 안 되었던 우리 동포들은, 일본사회의 법적 차별은 논외로 하더라도 보이지 않는 여러 가지 사회적 차별을 감수하지 않으면 안 되었다.

대학 교육을 받은 우수한 젊은이가, 일본 핏줄이 아니라는 단 하나의 이유로 정상적인 사회 활동을 못하는 것이 현실이었다. 부연하면 재일동포들은 일본인과 같은 의무를 이행하면서도, 또 일본인과 같은 수준의 교육을 받았으면서도, 다만 한국인이라는 이유 때문에 일본사회 내에서

70만 재일 한국인들의 요람인 민단본부가 자리잡고 있는 한국중앙회관 전경

치명적인 차별을 받았던 것이다.

　동포들의 이 같은 생활상은 자라나는 일본인 세대들에게, 한국인은 무기력하고 무능하다는 인상을 부지불식간에 심어 주었고 일본인의 한국인식에 부정적으로 투영되었다. 또한 일본인으로 하여금 한국인을 존경받는 사회인으로 바로 보지 않고 그들보다 못한 민족으로까지 생각하게끔 했다. 극단적으로 말하면 일본인의 우월의식을 충족시켜 주는 존재로

여겼다고도 할 수 있다.

한편, 동포들이 왜곡된 삶을 힘겹게 이어가는 모습을 바다 건너서 지켜보아야 했던 우리는 재일동포에 대한 일본사회의 차별에 분개하고 때로는 일본인의 좁은 도량을 규탄하곤 했다. 어떤 의미에서 한일 간의 진정한 우정은 재일 한국인의 삶의 질이 개선될 때에야 비로소 가능할지도 모르겠다.

이제 어느 정도 법적, 제도적 차별이 철폐된 지금 일본은 무엇을 해야 하는가. 그것은 재일동포에 대한 인식을 새롭게 하도록 하는 것이다. 물론 인식이라는 것은 하루아침에 바뀌는 성질의 것이 아니다. 오랜 시간과 진지한 노력이 뒤따르지 않으면 기대하기 어렵다. 그 진지한 노력은 우선 일본 정부가 한국사를 왜곡되게 기술하고 있는 중·고등학교 역사 교과서를 다시 쓰는 자세에서부터 비롯되어야 한다. 교육이야말로 인식 전환의 관건이기 때문이다. 한편, 재일동포로서는 자기가 살아가고 있는 지역 사회의 발전에 기여하고 그 사회 구성원으로부터 존경받는 한국인이 되도록 부단한 자기 노력을 하지 않으면 안 된다.

재일동포는 앞에서도 말한 대로 2,3세가 90% 이상을 차지하고 있으며, 결국 일본 땅에서 성장하여 교육받고 그곳에 뼈를 묻어야 할 운명이다. 통일 이후에도 쉽사리 삶의 터전을 바꾸기 어려울지도 모른다. 동포들에게 있어 일본은 숙명적으로 제2의 조국이 되는 셈이고 정든 땅이 될 수밖에 없는 것이 엄연한 현실이다. 따라서 동포 후세들은 한국인이라는 정체성을 지키며, 또한 일본사회에 기여해야 하는 힘든 삶의 여정을 걸어가야 한다.

이 같은 삶의 형태는 각도를 조금 달리하면 국제인으로서 살아가는 데 오히려 긍정적 요인이 될 수도 있다. 21세기는 아시아 태평양 시대라고 하지 않는가. 새로운 세기의 주인공으로서 활동할 수 있는 긍정적 측면도 있다는 것을 자각하고 투자 등을 통한 본국과의 연계를 유지하면서 당당하고 의연하게 대응해 나갈 것을 기대한다.

'재일 대한민국 거류민단'은 새로운 한일 시대 전개와 더불어 '거류'라는 단어를 삭제하였다. 이는 단순히 언어상의 문제가 아니라 일본을 일시적으로 또는 잠시 체류하는 곳이 아니라 정주해야 하는 삶의 터라는 인식을 내외에 분명히 한 셈이다. 이 같은 인식의 배경에는 지난 91년 교민의 법적 지위 개선이 크게 작용했음은 물론이다.

1945년에서부터 1965년 한일 국교 정상화까지의 기간을 재일동포의 인권 보호의 공백기라고 한다면 지금은 법적, 사회적 지위가 상당한 정

1998년 일본을 방문한 김대중 대통령이 재일 한국인과의 간담회에 참석하여 동포들을 격려하고 있다.

도로 확보되었으며 인권 보호가 이루어지고 있다고 하겠다.

이 같은 개선은 동포 자신들의 줄기찬 투쟁과 우리 정부의 꾸준한 외교 교섭 노력이 주효한 결과라는 측면이 있지만, 다른 한편으로서는 국제적 여건의 변화, 일본의 국제적 지위 상승이라는 외적 요인도 있었음을 간과할 수 없다. 국제 인권법의 눈부신 발전과 문명국들이 인권을 인류의 보편적 가치로 수용하고 인권 개념을 대외적 정책에 반영한 작금의 정세 변화가 일본에 영향을 끼친 사실을 무시할 수 없다. 즉, 인권이라는 외압이 작용했다.

일본이 그들의 경제력에 부응하는 명실공히 세계 유수의 선진국이 되기 위해서는, 재일 한국인의 법적 지위와 처우 개선 문제는 풀어야 할 숙제이다. 일본이 인권 면에서의 아킬레스건으로 인식돼 왔던 것이 바로 재일 한국인의 인권 상황이었던 것은 주지의 사실이다.

21세기는 자유 민주주의와 인권의 세기가 될 것이 분명하다. 일본은 재일 한국인을 단순한 외국인으로서가 아니라 정주인으로서 대우하고 그들의 인권 개선 문제를 진지하게 그리고 여러 가지 측면에서 계속 노력할 것이 요청되는 상황에 처해 있다.

재일 한국인은 일본 지역사회의 구성원으로서 부하되는 의무를 성실히 이행해 왔으며 또한 앞으로도 그렇게 할 것이다. 대내외의 상황 변화에 따라 동포들은 주민으로서 지역 자치단체에 참여하고 자기의 의견을 개진하고자 하는 자연스러운 욕구가 분출될 것이다. 사실 70만 재일 한국인의 목소리를 실어 담을 수 있는 제도적 장치 요구는 지역 주민으로서 당연한 권리의 발로라고 생각한다. 국가적 차원의 선거, 즉 국회의원 입후보나 선거권은 아니더라도, 적어도 지방자치 단체의 참정권은 확보되어야 하리라 본다. 권리에는 으레 의무가 따르게 마련이라면, 의무에도 또한 그에 상응하는 권리가 보장되어야 할 것이 아니겠는가.

2002년 정기 국회 회기 중 처리될 것으로 예상되었던 영주 외국인 지방 선거권 부여 법안이 자민당 내 반대론 확산으로 표결처리가 연기된 것은 유감이라 하지 않을 수 없다.

자랑 같지만, 필자는 한때 재일 한국인의 인권 문제에 깊이 빠져들어 이 지구상에서 한일 관계와 유사한 관계를 갖고 있는 국가를 찾던 중, 스웨덴과 핀란드가 바로 그와 같은 범주에 속한다는 것을 알았다. 스웨덴이 장기간 핀란드를 지배했던 까닭에 스웨덴 850만 인구의 5%에 상당하는 40여 만 명의 핀란드인이 스웨덴에 거주하고 있다.

스웨덴 정부에서는 지난 1976년부터 자국 내 외국인에 대해 도의회(County Council) 및 시의회(Municipal Concil)의 참정권을 인정해 오고 있다. 일본의 발전 원동력을 흔히들 일본인의 놀라운 모방에 기인한다고 하는데, 어째서 스웨덴으로부터는 배우기를 주저하는가.

재일 한국인에 대한 지방 참정권의 부여는 일본의 선진성을 대내외에 과시할 뿐 아니라 일본의 경제적 지위에 걸맞는 성숙한 자세를 단적으로 보여 줄 수 있는 좋은 계기가 될 것이 분명하다.

일본은 명치 유신 이래 서양 국제법을 받아들여 해석하는 데 급급했다. 다시 말해 국제법의 형성에 적극적으로 참여할 여건이 못 되었다. 그러나 지금의 일본은 유엔 안전보장이사회의 상임이사국 가입을 추진하는 경제대국으로 성장했으며 여러 분야에서 국제적 발언권을 강화하고 있다. 따라서 일본은 국제법 분야에 있어서도 국제법의 해석, 적용에서 벗어나 국제법의 형성에 적극적으로 기여할 상황에 와 있다.

바로 그와 같은 시범 케이스로서 일본은 재일 한국인의 지방적 차원의 참정권 부여를 전향적으로 검토하기를 기대한다. 이 같은 열린 자세는 한일 간의 관계를 한 차원 높게 발전시키고 나아가서 재일 동포들이 일본이라는 삶의 터에 애착을 느끼고 그 사회에 기여할 수 있게 하는 기폭제가 될 뿐 아니라 국제화 추세 속의 일본의 국제적 위상을 드높이게 될 것으로 확신한다.

서현섭(徐賢燮)

1944년 전남 구례 출생. 건국대 정외과를 졸업한 후 일본 메이지 대학에서 석사 및 박사학위를 취득했다. 70년대 중반 주일 한국대 사관 발령을 계기로 일본과의 인연을 맺어 10여 년간 주일 대사관 참사관 · 후쿠오카 총영사 · 요코하마 총영사 등을 거쳤고, 그후 파푸아 뉴기니아 대사(1996) 및 로마 교황청 대사(2002) 등을 역임했다.

특히, 직업외교관으로 일본에 체류하는 동안 1만여 권에 이르는 일본 관련 문헌을 수집하여 섭렵하는 등 한일관계 연구에 몰두했 고, 한때 주케냐 대사관 및 주러시아 대사관 참사관으로 근무하여 일본을 멀리 두고 생각하는 호기로 삼는 등 '일본통' 학자로서의 경륜을 쌓았다.

현재 일본 큐슈대학 특임교수 및 부경대학 초빙교수로 강의를 맡 고 있으며, 주요논문으로 〈재일 한국인의 법적지위에 관한 연구〉 〈근대 한일관계와 국제법의 수용〉〈일본인과 일본의 대한정책〉 〈구주 인권규약에 있어서의 개인의 청원권〉 등이 있고, 저서로 《모 스크바 1200일》《일본인과 에로스》《일본인과 천황》이 있다.